二战风云人物

鸿儒文轩 编著
HONGRUWENXUAN

Zhukov 胜利象征
朱可夫
1896-1974

中国书籍出版社

图书在版编目(CIP)数据

胜利象征——朱可夫/鸿儒文轩编著.—北京:中国书籍出版社,2012.6
ISBN 978-7-5068-2797-3

Ⅰ.①胜… Ⅱ.①鸿… Ⅲ.①朱可夫(1896～1974)–传记
Ⅳ.①K835.125.2

中国版本图书馆 CIP 数据核字(2012)第 091616 号

胜利象征——朱可夫

鸿儒文轩　编著

图书策划	武　斌　崔付建
责任编辑	牛　超
责任印制	孙马飞　马　芝
出版发行	中国书籍出版社
地　　址	北京市丰台区三路居路 97 号(邮编:100073)
电　　话	(010)52257143(总编室)　(010)52257140(发行部)
电子邮箱	chinabp@vip.sina.com
经　　销	全国新华书店
印　　刷	三河市华东印刷有限公司
开　　本	710 毫米×1000 毫米　1/16
字　　数	252 千字
印　　张	17
版　　次	2013 年 2 月第 1 版　2019 年 1 月第 3 次印刷
书　　号	ISBN 978-7-5068-2797-3
定　　价	29.80 元

版权所有　翻印必究

前言

第二次世界大战是人类历史上规模最大、战斗最为惨烈、影响最为深远的一场战争。在这场战争中，参战双方都涌现出了数以万计的风云人物。他们或为法西斯卖命，成为遗臭万年的战争罪犯；或为了国家和民族的自由而奋战，成为名传千古的英雄。

苏联元帅朱可夫无疑是第二次世界大战期间最受世界瞩目的风云人物之一。苏德战场是第二次世界大战的主要战场，苏联人民和苏联红军在这场战争中经受了严峻的考验，在粉碎德国法西斯的伟大斗争中做出了巨大的贡献。在这个战场上，几乎每一场重要的战役都有朱可夫的身影。

朱可夫出身贫苦，早年曾在莫斯科的一家毛皮作坊当学徒。第一次世界大战爆发后，沙俄卷入其中，朱可夫出于一种对祖国的责任感参加了沙俄军队，并逐渐成长为一名下层军官。在军队中，朱可夫逐渐受到布尔什维克的影响，接受了马克思主义。十月革命胜利之后，朱可夫参加了红军，在国内革命战争中屡立战功，从而受到红军高级将领的注意，步步高升，直至任苏联红军总参谋长。

第二次世界大战爆发后，朱可夫充分发挥了他的军事才能，作为副统帅，多次被斯大林派往前线，并先后担任过几个最大的、最重要的方面军司令。在计划、准备和指挥莫斯科保卫战、斯大林格勒保卫战、库尔斯克会战和柏林战役等一系列决定性战役中，他杰出的指挥起到了重要作用。一旦他出现在战场上，红军要么会在不利的局势下扭转战局，取得胜利；要么就会勇往直前，将胜利进行到底。朱可夫由此被国内外誉为第二次世界大战中最杰出的将领之一，苏联领导人斯大林在二战胜利后的庆功会上甚至盛赞其为"胜利象征"。

但这位曾经叱咤风云的元帅在晚年遭遇了极其不公的待遇，让世人一再为其惋惜！直到勃列日涅夫上台之后，才为他平反昭雪。朱可夫之所以会遭到如此不公的待遇，除了历史原因之外，他个人性格上的缺陷也是一大原因。

朱可夫是如何从一个乡村少年成长为苏联元帅，成为"胜利象征"的呢？本书在大量考证历史资料和细节的基础之上，以全新的视角，从朱可夫所处的家庭和社会环境中叙述了他的成长轨迹和心路历程。希望朱可夫的成长经历以及编者的评论能给广大读者带来一些启发，引起广大读者的思考。

由于编者的水平有限，书中难免存在谬误与不足之处，请广大读者批评指正！

目 录

第一章 贫苦而幸福的童年

一、破败草屋中的新生儿 …………………… 2
二、"屋漏偏逢连夜雨" ……………………… 6
三、在劳动与学习中成长 …………………… 9
四、聪明又调皮的男孩 ……………………… 13
五、童年生活正式结束了 …………………… 17

第二章 作坊里的学徒生涯

一、勤奋好学的学徒工 ……………………… 24
二、伏尔加河的伟大和瑰丽 ………………… 28
三、短暂的回乡之旅 ………………………… 31
四、一场无疾而终的爱情 …………………… 34

第三章 在军旅中迅速成长

一、军旅生涯的开始 ………………………… 40
二、骑兵准军士开赴前线 …………………… 43

三、当选士兵委员会主席 …………………………… 46
四、参加红军，保卫祖国 …………………………… 50
五、坚定的布尔什维克 ……………………………… 54

第四章　出色的红军指挥员

一、成长为骑兵部队排长 …………………………… 60
二、象征英勇的红旗勋章 …………………………… 64
三、升任布祖卢克团团长 …………………………… 68
四、努力学习军事理论 ……………………………… 72
五、军旅生涯的转折点 ……………………………… 75

第五章　哈勒哈河一战成名

一、从监察部到骑兵第四师 ………………………… 80
二、重振骑兵第四师的雄风 ………………………… 84
三、扩军备战和联共肃反 …………………………… 89
四、苏日大战一触即发 ……………………………… 92
五、哈勒哈河畔痛击日军 …………………………… 96

第六章　受命于危难之际

一、担任红军总参谋长 ……………………………… 102
二、忧心忡忡地部署军队 …………………………… 106
三、史无前例的苏德大战 …………………………… 111
四、危难中稳定西南战线 …………………………… 116
五、西方方面军全面溃败 …………………………… 121

第七章　保卫苏联的精神中心

一、意见相左，调往前线 ················ 128
二、叶利尼亚战役大败德军 ············ 133
三、稳定列宁格勒的防线 ··············· 138
四、列宁格勒保卫战的胜利 ············ 143

第八章　苏德战场的救火员

一、风雨飘零的莫斯科 ················· 150
二、战场救火员临危受命 ··············· 154
三、莫斯科保卫战的胜利 ··············· 159
四、岌岌可危的斯大林格勒 ············ 165
五、斯大林格勒的反攻计划 ············ 170
六、30万德军缴械投降 ················ 175

第九章　指挥部队全面反攻

一、库尔斯克战役的前夕 ··············· 182
二、大获全胜的库尔斯克战役 ········· 186
三、"不可原谅的错误" ················ 190
四、莫斯科最熟悉的礼炮 ··············· 196
五、第二个"苏联英雄"称号 ········· 200

第十章 毁灭法西斯的心脏

一、没有任何伤亡的战争 …………………… 208
二、为攻占柏林准备条件 …………………… 211
三、争相向德军大本营进军 ………………… 215
四、两名元帅之间的竞争 …………………… 219
五、希特勒和第三帝国的覆灭 ……………… 223

第十一章 人生最辉煌的时刻

一、两次无条件投降仪式 …………………… 230
二、担任胜利阅兵式的首长 ………………… 236
三、国家利益与私人友谊 …………………… 241

第十二章 政治斗争的牺牲者

一、风波诡谲的政治舞台 …………………… 248
二、遭到赫鲁晓夫的猜忌 …………………… 253
三、再次从政治舞台上跌落 ………………… 257
四、凄凉而又安宁的晚年 …………………… 261

· 第一章 ·

贫苦而幸福的童年

一
破败草屋中的新生儿

俄罗斯帝国横跨亚欧两大洲，是一个十分强大的军事帝国，曾长期充当"欧洲宪兵"的角色。但这个强大的军事帝国并没有把俄罗斯人从穷困潦倒的生活状况之中解救出来。相反，为了骑在人民的头上作威作福和维持巨大的军费开支，包括沙皇在内的帝国贵族们横征暴敛，弄得民不聊生。

19世纪中叶，当欧洲各国相继完成工业革命和资产阶级革命，成为政治、经济、军事强国之时，古老的俄罗斯帝国却依然深陷在封建农奴制泥潭之中不能自拔。各地农奴纷纷揭竿而起，为生存和自由向贵族发起挑战。庞大的帝国拖着体弱多病的身躯苟延残喘着。

在这种"山雨欲来风满楼"的紧急情况之下，沙皇亚历山大二世（1818～1881年，1855～1881年在位）于1861年进行了一场自上而下的废奴运动，给了农奴一定的人身自由，甚至允许他们拥有土地。当然，这一切并不是沙皇的无偿恩赐，农奴们需要付出高出地价几倍甚至几十倍的费用才能获得一点点可怜的土地。一贫如洗的农奴们根本无力承担这笔费用。因此，这场改革并没有消灭农奴主土地所有制，也未能改变帝国歧视农奴的传统。

农奴制改革后几十年之中，这种状况一直没有多少改变。少数地主贵族仍然霸占着大量肥沃的土地，而占绝大多数人口的农民却只拥有少量贫瘠的土地。广大农民依然过着食不果腹、衣不蔽体的贫苦生活。

时光荏苒，转眼间到了1894年，沙皇亚历山大二世的儿子亚历山大三世（1845～1894年，1881～1894年在位）去世，尼古拉二世（1868～1918年，1894～1917年在位）继承了皇位，成为俄罗斯帝国最后一位君主。尼古拉二世深受其父亚历山大三世的影响，对外侵略，对内镇压，导致广大农民的生活更加困苦不堪。

俄罗斯民族是一个英雄辈出的民族。在尼古拉二世登基两年之后，一个伟大的英雄在莫斯科西南的卡卢加省斯特列尔科夫卡村诞生了。斯特列尔科夫卡村与俄罗斯帝国大多数村庄一样，贫穷、落后，但风景宜人。小村庄非常安静，由几条无名小溪汇成的奥古勃梁卡河从村旁潺潺流过，水上长满了绿藻，一到夏天这里便成了孩子们的天堂。村北有一片桦树林，一阵清风吹过，树叶飒飒作响，仿佛一首动人的交响曲。

在村子中央，一幢破旧的草屋显得格外抢眼。整个村庄只有地主和富农家的房子比较漂亮，除此之外几乎没有一幢像样的房子，但这幢草屋无疑是最不像样的。屋子显然有些年头了，一个屋角已近坍塌，墙壁和屋顶上也长满了苔藓。屋子的主人原是一个叫安努什卡·朱可娃的寡妇。她无儿无女，便从孤儿院领养了一个名叫康斯坦丁的男孩。没有人知道这男孩的来历。据说，他是在三个月大的时候被生身父母丢在孤儿院门口的，身上还夹着一张纸条，上面写着："我的儿子叫康斯坦丁。"

等院长发现之时，康斯坦丁已经奄奄一息了。好心的院长好不容易才把他从死神的手中解救出来。后来，朱可娃领养了康斯坦丁，像对待亲生儿子一样对待他。康斯坦丁长大之后从来没有想过去寻找自己的生身父母，因为那是毫无意义的事情。当时，贫苦的农妇将孩子丢给孤儿院的事情时有发生。她们并不是不爱自己的孩子，而是因为她们实在无力养活那些嗷嗷待哺的小生命。

朱可娃给康斯坦丁取名康斯坦丁·安德列维奇·朱可夫。康斯坦丁是个苦命人，刚满8岁，与之相依为命的朱可娃便去世了。为维持生计，年幼的康斯坦丁不得不到乌戈德厂村的一家制鞋厂当学徒。手艺人大多也是贫苦之人，而且为了保住自己的饭碗，都不愿意将手艺教给徒弟。康斯坦丁的师傅也是一样，他每天都让小康斯坦丁帮他做家务活、带孩子、喂牛、打扫卫生。在三年的时间里，康斯坦丁什么也没有学会。

三年的学徒期满了，十来岁的康斯坦丁四处找活干，几经周折，终于在莫斯科的维伊斯制鞋厂找了一份工作。在这里，康斯坦丁终于学到了鞋匠的手艺。像大多数手艺人一样，康斯坦丁任劳任怨，努力地干活，时不时地还会回到斯特列尔科夫卡村去参加农业劳动。直到40多岁的时候，康斯坦丁才结了婚。但命运之神对贫苦之人从来就没有一点怜悯之心，婚后不久，他的妻子便因病去世了。

邻村黑泥庄有一个叫乌斯季尼娅·阿尔捷米耶芙娜的姑娘，她的遭遇和康斯坦丁出奇地相似。她的丈夫也在婚后不久因病死去了。乌斯季尼娅家也十分贫困，但她身体很强壮，能不费劲地扛起5普特（1普特=16.38千克）重的一袋粮食走好远一段路。据说，她强壮健美的身体遗传自她的父亲阿尔乔姆。阿尔乔姆是一个老实巴交的农民，但身体异常强壮。他能用头把一匹马顶起来，还能攥住马尾巴，一把把马拉得蹲坐在地。

经过亲朋好友的介绍，康斯坦丁与乌斯季尼娅相识了。相同的经历让两颗心越贴越近。不久之后，他们便操办了一场简简单单的婚礼。结婚那年，康斯坦丁已经50岁，乌斯季尼娅也35岁了。一年之后，他们的第一个孩子玛莎出生了。玛莎是一个可爱的小女孩，康斯坦丁和乌斯季尼娅都非常喜欢她。他们的生活艰辛而甜蜜。乌斯季尼娅在村里务农，康斯坦丁则和村里的大多数男人一样，到莫斯科去干点零活，补贴家用。

1896年12月2日，斯特列尔科夫卡村像任何一个冬日一样静谧。妇女们在厨房里忙活着，她们无不在考虑如何用有限的粮食让一家人吃得更饱一些；男人们聚在一起，有一搭没一搭地聊着天；孩子们全然不畏寒冷，一个个像是欢快的小羊羔，在村巷里疯跑着，时不时还会发出一串串银铃般的笑声。康斯坦丁家的气

朱可夫

氛却异常凝重。乌斯季尼娅躺在床上,声嘶力竭地喊着。她怀胎十月,马上就要生了。

　　康斯坦丁陪在妻子的身旁,不断地鼓励着乌斯季尼娅。时间一分一秒地过去了,房间里终于传来了新生儿的啼哭声。这一次,乌斯季尼娅生了一个健壮的男孩。康斯坦丁给他取名为格奥尔基·康斯坦丁诺维奇·朱可夫,昵称叶戈尔。格奥尔基的诞生给这幢破败的草屋增添了无限的喜悦。格奥尔基便是后来叱咤风云、享誉世界的苏联元帅朱可夫。

二

"屋漏偏逢连夜雨"

儿子的降生给康斯坦丁带来了无限的喜悦,但也给这个原本就十分贫困的家庭带来了新的难题。康斯坦丁与乌斯季尼娅的收入维持一家三口的温饱都成问题,如今又添了一张吃饭的嘴,怎能不让康斯坦丁着急呢!

朱可夫降生后不久,康斯坦丁便匆匆离开了家,再次到莫斯科打零工去了。乌斯季尼娅独自一人带着一双儿女,生活十分艰苦。村里有几家富农,他们的生活比较舒适,房屋宽敞明亮,院子里牛、羊、鸡、鸭成群,粮仓里堆满了米和面。与村里大多数的贫苦农民一样,阿尔捷米耶芙娜干完自己家地里的活,便到富农家里帮工。富农给贫苦农民的报酬极其微薄,有时给点粮食,有时给点饲料,有时甚至只给一些种子。

康斯坦丁打零工的收入远远不足以维持一家人的生活。乌斯季尼娅在农闲时不得不另外找些活干。晚秋,她就赶着马车,帮乌戈德厂村的商人到县城马洛亚罗斯拉维茨去拉食品和杂货。运一趟能挣一个卢布到一个卢布零20戈比。

朱可夫在回忆录《回忆与思考》中愤愤不平地写道:"这是多么微薄的工资啊!扣除马料钱、店钱、饭钱、修鞋钱,已经所剩无几了。就连街头的乞丐讨来的钱也要比这多一些呢!但是,有什么办法呢?那个时候,贫苦的农民根本无法逃脱命运的安排!"

实际上,斯特列尔科夫卡村大部分妇女都和乌斯季尼娅一样,毫无怨言地把幼小的孩子扔给年迈的爷爷奶奶照看,自己顶着寒风,在泥泞的道路上跋涉,从县城马洛亚罗斯拉维茨或港口城市谢尔普霍夫等地给别人运货,赚取微薄的运费。

朱可夫的童年便是在等待父亲或母亲回家之中度过的。每当他们回家的时候,或多或少会给孩子们带一点吃的东西,要么是小面包圈,要么是甜饼干。朱可夫在《回忆与思考》中曾这样描述自己当时的心情："每当母亲从马洛亚罗斯拉维茨给我们带点小面包圈或甜饼干时，我们都十分兴奋！如果她能赶在过圣诞节或复活节之时存点钱给我们买几个馅饼，我们更是高兴得不得了。"

1901年，朱可夫5岁了，他的姐姐玛莎已经7岁了。这一年，朱可夫又多了一个弟弟——阿列克谢。阿列克谢出生之时便异常娇弱，大家都担心他活不长。乌斯季尼娅怀里抱着孩子，一边哭一边说："怎样才能让孩子长得胖点呢？光靠水和面包怎么能行呢？"

产后几个月，乌斯季尼娅又决定进城挣钱。好心的邻居们都劝她在家带孩子，因为瘦弱的阿列克谢依然需要吃奶。但是乌斯季尼娅一点办法也没有，光靠康斯坦丁一个人根本无法养活全家，她不得不狠狠心，让玛莎和朱可夫一起照看阿列克谢，独自一人到城里帮商人运货去了。弟弟被玛莎和朱可夫精心地照顾着，但他依然没能逃脱死神之手。

这年秋天，阿列克谢夭折了。伤心欲绝的康斯坦丁和乌斯季尼娅把他葬在乌戈德厂村公墓。一旦有空，他们便会领着玛莎和朱可夫到墓地去看望他。

俗话说"屋漏偏逢连夜雨"，这句话用在康斯坦丁一家的身上十分合适。一家人还没有从阿列克谢夭折的悲痛之中解脱出来，另一场灾难又来临了。1902年夏季，他们的房子因为年久失修，已经摇摇欲坠，屋顶已经坍塌了好几处。

康斯坦丁严肃地对家人说："我们必须离开这里，不然我们都会被砸死的。现在天气还比较暖和，我们先住到草棚里去。以后再慢慢想办法，说不定有人愿意租给我们一间温室或者茅屋。"

乌斯季尼娅对孩子们招招手说："孩子们，动起手来，把所有的破烂东西都搬到草棚里来吧。"

说完，她就行动了起来。家里的东西本来就不多，无需玛莎和朱可夫动手，强壮的乌斯季尼娅三下五除二便把所有的东西都归置好了。康斯坦丁还在草棚里砌了一个炉灶，供全家饮食之用。就这样，一家人便在草棚里安了家。

邻居们听到消息，都来帮忙，他们开玩笑似的说："康斯坦丁，怎么了？你没有把'家神'供好吧，他撵你了！"

康斯坦丁耸耸肩，乐观地说："怎么没供好呢？如果没有供好的话，他早就把我们砸死了。"

康斯坦丁的好友纳扎雷奇问道:"伙计,今后打算怎么办呢?"

乌斯季尼娅插嘴道:"还想不出办法来。有什么可想的呢?只有把母牛牵去卖了,换点钱买木料,再盖幢房子。夏天一眨眼工夫就过去了。冬天来了怎么办呢?"

大伙纷纷附和道:"乌斯季妮娅说得对呀!"

康斯坦丁惆怅地说:"对是对呀,但卖掉一头母牛怎么能够盖房子呢?除它以外,我们家就只有一匹老马了。"

听完康斯坦丁的话,大家都陷入了沉默。大家都知道,这样一来,这个家往后的日子就更加难过了。

几天之后,康斯坦丁用分期付款的办法买到了一间十分便宜的房架。热情友好的邻居们帮忙把它运到了村子里。心灵手巧的康斯坦丁用干草给房子盖了顶。门是用旧木板钉的,窗户安的是旧玻璃,整幢房子显得十分寒酸。但一家人都很高兴,因为他们总算不用在冬天来临之后在冰天雪里地挨冻了。乐观的乌斯季尼娅前后左右地看着这间小房子,乐呵呵地说:"没有什么,就这样住吧。等我们有了钱,再盖好的。"

这年的冬天来得特别早,而且年景也不好,家里的粮食只够吃到12月中旬,还有好几个月的缺口。康斯坦丁和乌斯季尼娅拼命地干活,但他们挣来的钱连温饱都难以维持,还要按月还房架的贷款。贫苦的农民有着在困苦之中相互扶持的优良传统,俄罗斯的农民也不例外。那一年冬天,他们时常会给康斯坦丁一家送点菜汤和粥。玛莎和朱可夫总算在温饱之中安全地度过了寒冷而漫长的冬季。

冬去春来,家里的情况有些好转了。村旁边的奥古勒梁卡河水很浅,但有很多鳊鱼、鲈鱼和冬穴鱼。朱可夫经常和小伙伴们到河边抓鱼。有时,他们还会穿过村北的桦树林,到米哈列夫山间的普罗特瓦河去捉鱼。

桦树林里长着不少草莓和野杨梅,夏末季节还会生出一地的蘑菇。草莓和野杨梅是小伙伴们最好的水果,蘑菇则被采回家,做成了可口的菜肴。桦树皮也是宝贝,附近的农民都会到这里来剥树皮,做成一种被称为"出门穿的方格鞋"的树皮鞋。碰到运气好的时候,朱可夫可以抓到很多鱼。父母便会拿出一些分给邻居们,感谢他们对自己的帮助。

俄罗斯农民的坚忍与乐观,友爱与互助,在年幼的朱可夫心中打下了深深的烙印。这些品质对他今后的发展起了决定性的作用。

三

在劳动与学习中成长

夏季的一天，康斯坦丁把朱可夫叫到跟前，欢快地对他说："嗨，叶戈尔，你马上就7岁了，该干点活了。我像你这么大的时候，干的活已经顶一个大人干的了。明天我们去割草，你和玛莎一起摊草、晒草和垛草，怎么样？"

朱可夫高兴地答应了父亲的要求。实际上，他是一个非常喜欢劳动的男孩。往年夏天，康斯坦丁和乌斯季尼娅去割草，为牲口准备过冬的草料之时，朱可夫便经常跟着去玩。年幼的朱可夫就要参加劳动了，他感到非常自豪，因为他已经是一个对家庭有用的人了。

第二天一早，朱可夫便兴冲冲地和姐姐玛莎一起爬上了父亲套好的马车。康斯坦丁的心情非常愉快，一路哼着小调。朱可夫和玛莎一路上不停地和村子里的小伙伴们打着招呼。那些与他们同年的小伙伴也都拿着耙子坐在马车上，跟着父母去割草。乌斯季尼娅则不停地在一旁提醒他们说："孩子们，抓牢了，别摔下去。"

那一天，朱可夫耙草耙得十分卖力。康斯坦丁翘着大拇指夸奖他说："嗨，叶戈尔，好样的！"

邻居们也在一旁附和道："小伙子，加把劲，干得真不错！"

听到大人的夸奖，朱可夫干得更加起劲了。由于是初次参加农业劳动，又用力过猛，朱可夫的双手很快被磨出了血泡。看着旁边的小伙伴们都干得非常起劲，朱可夫不好意思停下来，就一直坚持干了下去。一会儿，他手上的血泡就被磨破了。双手钻心地疼，朱可夫不能再耙了。

康斯坦丁看着儿子的双手，又心疼又开心，儿子长大了，成了一个小大人。还有什么比这更让一个父亲开心的呢！他找了两块破布，用心地帮儿子把流血的双手包好了，心疼地说："没关系，会好的。"

胜利象征 朱可夫

朱可夫并没有因为双手被磨破便放弃劳动。接下来的几天里，他依旧在草场上帮姐姐玛莎抱草和垛草。小伙伴朝他扮鬼脸，嘲笑他说："嗨，叶戈尔，怎么了？连这点小苦都吃不了吗？"

朱可夫的自尊心受到不小的打击。几天之后，他的手刚好，便又加入了割草的行列。朱可夫暗暗跟小伙伴们较着劲，而且干得并不比他们任何一个人差。

割麦季节到了。乌斯季尼娅对儿子说："孩子，你要学学割麦子了。我在城里给你买了一把新镰刀，明天早晨我们就去割黑麦。"

黑麦是北半球广泛种植的一种谷类作物，抗寒力强，生长范围可至北极圈。由于气候寒冷，俄罗斯农民大多种植黑麦，用黑麦粉来制作面包。因黑麦粉颜色发黑，全部用黑麦粉做的面包称黑面包。

割了一段时间的草，朱可夫干起活来已经有板有眼了。一次，他割麦子很快，乌斯季尼娅用欣赏的目光盯着儿子看了好半天。在地里劳动的邻居们也冲着乌斯季尼娅喊道："嗨，你儿子干起活来真不错！"

听到邻居们赞赏自己的儿子，乌斯季尼娅开心地笑了。朱可夫在一旁干得更加起劲了，为了炫耀一下自己，他抢着往前赶。乌斯季尼娅开心而又不乏忧虑地提醒道："小心点，稳住了！"

正在享受劳动与赞誉的朱可夫怎么能听进母亲的劝告呢？他左手拢住一把黑麦，右手的镰刀一挥，黑麦便倒下了。看着一堆堆黑麦在自己的身后倒下，朱可夫的心里充满了自豪！就在他高兴的时候，意想不到的事情发生了——镰刀割破了他左手的小拇指。

"哎呦！"朱可夫疼得叫出了声。

乌斯季尼娅急忙跑到儿子的跟前。一见朱可夫的小拇指在流血，她吓坏了。朱可夫也很害怕。邻居普拉斯柯维娅大婶正在旁边干活，她看见乌斯季尼娅担心的样子，就知道朱可夫肯定是割破了手，这种事情在割麦季节时常发生。普拉斯柯维娅大婶摘了一片车前草的叶子，走到朱可夫的跟前，拉着他的左手，用心地把车前草贴在流血的手指上，再用一条破布紧紧地包扎好。

左手小拇指上的伤疤伴随了朱可夫一生。后来，每当他看到这块伤疤便会想起童年时的鲁莽，同时也会想起母亲的慈祥与邻居们的热情。

一个紧张的夏季过去了，朱可夫已经学会做一些农活，身体也锻炼得结实了。此后，每年夏季，朱可夫都会帮助父母到地里干农活。在劳动中成长起来的朱可夫，身体要比同龄人强壮得多，也高一些。

转眼间到了1903年的秋季，朱可夫已经8岁了，该去读书了。与他同龄的孩子们都在准备上学，朱可夫也把姐姐玛莎的课本拿来，认真地学习识字。与朱可夫一起去上学的还有5个孩子，其中包括他最好的朋友列什卡·科洛特尔内。"科洛特尔内"是他的外号，他的真姓是朱可夫。

斯特列尔科夫卡村共有5家姓朱可夫的。为了便于区别，人们就加上母亲的名字来叫：把朱可夫叫做乌斯季妮娅家朱可夫，把另一家叫做阿夫多季娅家朱可夫，把第三家叫做塔季扬娜家朱可夫……

他们要进的是一所教会小学，坐落在维利奇科沃村。附近的斯特列尔科夫卡村、雷科沃村、维利奇科沃村和奥古勃村的孩子都在那里学习。从家里到学校有一段距离。开学那天，朱可夫和列什卡背着粗麻布缝的布袋，跟在玛莎的身后准备出发了。富裕家庭的孩子背的是买来的双肩包，看上去十分洋气。

看着别人的书包，再看看自己的，朱可夫生气地对母亲说："只有讨饭的才背这种袋子，我不背它上学。"

乌斯季妮娅眼里噙着泪水，安慰儿子道："等我和爸爸挣到钱，一定给你买个背包。"

朱可夫听完母亲的话，闷闷不乐地跟在玛莎的身后到学校去了。玛莎已经是二年级的学生了，她把弟弟交给老师之后才走向自己的教室。

老师是一个叫谢尔盖·尼古拉耶维奇·列米佐夫的中年男子。他彬彬有礼，说话也十分温和。孩子们都很喜欢他，也乐意听他的话。班上一共有15个男生，13个女生。谢尔盖老师安排女生坐在左边一行，男生坐在右边一行。

朱可夫很想同列什卡坐在一起，他站起来对谢尔盖老师说："先生，我可以和列什卡坐在一起吗？"

谢尔盖摇了摇头，温和地回答他说："哦，我可爱的孩子，这恐怕不行。因为列什卡一个字母也不认识，而且身高也比你矮一些。如果他坐到后面去，恐怕会跟不上课程的。"

列什卡对老师鞠了一躬，转身对朱可夫说："我一定会努力学习字母的，我们一定能坐在一起。"

听了列什卡的话，谢尔盖老师欣慰地点了点头。他把朱可夫安排在了最后一排，把列什卡安排在了第一排。可惜的是，列什卡始终没能同朱可夫坐在一起，因为无论他怎样努力，成绩依然是班上最差的一个。不过，他天生有一副好嗓子，唱起歌来非常动听。谢尔盖老师的父亲是个安详而善良的牧师，在学校里教《神学》。尽管谢尔盖和他的兄弟尼古拉·尼古拉耶维奇医生都是无神论者，但为了父亲的尊严，他们经常到教堂去做礼拜，而且全都参加了教堂的合唱团。

谢尔盖老师并没有因为列什卡学习成绩不好便放弃他，他发现列什卡和朱可夫的嗓子都不错，便把他们两人吸收进了学校的合唱队。

四

聪明又调皮的男孩

朱可夫的成绩不错，他经常帮助列什卡。可惜的是，在升二年级时，列什卡依然因为成绩不好而被留级了。玛莎的学习也不好，在二年级留级一年。这样，朱可夫便同姐姐玛莎在一个班级学习了。

康斯坦丁和乌斯季尼娅依然吃力地赚钱养家。他们认为，玛莎既然成绩不好，干脆就别去上学了，留在家里做家务算了。玛莎听到这个消息，伤心地大哭起来。她是多么喜欢学校的生活啊！那里有她的朋友，还可以学到她渴望的知识。

玛莎哭到伤心处，申辩道："我没有过错，我之所以留级，完全是因为妈妈经常帮人运货，让我留在家里打理家务而缺课太多。"

朱可夫看着伤心的姐姐，也在一旁帮腔道："人家父母也干活，也外出帮商人运货，但谁也没有让自己的孩子不上学。你们看，姐姐的朋友们都在上学呢！"

乌斯季尼娅何尝不希望让女儿多学一些知识呢，只是这个家实在太穷了，她和康斯坦丁的收入根本无力维持一家人的开支。不过，她最终还是妥协了，同意玛莎继续上学。

20世纪初，俄罗斯帝国处于严重的内忧外患之中。俄罗斯紧追西欧，展开了快速的工业化脚步，但由于封建残余势力异常强大，社会贫富差距日益拉大，贫富两极对立十分严重。再加上俄罗斯帝国幅员辽阔，民族众多，各民族在文化、历史等方面存在严重的冲突。此时，欧洲列强为了瓜分殖民地，冲突不断，俄罗斯彻底失去了"欧洲宪兵"的作用，在冲突中失利不断。

1904年，俄罗斯帝国与日本为了争夺在中国东北和朝鲜半岛的利益，在中国的土地上爆发了日俄战争，俄军虽有较日军先进的装备，却一直处于劣势。俄罗斯的军政界一片哗然，自信心受到重创，民间也对沙皇的统治产生了疑虑及不满。

俄罗斯的有识之士纷纷寻求救国之路，自由派人士提倡地方自治，并于1905年成立了宪政民主党，要求效仿英国，实施君主立宪制。社会主义派人士则分处两个阵营，分别是沿袭自民粹主义的社会革命党和信仰马克思主义的社会民主工党，两者皆主张以暴力革命的手段来诉求社会改革。其中，以列宁为首的布尔什维克是坚决的革命派。布尔什维克在俄语中意为多数派之意，与此相对的是孟什维克，即少数派。

1904年秋，自由派举行了一系列活动。11月30日，莫斯科市政府还通过了一项决议案，要求成立一个由选举产生的国民议会、以及实行完全的出版自由与宗教自由。其他城市与地方自治会也陆续通过类似的决议或呼吁案。沙皇尼古拉二世采取了许多措施以满足各方要求，但他并不考虑关键的全国代议立法权，依然要保持自己的独裁统治。

随后，圣彼得堡发生罢工事件，罢工人数一度攀升至8万人。沙皇尼古拉二世未予正面回应，这进一步激起了广大人民群众的不满。1905年1月22日清早，东正教神职人员盖庞神父带领数万工人到冬宫外广场和平示威，目的是向沙皇递交请愿书，以表达劳工阶层与社会底层人民的困苦与遭受到的欺压，请求沙皇进行社会改革，终止日俄战争，并期望合理的待遇与不要有超时的工作。

守护宫廷的武装士兵列阵与示威群众对峙。民众不断从四面涌来，冬宫外广场上的示威者渐渐增加到了20万。大家手拿圣像、沙皇的照片，唱着圣诗与爱国歌曲。士兵已经无力控制场面了，便在长官的命令下对空鸣枪示警，但人群依然坚守在广场之上。士兵随即举枪向人群射击。民众在惊慌中逃亡而争相推挤，盖庞神父也在混乱中身亡。

事后，官方宣称96人死亡，333人受伤。自由派人士则宣称伤亡人数超过4000人，其中死亡1000人。帝国政府制造的这起血腥事件激起了俄罗斯人的愤怒。俄国人民不再寄望沙皇，各地纷纷举行大规模的罢工以示抗议。

当时，康斯坦丁在莫斯科做工。局势的混乱导致工作机会骤然下降，他赚的钱也越来越少。开始，他每个月能给家里寄两三个卢布，后来一次只能寄一个卢布，有时甚至还要少。不但康斯坦丁家的情况如此，村里在莫斯科做工的人挣钱也都大幅减少了。

当年年底，康斯坦丁得了急性阑尾炎，住了20天医院，钱都花光了。可怜的康斯坦丁向人借钱买了一张回家的车票。朱可夫和姐姐玛莎都十分高兴，因为父亲每次回来都会给他们带一些好吃的东西。但这一次，他们的愿望落空了，康斯坦丁是空着手回家的。

康斯坦丁在村里很受尊敬，邻居们都爱听他的意见。通常，村里大小集会上，最后的结论都是由他来做。他对儿子的要求异常严格。朱可夫和所有八九岁的男孩一样调皮，常常在外面惹祸。每当这个时候，康斯坦丁便会严厉地惩罚他，甚至用皮带抽打他。可是，固执的朱可夫任凭父亲怎么打，也不求饶。

有一次，朱可夫又犯了错。康斯坦丁一把拉过他，抽出皮带就抽打起来。朱可夫哭喊着逃了出去，躲在邻居家的大麻地里。朱可夫和姐姐玛莎无话不说。他告诉姐姐："请你不要告诉任何人，只要给我送饭就好了。"

朱可夫在大麻地里躲了三天，玛莎给他送了三天饭。无论父母如何质问她，她都声称不知道弟弟的下落。家里人急坏了，到处找朱可夫。热心的邻居们也帮忙寻找。

直到第三天下午，那位邻居到大麻地里干活，才无意中发现了躲在那里的朱可夫。好心的邻居把朱可夫送回了家。乌斯季尼娅两只眼睛都哭红了。看见儿子回家了，她立刻扑上去，一把把他搂在怀里，又哭了起来。

康斯坦丁一颗悬着的心也终于放了下来，他太爱自己的儿子了，于是走到儿子的跟前，蹲下身，郑重地说："以后我再也不打你了。我已经原谅了你所犯的错。"

一天，康斯坦丁的情绪格外好，要领儿子到奥古勃村的茶馆去坐坐。朱可夫很喜欢到茶馆去喝茶。在那里，调皮的朱可夫可以安静地坐在成年人中间，一句话也不说。因为，他在那里可以听到大人们谈论莫斯科和圣彼得堡的种种趣事。外面的世界对年幼的朱可夫来说，诱惑力太大了。

朱可夫喜欢到茶馆去的另一个原因是，那里有他的朋友普罗霍尔。普罗霍尔是朱可夫教母的兄弟，在茶馆里当跑堂。由于他有一条腿不怎么好，人们就亲切地称呼他为"瘸子普罗什卡"。普罗霍尔非常喜爱打猎，而且枪法相当不错。他夏天打野鸭，冬天就打野兔。朱可夫非常崇拜这个神枪手，普罗霍尔也非常喜欢这个聪明又调皮的小男孩，经常带他去打猎。

　　夏天，普罗霍尔打到野鸭的时候，朱可夫会兴奋地扑到水里，把鸭子捞上来；冬天，朱可夫则帮着普罗霍尔到灌木丛里赶兔子。一来二去，朱可夫便跟普罗霍尔成了一对很好的朋友，尽管他们的年龄相差很大。朱可夫一生嗜好打猎，这明显是因为在他童年时受了普罗霍尔的影响。

五

童年生活正式结束了

1905年的春天,斯特列尔科夫卡村突然涌来了一批陌生人。他们号召农民们团结起来,同地主和沙皇的专制独裁制度做斗争。斯特列尔科夫卡村的形势并没有发展到农民起义那种地步,老实巴交的农民只知道干活挣钱,根本不知道造成他们生活贫困的根本原因是地主和沙皇的剥削。

不过,这次事件在斯特列尔科夫卡村引起的震动是很大的。经过陌生人的宣传,农民们知道了莫斯科和其他许多城市发生的政治罢工和武装起义事件。列宁的名字也在这时传到了斯特列尔科夫卡村,朱可夫第一次知道了他是工人农民利益的代表者,是布尔什维克党的领袖。

陌生人走后不久,康斯坦丁便又动身去莫斯科打工去了。临行前,乌斯季尼娅担心地对他说:"你不要多管闲事。不然,宪兵会把你流放到连牛都不肯去的地方。"

康斯坦丁当然知道妻子不要自己管的闲事是什么事。妻子是让他不要参与罢工和斗争事件。康斯坦丁看了看妻子,严肃地说:"我们是工人,大家到哪里,我也到哪里。"

康斯坦丁的回答让乌斯季尼娅十分担心。他走后,全家人很久都没有听到他的消息,每个人都深感不安。随后,各大城市发生大规模罢工与斗争事件的消息不断传来。沙皇政府残酷镇压了工人们的起义,许多革命者遭到野蛮杀害,有的被关进监狱,有的被流放服苦役。这就是俄国1905年革命。由于这次革命没有明确的目标,缺乏统一领导,最终失败了。但沙皇尼古拉二世也被迫签署了基本法,并成立了国家杜马立法议会,实施多党制。

直到1906年,康斯坦丁才从莫斯科回到村里。他沮丧地说:"以后,我再也不能去莫斯科了,警察当局禁止我住在城里,只准我回本乡。"

胜利象征 朱可夫

见到丈夫平安无事，乌斯季尼娅一颗悬着的心总算放了下来。尽管今后他再也不能到莫斯科去打工了，但还有什么比平安更重要的呢？回到村里之后，康斯坦丁凭借自己娴熟的技能，依旧干着鞋匠的活计。朱可夫感到非常高兴，因为父亲再也不会离开他们了。

就在这一年，朱可夫在三年制的教会小学的学业结束了。由于朱可夫在三年里每次考试都是优秀，在毕业典礼上，老师给他颁发了一张奖状。看着儿子这么有出息，康斯坦丁和乌斯季尼娅都十分满意。为了表示祝贺，乌斯季尼娅亲手给他做了一件新衬衫，康斯坦丁则为他制作了一双皮靴。

康斯坦丁把崭新的皮靴递给朱可夫，高兴地说："现在你是有文化的人了，可以到莫斯科去学手艺了。"

实际上，朱可夫只有10岁，还是一个孩子。乌斯季尼娅心疼儿子，不想让他过早地接触艰辛的生活，便劝慰丈夫说："让他在乡下再住一年，长大一点再进城找工作也不迟。"

就这样，小学毕业后的朱可夫便留在了村里，帮助父母干一些力所能及的活计。乌斯季尼娅依旧时常出去帮人运货，康斯坦丁依旧做着皮匠活。但他们挣到的钱都很少，尤其是康斯坦丁，因为乡亲们都很穷，穿不起皮靴。乌斯季尼娅为此时常抱怨丈夫，说他工钱要的太少了。每当康斯坦丁多挣几个钱的时候，全家人都十分开心。他还会乐呵呵地到乌戈德厂去喝上几杯，然后带着醉意回家。朱可夫和姐姐玛莎在这个时候便会兴奋地迎上去，因为康斯坦丁总爱给孩子们带点好吃的东西，诸如小面包圈或糖果之类的。

冬天，没有什么家务事的时候，朱可夫或去捉鱼，或穿上自制的冰鞋到奥古勃梁卡河上溜冰，或去米哈列夫山滑雪。一家人过着艰辛而又幸福的生活。

时光荏苒，转眼就到了1908年的夏天。朱可夫12岁了，他的童年从此结束了。当时，像他这么大的孩子已经要到工厂或作坊去当学徒学手艺了。有一天晚上，好几位邻居围拢在朱可夫家门口谈论送孩子去莫斯科的事。有的说，准备最近几天就送走自己的孩子，有的想再等一两年。不过，大家都已经在考虑这件事情了。朱可夫的好朋友列什卡已经进木工作坊当学徒了。

有人问乌斯季尼娅："嗨，你打算什么时候把叶戈尔送到莫斯科去？"

乌斯季尼娅有些伤感，又有些不舍地说："等集市后再送他走吧。"

斯特列尔科夫卡村所在的地区每年在"三一节"①之后的一个星期要举行大规模的集市贸易活动，乌斯季尼娅想让儿子再感受一次家乡的味道。

康斯坦丁问朱可夫："叶戈尔，你想学什么手艺呢？"

朱可夫书读得不错，想当一个印刷工。康斯坦丁听了儿子的回答，惆怅地说，"我们没有熟人可以介绍你进印刷厂。嗨，孩子他妈，你有什么好建议？"

乌斯季尼娅想了想，回答说："我们去找米哈伊尔，让他收叶戈尔进他的毛皮作坊。"

"嗯，这个主意不错！"康斯坦丁兴奋地说，"毛皮匠挣的钱不少呢！"

朱可夫什么工作都愿意干，只要对家里有益就行。米哈伊尔·阿尔捷米耶维奇·皮利欣是朱可夫的舅舅。这年7月，他从莫斯科回到故乡黑泥庄避暑。米哈伊尔11岁时就进入毛皮作坊当学徒了。四年半后，他成了师傅，省吃俭用，一点点地积攒了一笔钱，开了一个小作坊。米哈伊尔是一个出色的毛皮匠兼皮货商人。他很快就扩大了作坊的规模，雇用了8名毛皮匠和几个学徒。

几天之后，乌斯季尼娅到弟弟米哈伊尔避暑的黑泥庄去找他，求他收朱可夫为学徒。回来后，康斯坦丁忙不迭地问道："怎么样？皮利欣提出了什么条件？"

乌斯季尼娅叹了口气说："他要见见叶戈尔本人。按老规矩，学四年半的徒，然后当工人。有什么法子呢！过两天，你就领叶戈尔卡去见见米哈伊尔吧。"

两天以后，朱可夫在父亲的带领下到了黑泥庄。快到米哈伊尔家时，康斯坦丁对儿子说："看，坐在门口的就是你未来的老板。你走到他跟前

---

① 三一节，基督教为纪念颂赞上帝三位一体的奥秘的节日。

时，要先鞠个躬，说声：'您好，米哈伊尔·阿尔捷米耶维奇。'"

朱可夫反驳道："不，我应该说'米沙（米哈伊尔的昵称）舅舅，您好！'"

康斯坦丁耸了耸肩，坚决地对他说："不，你要忘掉他是你的舅舅。他是你未来的老板。阔老板是不喜欢穷亲戚的。千万记住这一点。"

米哈伊尔躺在门口台阶上的一张藤椅上。康斯坦丁走近台阶向他问好，然后把朱可夫推到前面去。他没有答理康斯坦丁的问候，眼睛一直盯着朱可夫看。朱可夫按照父亲的吩咐，对他深深躬了躬腰，礼貌地说："您好，米哈伊尔·阿尔捷米耶维奇！"

米哈伊尔点了点头，回答说："嗯，你好，小伙子！怎么，你想当毛皮匠吗？毛皮匠这个行当不错，就是苦些。"

朱可夫非常不喜欢这个舅舅，他没有回答米哈伊尔的问话。康斯坦丁见状，急忙在一旁帮腔道："他不怕吃苦，从小就劳动惯了。"

朱可夫在拉手风琴

米哈伊尔伸了伸懒腰，又问道："识字吗？"

康斯坦丁忙把朱可夫小学毕业获得的奖状递给他看。"好样的！"米哈伊尔高声赞道，然后回头向屋里喊，"喂，你们这些笨蛋，快到这里来！"

两个衣着考究的胖乎乎的孩子从里面走出来，这两个是米哈伊尔的儿子亚历山大和尼古拉。米哈伊尔指着朱可夫的奖状，对他们说："小强盗们，你们看看，应当像人家这样学习。你们总是得三分！"

训完儿子，米哈伊尔对康斯坦丁说："就这样吧，我收你儿子为学徒。他很结实，看起来也不笨。我在这里住几天就回莫斯科，但是我不能带他一道走。我妻弟谢尔盖过一个星期去莫斯科，让他把你儿子带去好了。"

谈到这里，康斯坦丁便领着儿子回家去了。一路上，康斯坦丁一句话也不说，似乎在思考着什么。朱可夫却十分高兴，因为他还可以在家再住一个星期。朱可夫知道，他的童年生活就要正式结束了。尽管朱可夫的童年生活十分贫苦，但是他的父母和姐姐是那么爱他，他也因此感到了家庭生活的幸福。

· 第二章 ·

作坊里的学徒生涯

一

勤奋好学的学徒工

朱可夫的行李很简单，只有两件衬衣、两副包脚布和一条毛巾。临行时，乌斯季尼娅还给儿子的包裹里塞了5个鸡蛋和几块饼，让儿子在路上吃。按照俄罗斯的传统，全家人为朱可夫做了祈祷，又在长凳上坐了一会儿。乌斯季尼娅把儿子紧紧地搂在怀里，伤感地说："好吧，儿子，上帝保佑你。"

说完，她就大声地哭了出来。年迈的康斯坦丁也红了眼圈，眼泪不住往下淌。朱可夫的鼻子也酸酸的，眼泪止不住地往下流，还差点儿哭出声来。朱可夫同家人一一告别之后，便在母亲乌斯季尼娅的陪伴下往黑泥庄走去。

这条路，朱可夫在过去的几年里走了无数趟。他上学的时候，每天都会和姐姐玛莎一起在这条路上奔波；放假的时候，他还会从这条路上到村北的林子里去摘野果，采蘑菇。但是今天的情景完全不同，他马上就要同自己的亲人分别了。朱可夫触景伤情地说："妈妈，你记得吗？在我7岁的时候，我跟你一起在三棵橡树旁边的那块地里割麦子，还不小心把小拇指割破了。"

乌斯季尼娅回答说："孩子，我怎么会不记得呢？当妈妈的对自己孩子的一切都记得。只是有的孩子不好，他们往往忘记了自己的妈妈。"

朱可夫紧紧握了握母亲的手，坚定地说："妈妈，我绝不会那样！"

到了黑泥庄，乌斯季尼娅把儿子交给了谢尔盖，便流着泪离开了。她实在不忍心看着儿子乘火车离开的情景。朱可夫和谢尔盖刚坐上火车，外面就下起了倾盆大雨。在狭窄拥挤的三等车厢内，人头攒动，发出一股难闻的气味。雨越下越大，车厢内也越来越暗，只有一根蜡烛发出昏黄色的光亮。

这是朱可夫第一次坐火车,他对什么事都感到新鲜,与家人分离的悲伤也渐渐被新鲜感冲淡了。开车了,车窗外面闪过一排排黑色的树影和远处村落里星星点点的灯光。一路上,朱可夫饶有兴致地与邻座的一个老人闲聊着。老人用忧伤的嗓音给他讲述了自己一生悲惨的经历。朱可夫听了唏嘘不已。

黎明时分,火车到站了。莫斯科车站的一切让朱可夫惊奇不已。熙熙攘攘的旅客们争先恐后地往出口处挤去,行李杂物互相碰撞着。谢尔盖告诫他说:"这里不比你们乡下,要处处小心。"朱可夫点了点头。随后,谢尔盖便领着他坐上了一辆马车,朝繁华的市中心驶去。马车在卡美尔格尔巷口停了下来。谢尔盖指着一幢房子对朱可夫说:"看,这就是你以后住的房子。院子里是作坊,你就在那里做工。正门从卡美尔格尔巷进,不过,师傅和徒弟只能走后门,从院子里进。"

下车之后,谢尔盖把朱可夫领到作坊里,很客气地向正在做工的工人们问好。大家一边继续手中的活计,一边回应着。谢尔盖笑着说:"看,给你们从乡里带来了一个新徒弟。"

大家打量了一下朱可夫,七嘴八舌地议论开了。一个大个子问:"小伙子,多大了?"

朱可夫恭敬地回答说:"12岁了。"

大个子微笑着说:"还行,个子虽然小点,肩膀很宽。"

一位老师傅和蔼地补充说:"没关系,会成为一个好毛皮匠的。"

这个老师傅是费多尔·伊万诺维奇·科列索夫,他在所有师傅中最公正,最有经验,最有威信。在四年半的学徒生涯中,他给了朱可夫很大的帮助。

谢尔盖向朱可夫一一介绍了每一位师傅和学徒的情况。他的顶头上司,徒工头是一个叫库兹马的小伙子。今后,将由他安排朱可夫在作坊里的一切工作。

然后,谢尔盖又领他来到位于二楼的作坊办公室。朱可夫的舅母,即老板娘走了出来,和他们打了招呼。她对朱可夫说:"老板不在家,我先带你去看看房间,然后到厨房里去吃饭。"

老板娘向朱可夫讲解了他未来的工作职责,包括打扫房间,为大小主人擦鞋,按时点亮圣像前的灯等。最后,她说:"好吧,别的事情库兹马和女工头玛特廖莎会对你讲的。"

实际上,他的工作还有很多,帮女工头兼厨师玛特廖莎洗碗,生茶炉子,到小店去帮师傅们买烟打酒,样样都要做,而且规矩十分繁琐。老板和老板娘可以随意毒打学徒,师傅也可以惩罚他们,甚至连徒工头库兹马和女工头玛特廖莎也有权惩罚学徒。朱可夫到作坊的第一天就挨了打。

朱可夫坐了好几个小时的火车,饿极了,他从菜盆里一下子就舀出两块肉,狼吞虎咽地吃了下去。等他去舀第三块的时候,女工头玛特廖莎一勺子敲在了他的脑门上。原来,作坊里有个规矩:开始吃饭时,只能从公共菜盆里舀菜汤喝,不能捞肉吃;要等到女工头敲两下菜盆以后,才可以夹一小块肉吃。

徒工头库兹马还算友善,他对朱可夫说:"没关系,打了就忍着。一次打,二次乖,下回你就懂了,不会再犯这种错误了。"

第二天早上6点,学徒们便起床了。他们要在师傅们起床前一个小时到作坊里去收拾场地,做好一切准备工作。师傅们早晨7时开始劳动,晚上7时收工,中间只有一小时休息吃午饭。收工之后,学徒们要留在作坊里把工具收拾好,为第二天的工作做好准备。直到晚上11点,他们才能睡觉。夏天的时候,他们就睡在作坊里的地板上;冬天,他们就在后门过道里支起几张高板床,睡在那里。

朱可夫逐渐适应了作坊里的生活。平日里,他勤奋地跟着师傅们学习各种技艺;星期六,他和其他学徒工跟着库兹马到礼拜堂做彻夜祈祷;星期日则要做晨祷和弥撒。每逢大的节日,老板还领他们去克里姆林宫的乌斯平斯基大教堂做弥撒。

尽管学徒的工作很辛苦,但朱可夫仍然挤出时间读书。老板的大儿子、朱可夫的表弟亚历山大与朱可夫同岁,他对表哥比对别人要好一些。在他的帮助下,朱可夫阅读了长篇小说《护士》、柯南·道尔的《福尔摩斯》等许多惊险小说。后来,他们又一起学习了俄语、数学、地理等科学文化知识,还阅读了大量科普读物。

朱可夫和亚历山大互相勉励,二人的知识突飞猛进地增长着。米哈伊尔对这个外甥非常满意,尽管他看起来又穷又寒酸,自己偶尔还会赏他几个耳光。他曾当面赞誉儿子和外甥道:"干得不错,小伙子们!你们干的是好事。"

受到老板的赞赏，朱可夫学习的劲头更足了。他决定利用业余时间到相当于中学文化水准的夜校去学习。在亚历山大和尼古拉的帮助下，米哈伊尔答应让朱可夫在不影响工作的前提下到夜校去读书。每天晚上收工之后，朱可夫都到夜校去上课。

朱可夫在夜间时常会想起远在乡下的父母和姐姐，会想起他的好朋友列什卡，会想起奥古勃梁卡河，会想起村北的那片桦树林……但是他知道，学徒没有假期，只有到第四年才能得到10天的探亲假。每当想到这里，朱可夫便会加倍努力，勤奋地学习制作毛皮的手艺和文化知识。

不过，他毕竟只是一个十来岁的孩子，自制力有限。在夜校毕业考试前一个月的一个星期日，老板出去看朋友了，朱可夫跟两个表弟坐在厨房里打牌。没想到就在他们玩得正开心的时候，老板突然回来了。他伸手打了朱可夫一记重重的耳光，气愤地说："你学文化是为了什么？是为了打牌？从今天起，你哪儿也不准去，也不准同亚历山大在一起玩了！"

朱可夫一句话也不敢说，捂着脸离开了。过了几天，米哈伊尔消气了，才又允许外甥去参加毕业考试。朱可夫到夜校讲了事情的经过，被夜校的同学取笑了一番。老师并没有因为他缺了几天课就取消他的考试资格。夜校毕业考试考的是市立中学的全部课程，没有想到朱可夫的成绩居然很好。为此，他高兴了好一阵子。

二

伏尔加河的伟大和瑰丽

朱可夫在米哈伊尔的毛皮作坊里努力地学习着手艺和文化知识，他很快就成了一名熟练的毛皮匠。1911年，朱可夫制作毛皮的手艺已经堪与老师傅相比了。此时，他也当上了学徒工的工头，有3名徒工听他指挥。由于整日往莫斯科的大街小巷送货，朱可夫对城市的每个角落都十分熟悉。他简直成了莫斯科的活地图，知道从一个地点到达另一个地点的最短路线。老板米哈伊尔和老师傅们都十分喜欢这个勤快而诚实的小伙子。

尽管制作毛皮的手艺日益精进，但朱可夫一直没有放弃学习文化知识。他一直找机会读书，可惜的是，繁重的工作使得他没有机会再进入学校学习。于是，朱可夫便想方设法地找报纸、杂志和书来读，一切有字的纸在他眼里都成了宝贝。

科列索夫在政治上比较开明，平日里喜欢看些报纸，他有时候会拿一些布尔什维克主办的《明星报》和《真理报》到作坊里。一有空闲，朱可夫便把科列索夫读过的报纸拿来看，而且百看不厌。从这些报纸上，朱可夫初步接触了马克思主义，他知道了为什么工人和资本家之间、农民和地主之间的矛盾不可调和，也知道了只有工人和农民联合起来，才能推翻沙皇的反动统治。

初步接触了马克思主义之后，朱可夫像着了迷一样，对知识的渴望越来越强烈了。休息的时候，他从表弟亚历山大那里借杂志看，还千方百计地省下马车费去买书看。老板米哈伊尔有时会派他到马里伊诺林场或莫斯科南岸市区送货，就给他几个戈比的马车费。为了省下这几个戈比，朱可夫往往把皮货袋往肩上一搭，便一路小跑着赶过去。省下来的钱，他便拿到书店去买书。就这样，在制作毛皮的手艺日益精进之时，朱可夫的文化知识也越来越丰富，思想也日益成熟起来。

1912年是朱可夫在毛皮作坊里做学徒的第四个年头。此时，朱可夫已经从刚进作坊时的小男孩长成了一个16岁的大小伙子，身体很结实。米哈伊尔也越来越倚重他了。那一年，老板米哈伊尔带着朱可夫去参加了著名的下诺夫哥罗德集市。朱可夫的职责主要是给已售出的货物打捆，到伏尔加河码头、奥卡河码头和铁路仓库向指定地点发货。

在这里，朱可夫第一次看到了伏尔加河。在《回忆与思考》中，朱可夫如是描述自己当时的心情：

> 我第一次看见了伏尔加河，她的伟大和瑰丽让我倾倒。在这以前，我从来没有见过比普罗特瓦河和莫斯科河更大、更深的河了。
>
> 清晨，伏尔加河整个儿浸沉在初升的朝阳里，闪闪发光。我看啊，看啊，久久不愿挪开贪婪的目光。我终于明白人们为什么要尽情地讴歌伏尔加河，为什么要把她比做自己的母亲了。

母亲河的瑰丽震撼了朱可夫的心灵，让他的灵魂得到了升华。当然，此时的朱可夫无论如何也无法想到，多年之后，他将率领千军万马，为保卫伏尔加——俄罗斯民族的母亲河而驰骋沙场。

下诺夫哥罗德是一个鱼龙混杂之地，商人、脚夫、小偷、妓女、骗子，各种各样的人都会在举行集市之时从四面八方涌来。这些人的种种行为开拓了朱可夫的视野，让这个年轻的小伙子对生活有了更加深刻的认识。

下诺夫哥罗德的集市结束之后，米哈伊尔又派一个叫瓦西里·丹尼洛夫的掌柜带着朱可夫等人去顿河军州乌留皮诺参加另一个集市。乌留皮诺是一个小城市，集市的规模也不大。朱可夫等人的工作也比较轻松，但瓦西里·丹尼洛夫却使得他们轻松不起来。丹尼洛夫是个残忍的人，经常为了一点小事对一个年仅14岁的小徒弟下狠手。朱可夫在作坊里待了四年，知道师父有权力毒打自己的徒弟，但天生的正义感让他不能任丹尼洛夫胡作非为。

有一次，丹尼洛夫又因为一点小事而对小徒弟大打出手。站在一旁的朱可夫实在忍不住了，顺手抄起一根用来捆包的橡木杠子，使尽全身力气照他的头上打去。丹尼洛夫哼都没哼一声，便像一堆烂棉花一样倒了下去。朱可夫害怕极了，以为把他打死了。不知所措的朱可夫急忙丢下手中的杠子，从店里逃走了。好在丹尼洛夫只是晕了过去，他醒来之后也没有再找朱可夫的麻烦。

  不过，等回到莫斯科以后，丹尼洛夫添油加醋地向老板告了状。米哈伊尔生气极了，他不问青红皂白就狠狠地揍了朱可夫一顿。朱可夫挨了一顿揍，但是他并不后悔，因为他伸张了正义。

三

短暂的回乡之旅

夏季很快就到了，朱可夫很幸运地得到了10天探亲假。朱可夫已经离乡4年了，他无时无刻不在思念着自己的家乡，思念着父母和姐姐。他匆匆为家人准备了些礼物，便归心似箭地向火车站奔去。一路上，他站在一个打开着的车窗旁，以极大的兴趣饱览了沿途各车站的设施和莫斯科近郊美丽迷人的风景。在火车上，他还听到了几个年轻人在谈论资产阶级民主主义者开办的工厂是如何虐待工人的。这些让他想到了他在报纸上了解到的布尔什维克的主张，即工农联合，推翻沙皇的反动统治，打倒资产阶级，让工农翻身做主人。

这些念头在脑海里一闪而过，很快就被他忘记了。因为火车到站了，朱可夫又回到了久违的故乡。离乡4年了，朱可夫从一个少不经事的孩子长成了一个大小伙子。村里也发生了很多变化，有的人死了，有的到城里当学徒去了，有的外出挣钱去了，有的则被沉重的生活担子压弯了腰……

乌斯季尼娅到车站接儿子来了。朱可夫在人群中一眼就认出了母亲，她苍老了许多。

母子二人回到家时，天已经黑了。康斯坦丁和玛莎站在门口，迎接朱可夫回乡。玛莎已经长成大姑娘了，像所有的俄罗斯姑娘一样，身材高挑，亭亭玉立。康斯坦丁已经70多岁了，背驼得非常厉害。他吻了吻儿子的面颊，感慨地说："好啊，我终于活到了这一天，看到你长大成人了。"

朱可夫打开篮子，给每人送了一份礼物。另外，他还给了乌斯季尼娅3个卢布、两俄磅（1俄磅＝409.51克）糖、半俄磅茶叶和一俄磅糖果。乌斯季尼娅高兴地说："儿子，谢谢你！我们已经很久没有喝过像样的茶了。"

朱可夫笑了笑，又给了父亲一个卢布，供他上茶馆零花。乌斯季尼娅在一旁道："给他20个戈比就够了。"

康斯坦丁难为情地说："我等儿子等了4年，你别在他面前提穷的事情了，免得使我们在见面时就扫兴。"

当时正值割草的季节，许多年轻人都从城里回到村里帮忙。第二天，朱可夫也随着母亲和玛莎到草场割草去了。在草场上，朱可夫见到了儿时的玩伴列什卡·科洛特尔内。大家都长成了大小伙子。

干了一会儿之后，邻居纳扎尔大叔走到朱可夫的跟前，搂着他的肩膀，打趣地说："小叶戈尔，怎么样，农活不轻松吧？"

朱可夫点了点头，回答道："不轻松。"

一个不认识的青年人走到他们跟前说："现在英国人都用机器割草。"

纳扎尔说："是呀，我们也一直指望着有好犁、大镰刀。不过，这一切都是空的……"

朱可夫问身边的一个孩子："刚才说到机器的那个青年是谁？"

那孩子回答道："他叫尼古拉·朱可夫，是村长的儿子。4年前从莫斯科送回来的。他说话尖刻，连沙皇也敢骂。"

列什卡笑着说："背后骂骂沙皇可以，没有关系，只要不被警察和密探听到就行。"

听了列什卡的话，朱可夫忽然感到家乡变了，这种改变是思想深处的。沙皇在年轻人的心目中再也不像在老人心中那样崇高了，他们甚至敢在背后骂沙皇了。朱可夫知道，这和布尔什维克宣传的马克思主义有着很大的关系。

晚上，年轻人忘记了一天的疲劳，都聚集到村口的粮仓附近来了。大家唱着一支又一支深情动人的歌。姑娘们用优美的嗓音唱起温柔的曲调，小伙子们用青年人的男中音和未定型的男低音伴唱着。唱到动情处，大伙就聚到一起，跳起了舞，一直跳到累得要倒下才停下来。朱可夫好久没有这么开心过了。直到天快亮时，大家才依依不舍地各自回家。第二天一早，他们又在大人的催促下起床去割草了。

10天的假期一晃就过去了，朱可夫又要回莫斯科了。在回莫斯科前的那个晚上，邻村科斯廷卡村发生了火灾。火势很猛，眼看就要把村子里的房屋、草棚和粮仓都烧着了。正在村口唱歌、跳舞的年轻人迅速奔向消防棚，推出水龙，抬着奔向科斯廷卡村。

斯特列尔科夫卡村的年轻人是第一批赶到的，甚至连科斯廷卡本村的消防队到得都比他们晚。火势太猛了，尽管附近几个村的消防队都赶来了，但依然烧掉了大半个村庄。

当朱可夫提着一桶水跑过一家人的门口时，突然听到里面有人喊："救命啦，我们快烧死了！"

朱可夫放下水桶，冲进了火场。里面有几个被吓得哇哇大哭的孩子和一位生病的老人。朱可夫竭尽所能，把他们全部救了出去。

火终于被扑灭了。妇女们在废墟上一边细数着家里的损失，一边大哭。孩子们都被吓坏了，一个比一个哭得凶。真不知道他们将来的日子该怎么过！

第二天早晨，朱可夫发现他的新上衣被烧了两个铜板大的洞。这件上衣还是休假前老板送给他的。这是作坊里的规矩，学徒工回乡探亲，老板都要送一件上衣。

乌斯季尼娅看着儿子新上衣上的破洞，喃喃地说："唉，这是老板送给你的呢！现在烧坏了，老板是不会褒奖你的。"

朱可夫愤愤不平地说："让他评评理，是上衣值钱还是救人要紧。"

回到莫斯科之后，朱可夫向老板表达了问候，又向他讲了乡里失火的事情，并指给他看上衣烧的两个洞。出人意料的是，米哈伊尔并没有骂他，甚至连一句责备的话都没有。朱可夫受宠若惊地感谢了老板。后来他才知道，老板在头天晚上高价卖出了一批皮货，赚了一大笔钱，心情非常愉悦，所以才没有惩罚他。

四

一场无疾而终的爱情

1912年底,朱可夫四年半的学徒期满了,成了一名青年师傅,即老师傅的助手。学徒期满的那天,米哈伊尔问他:"以后打算怎么住,是留在作坊宿舍里,还是到私人住宅去租房子住?"

朱可夫茫然地看着老板,不知道他是什么意思。米哈伊尔见状,解释说:"如果住在作坊里,继续在厨房里同学徒一起吃饭,每月工资就是10个卢布;如果住私人住宅,就能拿18个卢布。"

朱可夫没有离开过作坊,尚没有独立生活的经验,他选择了继续住在作坊里。显然,这是老板有意安排的,因为每天师傅们下工后,他总要找些活让朱可夫去做,而且不给一分加班费。

过了一段时间之后,朱可夫改变了主意。他想:"这样下去不行。搬到私人住宅去住,晚上可以有更多时间看书。"

过圣诞节的时候,朱可夫又回了村里一次。这次回去和上次完全不同了。朱可夫的学徒期已经满了,每月有整整10个卢布的工资。当时,并不是所有的人都能挣到这么多。朱可夫把自己的一部分工资交给了母亲,以补贴家用。乌斯季尼娅和康斯坦丁看着儿子,都觉得他长大了。

回到莫斯科以后,朱可夫向老板提出,他想到外面去租房子住。米哈伊尔同意了他的请求。朱可夫高兴极了,在表弟亚历山大的帮助下,他在奥哈德内街租了一个床位,每月租金3个卢布。房东是一个叫马雷舍瓦的寡妇。她有一个女儿,名叫玛丽娅,玛丽娅同朱可夫的年龄相仿,两个年轻人在业余时间里经常在一起看书、唱歌、跳舞。渐渐地,两颗年轻的心越贴越近,朱可夫爱上了玛丽娅,玛丽娅也爱上了这个勤劳而诚实的毛皮匠。

米哈伊尔也很倚重朱可夫,常派他到银行兑取支票,或者办理活期存款。除此之外，他还经常领着朱可夫到他的毛皮商店去。在店里，朱可夫除了负责一些修修补补的工作之外，还负责捆货，到车站去办理托运。比起在作坊里干活，他更喜欢干这些活。因为在作坊里除了听到师傅们的牢骚与抱怨之外，什么也听不到。在店里则不同，这里不但可以和一些有知识的人打交道，还可以听到他们对当时各种事件的议论。

在毛皮作坊里，除了科列索夫之外，谁也不看报纸，对政治问题也不关心。当时，所有的手艺人都是这样，他们只关心自己的利益，每个人都有自己的小天地。大部分人都处心积虑地为自己积攒一笔小小的资本，总想开个小店。产业工人则不同，他们是真正的无产者。产业工人不会想着自己去开办工厂。因为这需要很大一笔钱，不是他们省吃俭用就能存到的。更何况，他们的工资远比手艺人的少。当时，俄国革命在轰轰烈烈地进行着。布尔什维克在产业工人中间进行了广泛的宣传，孟什维克、社会革命党人和资产阶级自由派革命人士则在手工业工人里宣传。莫斯科、圣彼得堡和其他许多大城市的工人频繁地举行罢工。大学生也常举行集会和罢课。

此时，朱可夫对政治事件已经有了自己的判断，他认为只有布尔什维克宣传的马克思主义才能取得革命的成功，挽救俄罗斯人民。因此，每次回家时，他都尽其所能地向他的朋友和农民们讲解他所了解的马克思主义。

朱可夫和玛丽娅之间的关系越来越亲密。他们像所有的年轻人一样，尽情地享受着爱情带来的甜蜜，憧憬着美好的婚姻生活。他们在一起的时候，除了看书、唱歌、跳舞之外，还经常讨论结婚的事情。朱可夫也打算，等他存够了钱就娶玛丽娅为妻。爱情的甜蜜和工作的顺心让朱可夫觉得幸福极了。

就在这个时候，一场可恶的战争粉碎了朱可夫和玛丽娅的美梦。1914年，第一次世界大战爆发了。1914年7月28日，奥匈帝国与塞尔维亚断交并对其宣战。俄罗斯帝国则宣布全国总动员，以支持同为斯拉夫国家的塞尔维亚。俄罗斯帝国此举引起了德国的不满。8月1日，德国以俄罗斯帝国拒绝停止全国总动员为借口向其宣战。8月6日，奥匈帝国也向俄罗斯帝国宣战。

在战争的开始阶段，由于德军忙于西线的战事，无暇东顾，俄军进展

胜利象征·朱可夫·zhukefu

顺利，一度攻入了东普鲁士。但德军迅速回师，在东线与俄罗斯帝国交战，在科穆辛森林附近消灭了数万名俄军，使得东线战局的发展受到德国控制。9月11日，俄军第一集团军再度被击败，德军进逼至俄国境内，俄军损失共25万余人。在南线方面，俄军开始时在加里西亚和布柯维纳屡次击败奥匈帝国的军队，但德国随后对奥匈帝国提供支持，结果到12月中旬，东线战事亦进入胶着状态。俄罗斯深陷战争的泥潭而不能自拔。

俄罗斯国内也发生了骚乱。侦探局的间谍和黑帮分子们在爱国口号的掩护下，号召爱国青年组织起来，捣毁了德国和奥匈帝国的商行。一时间，莫斯科陷入了混乱之中。许多想顺便发点洋财的人也都被引诱去了，事态很快就失去了控制，连俄罗斯帝国的盟国法国、英国等其他国家的商行也受到了冲击。到处都乱哄哄的，朱可夫和玛丽娅躲在家里，哪里也不敢去。

由于前线伤亡很大，沙皇尼古拉二世开始号召青年为祖国而战。在宣传的影响下，许多青年纷纷报名，志愿上前线去打仗。朱可夫的大表弟亚历山大也决定上前线，并一股劲地劝他也去。

朱可夫非常热爱自己的国家，他接受了表弟的意见，决定和他一起到前线去。朱可夫害怕玛丽娅担心，并没有把这件事情告诉她，而是去找了他最尊敬的老师傅科列索夫。科列索夫听说朱可夫要到前线去，沉思了一会儿，对他说："亚历山大的心愿，我是理解的，他父亲有钱，他有理由

朱可夫元帅与夫人加林娜·亚历山德罗夫娜（1971年）

去打仗。因为他要保护他父亲的财产！你呢？傻瓜，你为什么去打仗？是不是因为你父亲被赶出了莫斯科？是不是因为你母亲被饿得倒下了？如果你受了伤，残废了，就再也没有人愿意雇佣你了。"

朱可夫想了想，认为科列索夫说的很对。他没有理由去为沙皇政府卖命，沙皇政府给了他们这些穷人什么呢？除了压榨与剥削，贫穷与饥饿之外，沙皇政府什么也没有给他们。朱可夫改变了主意，不想再到前线去了。

当朱可夫把这个决定告诉亚历山大之时，亚历山大痛骂了他一顿。当天晚上，亚历山大便从家里逃走，上前线去了。朱可夫继续在作坊干活。他手中也存了一些钱，便同玛丽娅商量结婚的事情。但战争的急剧变化使他们的希望和打算化为泡影。亚历山大走了两个月便回到了莫斯科。他负了重伤，是被人用担架抬回来的。

由于前线伤亡太大，沙皇政府于1915年7月发布通告，提前征召1896年出生的青年入伍。朱可夫这个尚不满20岁的小伙子要上战场了，他不知道自己能不能活着回来。所以，他没有再提和玛丽娅结婚的事情。朱可夫依依不舍地告别了玛丽娅。实际上，从这个时候开始就注定了他这场爱情将会无疾而终。

· 第三章 ·

在军旅中迅速成长

一

军旅生涯的开始

1915年8月7日，朱可夫同几名同乡一起在卡卢加省马洛亚罗斯拉韦次县县城入伍了。朱可夫被选送到骑兵部队。能当上策马扬鞭的骑兵让他很高兴，因为骑兵是一个听起来非常浪漫的兵种。

一个星期以后，所有应征青年都到兵站报到。新兵们都是一些十八九岁的小伙子。编队之后，所有的新兵都在长官的驱使下登上了货车，开往省城卡卢加。每个车厢40人，车厢内没有椅子，所有人只能站着或者坐在肮脏的地板上。有的人在唱歌，有的人在打牌，有的人在悄悄地同别人谈着什么，有的人在默默地哭泣。所有的人都不知道自己将要面对的是一种什么样的生活。

深夜，火车抵达卡卢加。新兵们刚走下列车，就听到前来接站的长官们在喊"集合！""看齐！"的口令。新兵们乱哄哄地排好了队，长官命令他们往城外走。有个新兵问身边的上等兵："我们开往哪儿？"

那个人看了看身边的孩子们，和蔼地说："孩子们，永远不要向长官提出这类问题。当兵的应当默不作声地执行命令。至于开到哪儿，那是长官才可以了解的事。"

就在这时，纵队前头传来了队长宏亮的声音："队列中不准说话！"

朱可夫在列车上认识的新朋友科利亚·西夫佐夫用胳膊肘捅了他一下，小声说："这就是士兵生活的开始。"

走了4个小时，大家才到达兵营。兵营的条件很差，尽管风不断地从墙缝和窗口往屋里钻，但里面的气味依然让人感到窒息。床铺也破破烂烂的，全是用木板铺成的，连褥子都没有。由于大家坐了几个小时的火车，又走了4个小时的路，全都累坏了，谁也没有抱怨，纷纷按照编号躺在床上大睡起来。

第二天早上 7 点，集合号准时响了起来。新兵们急忙从床上爬起来，列队去洗漱。早饭后，队长把大家集合起来，宣布道："你们被编入了预备役步兵第一八九营。这里是为预备役骑兵第五团组建队伍的。在离开这里以前，你们将接受严格的步兵队列训练。"

新兵们领到教练步枪以后，便去参加训练了。朱可夫的班长是一个叫沙赫沃罗斯托夫的上等兵。他对待士兵极为苛刻，一边挥舞着拳头，一边斩钉截铁地对大家说："除了上厕所之外，任何地方都不准去！否则，我将把你们押送惩戒营！"

新兵们小声议论说："嘿，别想这个家伙给我们好日子过啦！"

班长训完话，一位上士走到队列跟前，大声道："我是你们的排长马利亚夫科。我相信你们已经很好地理解了班长所解释的一切，所以，你们要忠诚地为沙皇和祖国效劳。任何人都不准擅自行动！"

训练正式开始了。每个新兵都努力地学习队列动作和持枪动作。如果有一个兵踏错脚步，全排都要受罚。可想而知，这些新兵在第一天的训练中吃够了苦头。晚饭过后，排长又命令大家集合，宣布明天要带领大家参加全体晚点名。所以，今天必须学会唱国歌《上帝啊，保佑沙皇》。新兵们对这种庸俗的歌曲一点兴趣也没有，但也毫无办法。大家一直学到深夜才勉强学会了。

经过两个星期的训练，大多数新兵都已经熟悉了军队的各项规章制度。第二周周末，新兵们接受了上尉连长沃洛金的检查。连长是一个酒鬼，当他喝醉的时候，他会对任何一个人大打出手，而且他似乎对检查士兵们列队毫无兴趣。匆匆检查完毕之后，他睡眼惺忪地对士兵们说："你们要努力训练，因为向上帝祈祷和为沙皇效劳，都不会是徒劳无益的。"

一个月之后，训练结束了，新兵们被派往乌克兰境内的预备役骑兵第五团服役。预备役骑兵第五团驻扎在哈尔科夫省巴拉克列亚城内。列车经过巴拉克列亚后，抵达萨文策车站，朱可夫等一行士兵下了车。到月台上来迎接他们的是穿着新制服、仪表端正的骑兵军士和司务长们。他们有的穿骠骑兵制服，有的穿枪骑兵制服，还有的穿龙骑兵制服。朱可夫等人被分配到龙骑兵连。

第二天，大家领到了制服、马的装具和一匹马。朱可夫的坐骑是一匹深灰色的烈性牝马，名叫"恰谢奇娜娅"。骑兵的训练比较辛苦，除了要掌握射击技巧之外，还要学习骑术和如何使用冷兵器。当然，一天刷三次马也是他们的本分。

新排长是一个叫杜拉科夫的上士。杜拉科夫的根词是杜拉克，在俄语中是"傻瓜"的意思。但这个排长并不傻，他要求下级十分严格，但从来不冤枉一个士兵，处理问题一贯很审慎。不过，另一位名叫博罗达夫科的指挥官就没有这么友善了。这个下士性情暴躁，大喊大叫，喜欢打人。老兵们说，他曾经打掉过好几个士兵的牙齿。

在排长短期休假期间，博罗达夫科代理排长。白天，他在训练中肆意侮辱新兵，还特别爱整那些入伍前在莫斯科住过和工作过的人，他认为这些人是"有学问的人"，太聪明了。夜间，他几次检查内务值勤情况，遇见值日兵打盹，就狠狠地揍一顿。士兵们都气愤到极点。

有一天，朱可夫和几个士兵事先商议好，悄悄地躲在一个黑暗的角落里，等博罗达夫科走过时用马披蒙上他的头，狠揍他一顿。大家依计而行，直打得他昏死过去才住手。每一个人都以为军事战地法庭是不会轻饶他们的。凑巧，排长在这个时候回来了，他帮了士兵们的忙，把这件事情当成一个误会，轻轻搪塞过去了。不久，排长还请求上级把博罗达夫科调到别的骑兵连去了。

1916年春季，朱可夫已经被训练成一个技术娴熟的骑兵了。部队接到通知，即将编成补充骑兵连开赴前线。就在这时，应征入伍的新兵也已经开来了，朱可夫等老兵便搬往了邻近的拉格尔村。

由于前线下级军官伤亡很大，部队决定从训练成绩最好的士兵当中挑选30人，到教导队受训，将他们培养成军士。朱可夫也被选上了。朱可夫本来不想去教导队，想直接到前线去。但排长对他说："朋友，前线你还是会去的。但是，现在更多地学些军事，这对你很有用处。我相信你会成为一名好军士的。"

排长想了一想，又说："我就不急着再上前线去。我在前方待了一年，很了解那是怎么回事，而且也懂得了许多事情。遗憾，十分遗憾，我们的人这样糊里糊涂地死去！请问这是为什么？"

排长没有再说下去，但朱可夫已经从他的话语中明白了，排长不愿意向沙皇政府的专制暴行妥协，但他又无法放弃作为士兵的天职。这两者在排长那里是一对不可调和的矛盾。朱可夫接受了排长的忠告，到教导队受训去了。

二

骑兵准军士开赴前线

教导队驻守在哈尔科夫省伊久姆城内。队员都是从各部队抽调来的精英，约有240人。朱可夫的指挥官是一个脾气很坏的上士，士兵都叫他"四个半"，因为他右手食指短了半截。但是，这并不妨碍他一拳就能把士兵打翻在地。朱可夫虽然没有挨过他的揍，但是这个可恶的上士使用其他方法来整朱可夫。他多次罚朱可夫穿戴全副战斗装备，顶着马刀站在训练场上，还让他从马厩背沙袋到野营帐篷……

尽管受到了指挥官的刁难，但朱可夫在训练方面始终名列前茅。"四个半"挑不出他的毛病，便决定改变策略。有一天，他把朱可夫叫到帐篷里，对他说："我看出来了，你是一个有个性、有文化的青年，学习军事一点也不吃力。你是从莫斯科来的，是工人，为什么还要你每天参加操课呢？这样吧，你以后就当我的抄写员，负责填写值勤登记表，统计到课缺课人数，并执行其他的任务。"

朱可夫知道这是故意和他过不去，便据理力争道："我到教导队来，不是为了当一名负责承办各种事项的职员，而是为了认真地学习军事和当一名军士。"

"四个半"发怒了，威胁朱可夫道："走着瞧吧，我叫你永远也当不上军士！"

1916年初夏，教导队的训练就要结束了。按照规定，教导队里成绩最好的一名毕业时应授予下士军衔，其余的人一律授予准军士衔。大家都认为朱可夫应该是第一名，毕业时一定会获得下士军衔。但是，完全出乎大家意料，在毕业前夕，"四个半"忽然宣布："由于朱可夫不守纪律和冒犯直接长官，从即日起开除出教导队。"

朱可夫伤心极了，但是他有什么办法呢？就在他准备离开的时候，事情有了转机。一个名叫斯科里诺的青年跟朱可夫在一个排受训，他是朱可夫来教导队受训之前所在的那个骑兵连副连长的弟弟。斯科里诺学习很差，也不喜欢军事，却是一个正直的人。他去找教导队的队长，向他报告了排长对朱可夫不公正的处理。

队长作战极其勇敢，得过几乎所有的各级乔治十字勋章。战前，他曾经在某地一个枪骑兵团超期服役，任司务长。由于受了重伤，才从前线撤下来，到教导队任队长。队长得知这一情况之后，便派人去叫朱可夫。朱可夫心情忐忑地来到队长的办公室。

队长和蔼地问：“当兵的，怎么啦，有什么不顺利的吗？”

队长指着边上的凳子，示意朱可夫坐下。朱可夫不敢坐，照样站着。队长笑着说：“坐下，坐下，不要怕！你好像是从莫斯科来的？”

朱可夫回答说：“是的，阁下！我在莫斯科工作了四年。”

队长很温和地说：“我也在莫斯科工作过。入伍前，我在马里伊诺林场工作，是个木匠。不过，看来我今后的生涯只能献身军旅了。”

队长沉默了一会儿，又接着说：“当兵的，对你的鉴定很不好呀。报告上写着，你在四个月的受训期间共受到10次处分，你叫自己的排长为'剥皮'，还用各种难听的话骂排长。是真的吗？”

朱可夫坦诚地回答道：“阁下，是真的。但是，有一点我必须报告的，其他人处在我的地位，也都只能这样做。”

当朱可夫把事情的前因后果向他报告了之后，队长点了点头，温和地说：“我知道了。回排去吧，准备考试。”

就这样，朱可夫留在了教导队，并参加了毕业考试。不过，他并没有得到第一名，而是和大部分教导队队员一样，以准军士的身份毕业。

在教导队受训的经历对朱可夫的军旅生涯影响很大，在这里，他学到了必要的军事知识。在《回忆与思考》中，他如是描述这段经历对他的影响：

> 现在，如果要评论旧军队的教导队的话，应当说那里的训练搞得不错，特别是队列训练。每一个学员都能熟练地掌握骑术、武器和单兵训练法。许多旧军队的军士在十月革命后能成为红军中精通业务的军事首长，这并不是偶然的。

8月上旬，上级下达了关于分配教导队学员去各补充骑兵连的命令，其中有15人直接分配到前线的骑兵第十师。朱可夫是这15人名单中的第二名。朱可夫知道，这肯定是"四个半"在搞鬼。当军官向队员们宣读名单时，"四个半"一直在一旁阴笑，他想叫每个人都知道，他们的命运都是由他决定的。

教导队为学员们举行了简单的欢送会。会后，朱可夫等15人直接登上了开往火车站的卡车。几个小时以后，朱可夫等人乘坐的列车向哈尔科夫方向开去。火车走得很慢，因为当时正有一个步兵师开往前线。包括从前线运回重伤兵的卫生列车在内，所有的列车都要停下来为开往前线的列车让路，而且一停就是好几个小时。

开往骑兵第十师的士兵们等不及了，便下车和伤兵们聊天。伤兵们一个劲地抱怨俄军的装备太差，高级指挥官不顾士兵死活。士兵们甚至说，就连最高统帅部里都有被德国人收买的叛徒。听到这些消息，朱可夫的心情低落到了极点。他和其他骑兵一起，一声不吭地回到了自己的车厢。

列车走走停停，好不容易到达卡缅涅茨—波多利斯克。朱可夫所在龙骑兵诺夫哥罗德第十团、骠骑兵英格曼兰德第十团的补充兵员和一百来匹马及其全部装具都在这里下车。卸车快结束时，突然响起了空袭警报。大家纷纷躲了起来。德军的一架侦察机在他们上空盘旋了一阵，丢下了几个小炸弹以后，向西面飞去。炸弹爆炸发出了强大的冲击波，一名士兵被当场炸死，还有五匹马也被炸伤了。这是朱可夫接受的第一次战斗洗礼。炸弹爆炸时发出的巨响和强大冲击波，尤其是那名死亡士兵的惨状使他久久不能忘怀。

空袭警报解除之后，所有补充兵员都成行军队形，开往德涅斯特河岸。当时，骑兵第十师担任西南战线的预备队，正驻守在那里。到达部队之后，大家就听说骑兵第十师很快就要开赴前线，但是，究竟开到哪个地段，谁也不知道。

三

当选士兵委员会主席

　　1916年8月,罗马尼亚对德国宣战,站在俄罗斯帝国一方,一起对抗德军。沙皇政府认为有了罗马尼亚这个强有力的帮手,肯定能迅速打败德国,于是盲目乐观起来。9月初,俄军向德军阵地发动了新的进攻。骑兵第十师也开到贝斯特里次山林地区集中,直接参加战斗。由于地形条件不容许骑马冲击,所有骑兵全部改作步兵,徒步进攻。由于盲目乐观,再加上技术装备十分落后,罗马尼亚和俄罗斯方面损失都很大。进攻被迫停止了,战线因而稳定下来。

　　就在这时,后方的不稳定因素也急剧增加。常年的战争导致国内劳动力奇缺,工厂停工,土地抛荒,整个俄罗斯都陷入了饥荒之中。许多士兵从家信得知家乡闹饥荒的消息之后,不满情绪一浪高过一浪。在后方,分别由资产阶级自由派和布尔什维克领导的旨在推翻沙皇反动统治的革命斗争也轰轰烈烈地展开了。

　　朱可夫是幸运的,也是不幸的。在战斗中,他俘虏了一名德军军官。为此,部队授予他一枚乔治十字勋章。但不幸的事情很快就发生了。这年10月,朱可夫和几名士兵一起组成了前方侦察群,到接近德军阵地的赛耶—雷根进行侦察。他们走进了德军布置的雷区,一枚地雷爆炸了。朱可夫被爆炸气浪从马上掀下来,昏死过去。等他醒来的时候,发现自己躺在医院里。军医告诉他,他已经昏迷了一天一夜。由于严重震伤,朱可夫被送到哈尔科夫治疗。为了对朱可夫在侦查中的突出表现进行嘉奖,部队再次授予他一枚乔治十字勋章,并授军士衔。

　　出院之后,朱可夫的听力很长一段时间都没有恢复。医务委员会决定将他调到拉格尔村的补充骑兵连。朱可夫对这样的安排感到很满意,因为这是他原来所在的骑兵新兵连的朋友们驻扎的地方。

在拉格尔村，朱可夫了解到，士兵们都不想打仗，他们想的是土地与和平。就在这时，彼得格勒（原圣彼得堡，1914 年改称彼得格勒）、莫斯科和其他城市工人罢工的消息越来越多。士兵们纷纷在私底下谈论布尔什维克，说布尔什维克在为反对沙皇，争取和平、土地和劳动人民的自由而斗争。士兵们的厌战情绪越来越高，朱可夫也隐隐感到，这场战争似乎只对富人有利，是为沙皇和地主进行的。他对布尔什维克的了解越来越深入了。士兵中有很多人都参加了布尔什维克，并秘密组织了士兵委员会。

1917 年初，俄罗斯资产阶级革命时机已经完全成熟。1 月 22 日，彼得格勒工人在布尔什维克的号召下举行罢工。参加罢工的达十几万人。在莫斯科、哈尔科夫、巴库等城市也举行群众性的罢工和示威游行。当时彼得格勒警察局局长在给内务大臣的报告中说："越来越多的人支持罢工，情况像 1905 年一样糟糕。"

很快，部队中的中下级军官纷纷向布尔什维克或孟什维克支持的社会民主党靠拢，在军队中展开了革命斗争。2 月 27 日凌晨，驻扎在拉格尔村的骑兵连突然接到通知，要紧急集合。集合地点就在骑兵连长、骑兵大尉、男爵冯·德·戈尔茨宿舍的附近。

朱可夫此时是一个班长，排长是基辅斯基中尉。朱可夫问排长："中尉先生，我们要开到哪里去？"

中尉反问道："你是怎么想的？"

朱可夫说："士兵们应当知道开往哪里，尤其是还给我们发了子弹。"

中尉诡异地说："那又有什么，子弹会有用的。"

就在这时，连长冯·德·戈尔茨来了。他是一个很能打仗的人，得到过金质手枪、士兵级乔治十字勋章和许多其他的战斗勋章。不过，他对待士兵非常凶残，没有一个人喜欢他。连长赶到后，立即把全连变成三路纵队，沿公路向巴拉克列亚城预备役骑兵第五团司令部前进。

基辅龙骑兵和英格曼兰德骠骑兵早已经排成横队等候在团操练场上了。朱可夫所在的骑兵连也变换成了横队。当时，谁也不知道是怎么回事。不过，事情很快就弄明白了。操练场的边上渐渐聚集了一些工人和士兵，他们举着红旗游行示威。各骑兵连的连长们纵马向团部疾驰而去。

就在这时，从团部走出一群军人和工人。一位高个子军人大声喊道："俄国的工人阶级、士兵和农民不再承认沙皇尼古拉二世了，不承认资本家和地主。俄国人民不愿意继续进行流血的帝国主义战争，人民需要和平、土地和自由！"

高个子顿了顿，举起右手高呼道："打倒沙皇！打倒战争！各国人民和平万岁！工人、士兵代表苏维埃万岁！乌拉！"

士兵们本来是被调来镇压游行示威的，但是这些穷人家的孩子从心底里明白应当怎样做，他们纷纷调转枪口，指向了自己的指挥官。人群中爆发出了"乌拉"的欢呼声。士兵们和游行的工人们混合到一起了。

布尔什维克领导的士兵委员会也从地下转到了地上。朱可夫的连长和其他一些军官都被士兵委员会逮捕了。团的士兵委员会负责人雅科夫列夫命令各连回驻地待命。就这样，士兵们在"乌拉"的欢呼声中回到了各自的驻地。

第二天一早，雅科夫列夫派了一名军官到朱可夫所在的连队主持全连大会，选举出席团苏维埃代表和本连士兵委员会。由于朱可夫敦厚诚实，又有文化，平日里对待士兵也非常和蔼，他被推选为连士兵委员会主席。同时，他还与中尉基辅斯基、来自卡卢加省马萨尔斯克村的彼得一起当选为团苏维埃代表。3月初，第五团在巴拉克列亚城召开了全团士兵代表苏维埃大会。实际上，此时的苏维埃代表中还有一些是拥护资产阶级自由派的。

此时，不光朱可夫所在的骑兵第五团发生了惊天动地的变化，全俄罗斯都处于急剧的变革之中。1917年3月初，彼得格勒的工人举行了大规模的罢工活动，旨在反对饥饿、反对帝国主义战争、反对沙皇制度，罢工人数一度达到25万人。沙皇政府下令开枪镇压参加示威和集会的群众，尼古拉二世此举更加激起了人民强烈的反抗。布尔什维克维堡区委员会决定将罢工转变为武装起义。3月12日（俄历2月27日），起义席卷全城。驻守彼得格勒的士兵拒绝向工人开枪，大批转到革命方面。起义士兵和工人逮捕沙皇的大臣和将军，释放政治犯，布尔什维克党中央发出《告全体俄国公民书》，宣布首都已经转到起义人民手中。革命在全国迅猛展开。3月15日，沙皇尼古拉二世被迫退位，俄罗斯帝国彻底覆灭了。这就是俄罗斯历史上著名的二月革命。

二月革命期间，彼得格勒工人和士兵建立新的政权——工兵代表苏维埃。同时，资产阶级得到孟什维克和社会革命党人的支持，钻进了革命队伍，成立了俄国临时政府，勾结沙皇尼古拉二世，企图建立君主立宪制。这样，彼得格勒就形成了两个政权并存的局面。

孟什维克和社会革命党人千方百计地要把军队拉拢到他们的手中。1917年5月，骑兵第五团的苏维埃负责人雅科夫列夫被调到别的地方去了。不久，社会革命党人和孟什维克掌了权，推行拥护临时政府的方针。

在二月革命期间，民族主义运动在各地风起云涌，其中尤以乌克兰的民族主义运动最为著名。在乌克兰民族主义领导人彼得留拉的号召下，军队中一些来自乌克兰的士兵纷纷投奔到彼得留拉方面去了。朱可夫对这种战争厌烦透了，他召开了连士兵委员会会议，决议解散连队，因为他们连的主要成员都是莫斯科人和卡卢加人，他们渴望回到故乡去。决议发出以后，朱可夫以连士兵委员会主席的身份给士兵们发了退伍证明书，并建议他们带上骑枪和子弹。不过，大部分士兵的武器都被哈尔科夫地区的反对苏维埃的拦截队搜去了。朱可夫的情况也不容乐观，连队解散之后，投奔到乌克兰民族主义者方面去的一些军官开始搜捕他。一连好几个星期，他都不得不躲在巴拉克列亚城内和拉格尔村里。

朱可夫的戎马生涯始于沙皇军队。1916年的士官朱可夫。

四

参加红军，保卫祖国

1917年11月7日（俄历10月25日），在列宁和托洛茨基等布尔什维克领导人的号召下，震惊世界的十月革命爆发了。当晚10点45分，第二次全俄苏维埃代表大会宣布十月革命取得了胜利。临时政府被推翻了，布尔什维克建立了苏维埃政权，并宣布退出第一次世界大战。然而，迎接苏维埃政府的并不是革命成功的喜悦，而是铺天盖地而来的各种敌人，叛乱此起彼伏，内战在全国范围爆发了。英、法、美、日等帝国担心无产阶级掌权，也纷纷出兵干涉俄国的无产阶级革命。这个新生的国家几乎从诞生伊始就面临着夭亡的威胁。临时政府和支持沙皇的反动派控制着军队，而布尔什维克手中只有20万赤卫队。

11月30日，朱可夫辗转回到了莫斯科。随后，他回到了故乡斯特烈列尔耳科夫卡村，与父母同住在一起。由于整个国家都处于混乱的状态，朱可夫根本无心休息，他决定参加赤卫队，保卫无产阶级政权。此时，苏维埃政权也在筹划着组建一支正规军，保卫革命的胜利果实。

1918年1月28日，在列宁的号召下，苏维埃人民委员会通过关于建立工农红军的法令。红军最高领导机关是列宁领导的人民委员会，直接指挥机关是军事人民委员部。起初，红军以赤卫队为骨干，按照自愿的原则，动员劳动者阶级中最有觉悟最有组织性的先进分子参加红军。就在朱可夫准备参加赤卫队之时，一场严重的斑疹伤寒粉碎了他的愿望。斑疹伤寒刚好，他又得了回归热。直到半年以后，朱可夫才走下病床，逐渐恢复了健康。

1918年8月，朱可夫的身体刚刚恢复，就迫不及待地参加了红军。他被编入莫斯科骑兵第一师第四团。团长是塞米扬·康斯坦丁诺维奇·铁木辛哥，师长就是大名鼎鼎的布琼尼将军。这是一支十分杰出的部队，朱可夫一直为曾是布琼尼骑兵部队的一员而感到骄傲。

此时，苏维埃政权面临的形势十分严峻，国内有旧沙皇军官和其他反革命分子组成的白军，国外有帝国主义的武装干涉。11月，第一次世界大战结束了，协约国有了充分的时间和精力来对付苏维埃这个人类历史上第一个无产阶级政权。他们纷纷派兵干涉俄国革命。在俄罗斯的领土上共有帝国主义国家军队和白军近100万人，他们装备精良，训练有素，有很强的战斗力。为了保卫革命成果，红军的力量也迅速发展壮大。到1919年初，红军已有步兵师42个，骑兵4万人，大炮1700门，军用飞机约450架，作战军舰有50多艘，训练指挥干部的学校已形成体系。

1919年的春季，苏维埃政权已经陷入了被白军和帝国主义干涉军四面包围的境地。东部有高尔察克的军队，占领了彼尔姆—奥尔斯克一线；邓尼金的白军在捷列河两岸；乌克兰方向是乌克兰反革命政府的军队及帝国主义的干涉军；拉脱维亚白军占据着西部的沙夫里—朱塔夫地区；北面则是芬兰白军及帝国主义国家的干涉军。在国内各路匪军中，高尔察克的力量最大，他的军队大约有30万人。高尔察克本人也被协约国公认为是"最高执政者"、"最高统帅"。邓尼金的实力也非常强大，被称为"最高副统帅"。当时，白军的作战目标是：邓尼金扫清北高加索，进入乌克兰，和从东边进攻的高尔察克会师，共同进逼莫斯科和彼得格勒。

1919年初，朱可夫所在的骑兵第一师被调往东线作战。3月，高尔察克的部队在东线向红军发起了猛烈的进攻，接连攻城略地。红军损失惨重，其中第五集团军人员伤亡和失踪竟然达50%以上。红军被迫向伏尔加河撤退。

人民委员会采取了紧急措施，任命图哈切夫斯基为第五集团军司令，接替勃留姆别尔格。但情况仍没有多少改变，到4月中旬，白军已进攻到距喀山只有85公里，离辛比尔斯克只有100公里处。如果红军再往后撤，就退过伏尔加河了，那样，高尔察克和邓尼金两股势力就会合在一起，形成对莫斯科的正面进攻。

在这种严峻的时刻，人民委员会决定动员全部力量，先对付高尔察克的部队。东线红军部队分为北部军队集群和南部军队集群。伏龙芝被授权指挥南部军队集群。这一集群包括第一、第四和第五集团军，是东线的主力军。具有统帅秉性的伏龙芝在历史的关键时刻表现出卓越的军事才华。他正确地指出，在这种困难条件下，应当尽快从白军手中夺取战略主动权，摧毁他们的士气，在红军部队中确立对白军必胜的信心。

伏龙芝在紧迫的期限里，对东线南部军队集群进行了妥善的变更部署、补充和准备。6月16日，列宁发电报给伏龙芝："请向乌拉尔的同志们转致我对保卫被围的乌拉尔斯克50天的英雄们的热烈敬礼！请他们不要泄气，再坚持几个星期。保卫乌拉尔斯克的英雄事业一定胜利。"

伏龙芝立即下命令把恰帕耶夫的第二十五师调往乌拉尔斯克地区，支援陷入白军包围圈中的红军。朱可夫所在的莫斯科骑兵第一师则在伏龙芝的亲自指挥下，向希波沃车站地区开进。第四团在通往希波沃车站的路上与白军遭遇了。800多名哥萨克骑兵向红军冲来。朱可夫所在的连队携带了一门大炮，隐蔽在路堤下。当哥萨克快接近他们时，士兵们突然把大炮拉出来，对白军的翼侧进行轰击。哥萨克骑兵纷纷中弹落马，剩下的人全都惊慌失措地向后逃窜。红军战士们一鼓作气，策马扬鞭，追了上去。战斗打得特别惨烈，红军每向前推进一步，都要付出沉重的代价。

当第一师即将抵达乌拉尔斯克地区时，传来了鼓舞人心的消息：英勇的恰帕耶夫已经率领第二十五师打垮了该地的白军，进入乌拉尔斯克城与守军会合了。伏龙芝兴奋极了，他决定到恰帕耶夫的第二十五师去慰问士兵们。

经过第四团时，伏龙芝和战士们亲切地聊起了天。他平易近人、和蔼可亲的态度赢得了战士的心。朱可夫也被伏龙芝的魅力感染了。直到多年以后，他还清楚地记得伏龙芝当时对他们说："嗯，现在我们的情况不错，已打垮了乌拉尔的哥萨克白军，很快我们就能打垮其余的反革命势力。我们将打垮高尔察克，解放乌拉尔、西伯利亚和其他被干涉军和白匪盘踞的地方。到了那个时候,我们将重建我们的祖国!"

　　加入红军并与白军作战是朱可夫军旅生涯、也是其一生的转折点。从此之后,朱可夫就逐渐成长为一个坚定的无产主义者,为了保卫自己伟大的祖国而战!

五

坚定的布尔什维克

朱可夫在红军队伍里迅速地成长起来,到1919年初,他不但在身体上成长为一个强壮的青年,在思想上也与布尔什维克越来越接近。他已经被列为布尔什维克党员发展对象,即俄共(布)的同情者。当时,骑兵连的党同情者小组一共有5名成员。团党组织书记特罗菲莫夫和政委沃尔科夫,热情地帮助他们深入地理解党章和党纲。当时红军的党政机构刚建立,在陆军和海军中工作的政治委员仅有7000余名。他们在军队中发展了5万多名党员。这些俄共(布)党员在战斗中发挥了极其重要的作用。3月1日,朱可夫被吸收入党,成为一名真正的布尔什维克。作为一名党员,他时刻牢记着党的要求,时刻准备为保卫苏维埃政权而战斗。

入党后不久,骑兵第一师被调离希波沃车站地区,去消灭尼古拉耶夫斯克城附近的白军。同年8月,骑兵第四团被调到弗拉基米罗夫卡车站。当时,第一师并没有直接参加战斗,而是在进行战斗训练。一天清晨,朱可夫经过露天练马场时,看见一个人在那儿训马。朱可夫对骑术和调教术都很在行,想去看看别人是怎么驯马的。走近一看,正在驯马的人竟然是师政委格奥尔吉·瓦西利耶维奇·朱可夫。

师政委做政治工作很在行,但在驯马方面显然还有待改进。他满身大汗地在训练马左跑步。但不管他怎么使劲,马总是乱跑,不迈左脚,而是先踢出右脚。

朱可夫在一旁看着,不禁大声喊道:"把左面缰绳拉紧!"

师政委看了看站在练马场边上的朱可夫,停了下来,翻身下马,笑着对他说:"好吧,你来试试!"

朱可夫蹬着马蹬子上了马,骑着转了几圈,熟习一下马的性子。然后,他扯紧缰绳,让马左跑步。跑了一圈,跑得很好,他又跑了一圈,还是很好。朱可夫有些得意了,他又让马换成右跑步,也不错。几圈跑下来,马的步子一点不乱。朱可夫让马放慢了脚步,带着训导的口吻对师政委说:"小腿要夹紧。"

师政委不好意思地笑了笑,问道:"你骑马有几年时间啦?"

朱可夫翻身下马,回答道:"四年了,怎么啦?"

师政委赞扬道:"没什么,你骑得不坏。"

就这样,朱可夫和师政委认识了。由于两人同姓,都姓朱可夫,聊起天来特别热情。两人相互介绍了各自的经历。原来,师政委当骑兵已经十年了,在1917年就加入了布尔什维克。红军成立后,他从原沙俄的军队中拉过来一个骑兵团的大部分,全部参加了红军。

后来,朱可夫逐渐和师政委熟悉了起来。有一次,两人正在聊着前线的情况,师政委突然说:"你应该去做政治工作。"

朱可夫对政治工作并不感兴趣,他更乐意干军事工作。于是,朱可夫婉言拒绝了师政委的建议。师政委点了点头,又接着道:"那么,你可以到红军指挥员训练班学习一段时间,这对你很有好处的。我来给你当个推荐人吧!"

朱可夫非常高兴地接受了师政委的建议。不过,朱可夫进红军指挥员训练班学习的愿望未能实现。因为一股白军悄悄渡过了伏尔加河,突然发动攻击,占领了第四团驻地附近的扎普拉夫诺耶村。激烈的战斗又开始了。

当部队推进到察里津附近之时,朱可夫收到了他儿时的玩伴帕维尔·亚历山德罗维奇·朱可夫的信。全信如下:

亲爱的朋友格奥尔吉:

自从你参加红军后,村里所有的朋友和熟人都应征入伍了。我又不走运,没有能到作战部队,而是被派往沃罗涅日省的征粮队,征收富农手中的粮食。当然,这也是不可缺少的工作。不过,我是一个士兵,我希望到战场上去杀敌,我认为一个没有经过战争锻炼的人也可以代替我在这儿工作。

你还记得我们关于社会革命党人的争论吗?过去,我认为社会革命党人是人民的朋友,是为了人民的利益,其中也包括农民的利益而与沙皇制度作斗争的。现在，我同意你的意见，他们都是一些下流痞子！他们根本就不是人民的朋友，而是富农的朋友，是一切反苏维埃活动、土匪活动的组织者。

　　前几天，当地的富农在隐藏的社会革命党人的指挥下袭击了我们征粮队的警卫人员。他们残暴地杀害了很多坚强的警卫人员。我最要好的朋友柯利亚·加夫里洛夫也牺牲了。我的另一个好朋友谢苗·伊万尼申则被他们戳瞎了眼睛、砍断了右手抛在路旁。现在他的情况很危险，大概快死了。实在太可惜了，他是一个漂亮的小伙子、快活的舞蹈家。我们全队决定一定要报仇，给这班魔鬼以狠狠的打击，让他们记住一辈子。

你的朋友帕维尔

　　从儿时玩伴的信中，朱可夫再次认清了白军的可憎面目，同时也坚定了红军必胜的信念。不过，自从收到这封信以后，朱可夫再也没有听到过帕维尔的消息。直到1922年，他才得知，帕维尔在坦波夫省被一伙富农残忍地杀害了。

　　到1919年7月初，高尔察克领导的白军已经退居西伯利亚，南线的邓尼金成了红军主要的敌人。7月4日，布尔什维克中央给各级党组织的发去了列宁起草的《大家都去同邓尼金作斗争》，号召红军英勇顽强地同邓尼金作战。

　　邓尼金从其特务处得知红军准备反攻的情报后，抢先一步，实施了一系列集中突击，以夺取主动权。在开始阶段，红军节节败退。但在布尔什维克中央的领导下，红军很快反败为胜，发起了大规模的反击。朱可夫所在的骑兵第四团在察里津附近、在巴赫齐亚罗夫卡和扎普拉夫诺耶地区与邓尼金一部作战。战斗一直打到10月份还没有结束。

　　朱可夫在扎普拉夫诺耶和阿赫图巴之间的一次战斗中不幸负伤了。当时，骑兵第四团正在与白军进行白刃战，一颗手榴弹在朱可夫不远处爆炸了。朱可夫被从马上掀了下来，弹片深深地嵌入了他左脚和左肋。这已经是朱可夫在战场上第二次受伤了，好在没有生命危险。朱可夫被送进了离家乡斯特烈列尔耳科夫卡村不远处的一家医院医治。这家医院也是朱可夫第二次进来，第一次是在他脱离旧军队后得了斑疹伤寒之时。

从医院出来时，朱可夫的身体还十分虚弱，部队给了他一个月假，让其恢复健康。朱可夫回到了故乡斯特烈列尔耳科夫卡村。由于长年的战争，农民的生活更加贫困了。不过，农民们有了盼头，贫苦的农民已经联合起来，组成了贫农委员会，积极参加向富农夺回粮食的斗争。看着曾经那些甘心忍受剥削的农民也起来斗争了，朱可夫的心里更加相信，红军的困难只是暂时的，他们会取得最后的胜利，因为在他们的背后是占全国大多数的贫苦农民和工人。青年朱可夫终于成长成为了一个坚定的布尔什维克。

第四章

出色的红军指挥员

一

成长为骑兵部队排长

一个月的假期很快就过去了,朱可夫回到兵役局报到,并请求派他去作战部队。但考虑到朱可夫伤后初愈,不适宜到作战部队,而且他在作战中十分英勇,又有文化,兵役局便将其送到了特维尔的一个后备营,准备以后到红军指挥员训练班去学习。

1920年1月,朱可夫被送到梁赞第一骑兵训练班。训练班位于梁赞省的斯塔罗日洛沃,在一座大庄园里。训练班的学员主要来自战斗中表现突出的骑兵。由于朱可夫作战经验丰富,而且又有文化,被委任为第一学员骑兵连司务长,并负责教授学员白刃战实战技巧,进行队列教练和体育训练。大多数学员的文化水平都不高。因为他们在参加红军之前都是没有文化的工人和农民。不过,他们学习都非常努力。每一个人都明白,训练班的学习时间很短,而要成为一个称职的红军指挥员,需要学习很多东西。

7月中旬,训练班突然接到通知,所有学员即刻开赴莫斯科。抵达莫斯科之后,训练班的全体学员都驻扎在列弗尔托夫兵营。兵营里已驻有特维尔和莫斯科的学员。第一骑兵训练班将和他们一起入莫斯科第二学员旅,去攻打白军首领弗兰格尔率领的军队。

学员们在莫斯科进行了短暂的休整,朱可夫非常想念那些在莫斯科的朋友。他想去看看那些昔日的朋友,尤其是他的女朋友玛丽娅。在战火纷飞的日子里,朱可夫无时无刻不在思念着玛丽娅。但是很遗憾,他谁也没有能够拜访。因为连长经常外出,而朱可夫作为司务长便不得不留下来负责连里的事务。朱可夫便一一给过去的朋友写信,告诉他们自己的现状。

玛丽娅很快便给他回信了,但信中的内容让朱可夫感到十分不安,因为他明显感觉到他与玛丽娅之间的关系越来越疏远了。不久之后,朱可夫便得知,玛丽娅出嫁了。朱可夫的情绪有些低落,但他又不能表现出来,因为连里的工作还需要他去主持。就这样，朱可夫一边强颜欢笑地主持着连里的工作，一边在心里落泪，他的初恋就这样结束了。从此以后，他再也没有见过玛丽娅。

8月初，莫斯科第二学员旅集中到克拉斯诺达尔，并从那里出发去攻打弗兰格尔的军队。弗兰格尔是一个古老的德国男爵家族的成员，他于1902年参加俄军，并于1910年毕业于俄国总参学院。在日俄战争和第一次世界大战中，他率领俄军征战沙场，颇有成绩，曾任骑兵军长。十月革命之后，他逃往克里木，并于1918年8月参加邓尼金组建的志愿军，先后任骑兵师师长、军长、高加索白卫军司令、志愿军司令等职。

不久之后，由于与邓尼金发生权力之争，他被驱逐出了俄国。1920年4月，邓尼金领导的白军到了崩溃边缘。在协约国的支持下，弗兰格尔接替邓尼金任克里木白军总司令。弗兰格尔也公开表示，他一定偿还协约国的一切支出并彻底还清沙皇的一切债务。

实际上，弗兰格尔根本没有力量重新展开反苏维埃的大规模军事行动。而且，他在克里木一带已不可能获得任何兵源补充。于是，弗兰格尔决定突入北塔夫里亚，进入顿巴斯和顿河流域，去争取哥萨克的支持。邓尼金的军队溃败以后，几万名哥萨克带着马匹、武器和装备流散回家，大批的战斗储备品流散在北高加索和顿河流域。弗兰格尔便把目光锁定在哥萨克人的地域。但是，他并没有如愿以偿地进入斯巴顿和顿河流域。

库班一带的白军也正在开展活动，弗兰格尔又把期望放在了哥萨克身上，更确切地说他把期望放在库班富农的活动上。不过，当时库班哥萨克的大部分人已经明白，白军和受协约国补贴的"最高政府"将会带给他们什么。

于是，一场军事斗争变成了一场政治斗争，白军与红军都在努力争取哥萨克的支持。红军指挥员、政治委员和红军战士在哥萨克任中间进行了广泛的宣传，使他们明白红军斗争的真正目的，使他们懂得必须尽快肃清一切反对苏维埃的白军。与此同时，红军还对最贫苦的哥萨克人和红军战士家属进行了多方面的帮助。

有一天晚上，团政委克雷洛夫来到了朱可夫所在的连队，建议大家劳动几天，为贫农和红军战士家属修理房舍和农具。战士们都很高兴，纷纷表示同意。

第二天一早，大家就出发了。来到村子里以后，克雷洛夫分配了工作，并自告奋勇地担负了最困难的工作——清理公用井。因为白军为了迫使哥萨克帮助他们对抗红军，在井里填满了垃圾。井很深，里面的氧气不足，当克雷洛夫下到井底时，憋得透不过气来。于是，大家就把他拉了上来。休息一会儿以后，他命令再把他放下井底。过一段时间，又把他拉上来。就这样，团政委克雷洛夫一直把井清理干净才停下来。除了克雷洛夫，其他战士也尽其所能地帮助村子里的贫苦农民和红军家属。

到晚上，全村人都在谈论红军战士们对他们的热情帮助。哥萨克人邀请大家参加友好的欢宴。红军与哥萨克人之间逐渐建立了友谊。就这样，哥萨克人逐渐站到了红军一方，并没有去帮助弗兰格尔。

随后，朱可夫所在的学员混成团被派去攻打弗兰格尔的部下乌拉卡伊的登陆队，后来又去攻打乌鲁普斯卡亚镇、别斯科尔勃纳亚镇和奥特拉德纳亚镇的弗斯基科夫和克雷扎诺夫等地的白军。

不久，训练班成绩最好的一批学员提前毕业了。因为红军骑兵部队在与弗兰格尔部队的战斗中伤亡很大，部队急需有经验的指挥人员。剩下的学员则受命追击逃往高加索山里的白军。在追击过程中，学员混成团遭到了伏击，损失惨重，政委克雷洛夫也英勇牺牲了。

朱可夫是提前毕业的那批学员，被分配到了独立骑兵第十四旅第一团。独立骑兵第十四旅驻守在新热列利耶夫斯卡亚镇附近，负责继续肃清芦苇地带的乌拉卡伊白军和当地的反动势力。

朱可夫被团长任命为第二排排长，他在训练班的好友乌哈奇·奥戈罗维奇则被任命为第四排排长。第二排代理排长阿加波夫是一个忠厚老实的中年人，他对朱可夫说："排里的战士，除三四个人以外，全是老战士。都是好样的，但是，当然也有几个脾气古怪的，要善于掌握他们的特点。"

然后，阿加波夫向朱可夫详细地介绍了每一个战士的情况。朱可夫非常认真地听着，并不时地记录着。了解了全排的情况之后，朱可夫命令全排成乘马队形集合，以便彼此认识。朱可夫骑在马上，站在队伍前面，大声道："同志们，我被任命为你们的排长。我们是否称职，咱们走着瞧吧！现在，我想看看你们的马、战斗装具，和每个人认识一下。"

很明显，战士们对这个年轻的新排长还有一些顾虑。朱可夫知道，做事情不能急于求成，要一步一步来。第二天，他把全排召集到了自己的房子里，请每一个战士谈谈自己的情况。机枪手卡西亚诺夫说："有什么可谈的呢？我们每个人的情况都在全排的名册上写着呢！"

　　朱可夫笑了笑，向大家谈起他与波兰白军和在北塔夫里亚与弗兰格尔打仗时的情景。战士们听得很入神，他们特别关心协约国是否会派自己的部队直接参战。朱可夫想了想，对大家说："协约国的统治者倒是想派部队来，可是协约国的人民和士兵不愿意和我们打仗。"

　　几天后，朱可夫率领全排参加了肃清滨海地区残匪的战斗。朱可夫身先士卒，冲在全排的最前列，并不时地指示士兵们应该怎样做。战斗结束了，残匪被全歼，而第二排没有遭受任何损失。朱可夫的机智和勇敢彻底赢得了战士们的尊敬，他们都十分喜欢这个年轻的新排长。朱可夫已经成长为一个出色的红军指挥员。

二
象征英勇的红旗勋章

由于指挥得力，战斗英勇，朱可夫很快被任命为骑兵第一团第二连连长。1920年12月底，第一团奉命开赴沃罗涅日省肃清富农的暴动和科列斯尼科夫白军。科列斯尼科夫白军很快就被红军击败了，其残部逃往坦波夫省，与安东诺夫领导的白军汇合到一处。

安东诺夫原来是坦波夫省基尔萨诺夫城的小市民，早年在实科学校读书，后来参加了社会革命党，曾因犯刑事罪被流放西伯利亚服苦役。二月革命期间，安东诺夫返回坦波夫省，担任基尔萨诺夫县警察局局长。十月革命爆发后，他纠集了一大帮乌合之众，建立了拥有数千人的几个团，光是几个骑兵团就拥有1500～3000人的兵力。安东诺夫非常狡猾，他从来不与红军大部队作战，只在有充分把握的前提下才投入战斗，对苏维埃政权造成了很大的威胁。

1920年12月，苏维埃政府成立了坦波夫省清匪司令部。但是，坦波夫的军事指挥部由于缺乏组织能力和不够果断，未能肃清安东诺夫白军。疯狂的安东诺夫甚至亲自率领部队袭击了红军的守备部队。

独立骑兵第十四旅旋即被调往该地，协助剿匪。就在这时，图哈切夫斯基被任命为坦波夫省清匪司令，指挥部队与安东诺夫白军作战。图哈切夫斯基是一个经验丰富的指挥员，曾指挥红军取得多场大规模战役的胜利。他的到来让战士们都非常高兴。

图哈切夫斯基到独立骑兵第十四旅视察的时候，朱可夫亲眼见到了这位富有个人魅力的指挥官。当时，图哈切夫斯基在坦波夫希纳的热尔迭夫卡车站上与独立骑兵第十四旅的旅长谈话，朱可夫就站在一旁。朱可夫完全被图哈切夫斯基的个人魅力感染了，他在心里暗暗下决心，要向这位优秀的指挥官学习。

在图哈切夫斯基的出色指挥下，安东诺夫所部很快就被击溃了。在历次战斗中，1921年春天爆发的一场战斗给朱可夫留下了深刻的印象。那场战斗发生在距热尔迭夫卡车站不远的维亚佐瓦亚·波奇塔村。那天早晨，独立第十四旅接到战斗任务。根据侦察的报告，距村子10～15公里处发现了约3000名安东诺夫骑兵。

骑兵第一团离开维亚佐瓦亚·波奇塔村以后，在左侧成纵队前进。第二团则在右面相距第一团4～5公里处行进。朱可夫率领第一团第二连携带4挺重机枪和一门火炮作为前队沿大路前进。走着走着，第二连突然与约250名安东诺夫骑兵遭遇了。

朱可夫命令士兵迅速展开战斗队形，并把火炮、机枪的火力对准敌人，向敌人猛冲过去。安东诺夫骑兵经受不住红军的迅猛突击，纷纷后退。朱可夫带领士兵们穷追不舍，与敌人展开了激烈的白刃战。

突然，一个安东诺夫骑兵从侧面向朱可夫开了一枪。子弹打中了朱可夫的坐骑，马应声而倒，重重地压在了朱可夫的身上。第二连政治指导员诺切夫卡见状，急忙策马向前，一刀砍死了向朱可夫射击的那个敌人。诺切卡夫一弯腰，顺手抓住了那个敌兵的马缰绳，塞到朱可夫的手里。朱可夫翻身上马，又继续追了上去。

就在这时，侦察兵报告有一队安东诺夫骑兵企图迂回第二连的翼侧。朱可夫马上核实情况，一边命令全连展开火器发起猛烈的射击，一边派通讯兵去报告团长。几十分钟之后，第一团团长率部赶到，也投入了战斗。安东诺夫骑兵死战不退，第一团渐渐不支。就在这时，在第一团右翼行进的第二团传来消息，他们遭遇了在数量上占优势的敌人，被迫后退了。于是，右翼的敌人便将枪口转向第一团，从右翼加入了战斗。

团长当机立断，立即撤回维亚佐瓦亚·波奇塔村，将敌人诱至对其不利的地形。第二连受命掩护全团退出战斗。安东诺夫骑兵们发现红军的这一行动后，立即尽全力向作为团后卫的第二连猛扑过来。

在数量上占绝对优势的敌人面前，朱可夫没有慌乱。他命令用连队装备的4挺重机枪和一门76毫米火炮压制敌人的火力。朱可夫一边指挥战斗，一边带着士兵们往后撤。战场上留下了无数敌人和红军战士的尸体。朱可夫命令不能丢下一个同志，哪怕他们已经牺牲了。红军战士们被朱可夫火一般的热情感染了，奋不顾身地把同志的尸体抢过来，放在拖运机枪的爬犁和炮架上,往后方撤。

第二连的伤亡越来越大,第四排排长乌哈奇·奥戈罗维奇也受了重伤,从马上跌落下来。他曾经和朱可夫一起在第一骑兵训练班学习,两人关系非常好。朱可夫策马向前,把乌哈奇·奥戈罗维奇拉到马上。乌哈奇·奥戈罗维奇在快失去知觉时,喃喃地说:"写信告诉我妈妈。你们别把我留给匪徒。"

战士们把他和所有伤亡的人一样装在拖机枪的爬犁和炮架上带走了。朱可夫发狂般地举枪向敌人射击。尽管伤亡惨重,骑兵第一团总算退到了维亚佐瓦亚·波奇塔村,朱可夫率领的第二连大部分也撤出了战斗。

就在战斗要结束的时候,朱可夫发现有一挺机枪被丢在了撤退的路上。当时,红军的装备奇缺,朱可夫无论如何也不能忍受将一挺机枪白白丢给白军。他又策马扬鞭,冲向了乱哄哄的白军。突然,一发步枪子弹击中他的马,朱可夫一头从马上栽了下来。在一天之中,他经历了两次危险,而且两匹战马就这样没有了。朱可夫又急又气,举起手枪击退了向他逼近企图活捉他的敌人。但敌人越聚越多,朱可夫的子弹马上就要打光了。就在千钧一发之际,连政治指导员诺切夫卡又带着战士勃雷克辛、戈尔什科夫和科瓦廖夫等人冲了过来。朱可夫得救了。在红军战士顽强的阻击下,白军终于退却了。

在这次战斗中,第二连的损失最大,当场阵亡10人,受伤15人。伤员中第二天死亡3人,其中包括第四排排长、朱可夫的朋友乌哈奇·奥戈罗维奇。每一个人都陷入了极大的悲痛之中,发誓一定要消灭这帮白军,为战友报仇。

由于朱可夫在这次战斗中率部阻击了敌人7个小时,为全团的战略撤退赢得了宝贵的时间,苏维埃革命军事委员会于1922年8月31日授予他一枚红旗勋章。红旗勋章是苏维埃的第一个勋章,是根据全俄中央执行委员会在1918年9月16日发布命令设立的,授予直接参加战斗而表现特别勇敢和英勇的俄罗斯联邦的公民。革命军事委员会的第183号嘉奖令如下:

  1921年3月5日,在坦波夫省维亚佐瓦亚·波奇塔村附近的战斗中,独立骑兵旅骑兵第一团第二连连长不顾敌人1500~2000名骑兵的冲击,率领全连进行了7小时的战斗,阻止了敌人的猛攻,随后转入反冲击,经6次白刃格斗,击溃了匪徒。为此,授予他红旗勋章。

尽管朱可夫在后来获得过无数荣誉,但他始终将这枚勋章看得很重,因为这枚红旗勋章是他在红军中获得的第一枚荣誉勋章,象征着红军指战员的英勇无畏。

经过这次撤退之后,独立骑兵旅痛定思痛,制订了严密的剿匪计划。1921年夏末,坦波夫省清匪司令图哈切夫斯基签发命令,彻底肃清逃散在坦波夫希纳的小股残匪。朱可夫率部追击约有150名骑兵的兹韦列夫残匪。追着追着,前面突然出现了两辆装甲车。朱可夫知道,这帮残匪是没有装甲车的,所以他并没有命令士兵开火。但是,装甲车在占领有利地形后,却把机枪对准了他们。

朱可夫判断,这可能是附近的友军,马上派人前去联系。前方的士兵确实是自己人,在前面一辆装甲车里还坐着乌博列维奇。原来当乌博列维奇得知残匪向森林方向逃窜时,他决定在半路上拦截他们。幸好及时弄清了情况,否则会酿成一场悲剧。朱可夫也因这次误会而认识了乌博列维奇。在20世纪30年代,他们还成为工作上的好搭档,那时乌博列维奇是白俄罗斯军区司令员,朱可夫则是该军区的一个骑兵师的师长。

消除了误会之后,朱可夫命令部队继续追击。最终,他们在森林的边缘追上了这股残匪。经过一个小时的战斗,残匪大部被歼,只有以兹韦列夫为首的5名白军匪徒趁着黄昏躲进了附近的森林。但他们已毫无出路,因为坦波夫希纳的安东诺夫白军已全部被歼,他们已经失去了靠山。

三

升任布祖卢克团团长

1921年夏季，安东诺夫所部被肃清了，保卫苏维埃政权的国内战争基本结束了。在战争期间，朱可夫卓越的军事指挥才能引起了红军领导人的注意。布琼尼、伏龙芝，甚至斯大林等红军高级领导人都注意到了朱可夫的才能。斯大林当时担任北高加索军区军事委员会主席。伏龙芝则是俄国最杰出的军事领导人之一，同时又是一位出色的理论家，年轻的苏维埃国家的军事理论和红军建军基本原则，就是在他的协助下形成和制订的。后来，也正是在这些红军高级领导人的安排下，朱可夫开始步步高升，逐渐成长为红军高级将领。

国内战争结束后，苏维埃政权将工作重心转向了和平建设。当时，苏俄的国民经济经过连年的战争已经濒临崩溃，几乎所有的经济部门都处于极端衰落的境地。军事委员会决定大量裁军，鼓励复员士兵从事经济建设工作。早在1920～1921年，胜利曙光初现之时，军事委员会便下令没有直接参加作战的部队全部或部分转入劳动生产。

红军的骨干是工人与农民，他们向往土地、车床，想要回家与家人团聚。因此，战争一结束，他们便响应军事委员会的号召，纷纷放下武器，回家去了。到1924年底，整个武装部队的人数由550万缩减到了56.2万。但新成立的苏维埃政权依然受到各方反对势力的威胁，不保持一定数量的军队，根本无法保证国防安全。甚至连列宁都不得不承认："现在，我们使许多强国放弃了反对我们的战争，但是能不能长久，我们不敢担保。"

为了保住"部队的精髓"，俄共（布）中央组织部遂于1921年2月决定，军队中的共产党员停止复员。在当时和平建设的条件下，必须建立统一的军事学说，巩固正规红军，解决组织建设方面的新的复杂问题，妥善安排军政干部的训练。俄共（布）已特别注意到，必须加强专业技术部队，如机枪、炮兵、装甲、空军及其他部队的训练，并保障其全部必需品的供给。

作为一名俄共（布）党员，朱可夫留在了部队。1922年6月～1923年3月，他先被调往骑兵第三十八团任一连连长，随后又被提拔为萨马拉骑兵第七师骑兵第四十团的副团长。战后，由于亟待恢复和发展经济，红军的生活条件依然十分艰苦。朱可夫和士兵们一起分散住在农民的小屋里，用行军灶做饭，把马拴在院子里。胜利的喜悦让这些年轻的单身汉充满了工作激情，他们除了工作，别无牵挂，每天都兴高采烈地工作十五六个小时。

1923年春，朱可夫正像往日一样紧张地工作，突然接到了师司令部的电话通知，要他去见师长。朱可夫有些紧张，是不是工作上出了什么错，师长找他训话呢？怀着忐忑的心情，朱可夫来到了师司令部。师长卡希林热情地接待了他，详细地询问第四十团战斗和战术训练的情况。朱可夫一一作了回答，卡希林对他的回答也表示满意。

卡希林问道："你看，我们对骑兵的训练是否符合未来战争的需要？对未来战争你是怎么看的？"

朱可夫有些紧张，但他并不是没有思考过这个问题，只是他还没有足够的自信。想了想，他回答道："为了按现代要求来训练部队，我们指挥员还缺乏必要的知识和技能。我们现在是按在旧军队所学的来教士兵的。为了能很好地训练部队，必须用现代军事知识武装领导干部。"

卡希林点了点头，缓缓说道："你的看法是对的。我们要尽力做到我们的指挥员能进军事政治院校和训练班。但这是一个比较长的过程，而我们的学校又很少。所以指挥员首先得自学。"

朱可夫点头同意。卡希林起身在房内走了几步，突然宣布说："我决定任命你为布祖卢克骑兵第三十九团团长。我对你不是十分了解，但和我谈过的一些同志推荐你担任这个职务。如果没有反对意见，请你去司令部看批件。任命的命令已签署了。"

听完师长卡希林的话，朱可夫的心情十分激动。他没有想到，在短短的半年多时间里，他的职位居然从连长一路升到了团长。不过，他明白新的职务固然光荣，但责任也十分重大。

指挥一个团是掌握军事学术最重要的环节。团是基本战斗部队，团一级的战斗需要组织陆军各兵种，乃至海陆空各兵种的协同作战。团长必须熟悉下属各分队，以及在战斗情况下通常配属给团的加强兵器。团长必须善于在战斗中选择主要方向，并把基本兵力集中于主要方向。一个团长，如果能熟练地掌握对团的指挥方法并能保障团经常保持战斗准备，那么，他在以后的各级指挥岗位上无论平时或战时，都能成为一个优秀的指挥员。

5月底，朱可夫走马上任了，成为布祖卢克骑兵第三十九团团长。上任伊始，第三十九团正准备出去野营。朱可夫很快发现，第三十九团在战斗准备方面存在着很大的缺陷，部队的射击训练和战术训练都特别差。因此，朱可夫便借野营之机对部队进行训练。团政委亚宁是一个坚定的布尔什维克，他和朱可夫配合得很好。朱可夫和亚宁也成了很好的朋友。可惜的是，亚宁和他的儿子在第二次世界大战期间，在与德军的战斗中英勇牺牲了。

在野营期间，国内战争的英雄加伊调任第七师师长，成了朱可夫的顶头上司。加伊到任后就召集各团团长和政委开会。朱可夫听到过许多关于加伊的英雄事迹，对他十分佩服。第一次见面，加伊师长更是给他留下了难以磨灭的印象。

告别时，他对朱可夫说："听说你们团的训练搞得不错，我想看看你们的乘马队列训练和战术训练。"

见新师长要视察第三十九团，朱可夫激动极了。他向加伊师长行了一个漂亮的军礼，回答说："是，师长！不过，我不得不承认团里还有许多缺点。"

加伊师长微笑着说："那就让我们共同来克服这些缺点吧！你很要强，这很好。"

三天以后，根据师司令部的指示，第三十九团全团接受检阅。加伊师长骑着一匹全身乌黑而腿是白色的马登上了小山岗，观看全团的演习。

对演习的指挥起初用口令，后来用马刀指挥，再后来用号音。变换队形、行进、转弯、变换方向、立定、看齐等动作。士兵们都非常认真，动作做得非常准确。朱可夫十分满意。演习最后，朱可夫命令全团展开成散兵线向敌人冲锋进行包围。朱可夫骑着战马，在战斗队形的中央，率领全团向师长所在的高地冲去。

到达高地后,全团向中央靠拢看齐,朱可夫走近师长,准备报告演习结束。还没有等他开始报告,加伊师长就高高举起双手喊道:"我投降,投降,投降!"

加伊师长对第三十九团的训练十分满意,他走近朱可夫,热情地说:"谢谢,非常感谢!你做得非常好!"

说完,他走到队伍的中央,站在马蹬子上向战士们说道:"我是一个老骑兵,很熟悉骑兵的战斗训练。今天你们的行动说明,你们认真地、竭尽全力地尽到了红军战士对祖国的职责。作为红军战士,正应该这样。具有优良的战斗训练,正确认识对人民的职责,这是我们英雄红军不可战胜的保证。谢谢你们,今天你们使我非常高兴。"

士兵们高呼"乌拉",能得到师长的赞美,每个人心里都十分高兴。加伊师长又转向朱可夫,和他握了握手,微笑着说:"演习的第二部分下次再看。让同志们休息吧,我和你去看看野营的设备。"

朱可夫陪同师长在野营地转了两个多小时,不放过任何一个细节。显然,加伊师长对朱可夫的工作非常满意。第三十九团的野营训练取得了良好的成绩。

四

努力学习军事理论

第三十九团的野营训练结束后,萨马拉骑兵第七师奉命开赴奥尔沙地区参加军区的演习。第七师的任务相当艰巨,必须强行军进入奥尔沙地区。加伊师长指定第三十九团担任师主力的前卫。全师进行了30个小时的行军,前进了近100公里。拂晓时,前卫团派出的侦察兵回来报告说,在莫斯科—奥尔沙铁路线附近,有"敌方"军队向奥尔沙车站方向运动,前方部队已经投入"战斗"。

就在这时,演习调解员带着白袖章从四面八方驰向第三十九团团部,问朱可夫:"关于'敌人',你了解什么情况?你有什么打算?"

朱可夫一边翻身上马,一边回答说:"我马上到前队去进行现地勘察。等着吧,我将在那里做出决定。"

担任前队的是康斯坦丁·秋宾连。秋宾向朱可夫报告:"'敌人'近两个团的步兵已展开成临战队形,在铁路线一侧向前面高地方向运动。在高地一带我步兵已投入战斗。"

朱可夫判断,"敌方"步兵还不知道第七师的骑兵部队已进入这一地区,因为他们既没有碰到"敌方"的警戒,也没有碰到"敌方"的侦察兵。

就在这时,加伊师长骑着一匹战马疾驰而来。朱可夫简单地重复了秋宾的报告和自己的判断,并建议道:"现在是向'敌方'发起突然冲击的最有利时机,我决定全团立即展开成战斗队形向敌人翼侧冲击。"

加伊师长用望远镜观察了一下,坚定地说:"罕见的好机会,大胆行动吧!在攻击以前,用全部炮兵机枪火力进行射击。师主力在20~30分钟后到达,将向'敌方'的背后进行突击,以便彻底摧毁他们。"

朱可夫立即命令全团展开战斗队形,向"敌方"的步兵阵地冲去。一个小时钟头以后,整个"战场"烟雾弥漫,第七师的几个骑兵团全部赶到,战士们高喊着"乌拉"向"敌方"阵地冲去。"敌方"步兵在骑兵的冲击下迅速崩溃了。

"战斗停止"的信号吹响了,演习结束了。红军西部军区司令图哈切夫斯基观看了"战斗"的全过程,对第七师,尤其是第三十九团的战斗做了很高的评价。

这场在野营结束后顺便实施的小规模演习就这样结束了。第七师进驻他们固定的驻地明斯克。明斯克市民纷纷涌上街头,热烈欢迎这支英勇部队进驻明斯克。大街小巷到处都是人,"乌拉"之声传遍了整个城市的上空。

由于各部队调动频繁,分配给第三十九团的兵营里还住着骑兵第四师,朱可夫不得不带领士兵们住到了郊区的民房里。直到11月末,第三十九团才搬进了营房。朱可夫此时明显感到自己在实战方面的经验要比理论知识丰富得多!但是训练部队不光需要实战经验,理论知识同样重要。于是,搬进兵营之后,他便抓紧时间学习军事理论。他每天工作12个小时,深夜还要自学3~4个小时。如此一来,朱可夫几乎没有了睡觉的时间。不过,他认为这些完全没有关系,可以在获得知识后再休息。他对知识的渴望实在太强烈了!

实际上,在国内战争刚刚结束的年代里,像朱可夫这样想的不止一个。那些年轻的指挥员大多都是从普通红军战士、旧军队的士兵和过去的军士成长起来的。他们在参军之前基本上都是工人和农民,缺少必要的文化和理论知识。在战争的洗礼中,他们明白了知识的可贵,每一个人都在努力学习。

1924年1月,俄共(布)中央全会决定检查军事机构的工作,实施军事改革。军事改革的最重要措施之一就是结合常备军制推行就地补充红军的原则。这一原则的实质就在于,可以尽量减少工人和农民的脱产时间,并保证他们接受必要的军事训练。改革后,步兵师和骑兵师中,大约编制人员的16%~20%为基干指挥员、政治工作人员和红军战士,其他则为非基干人员。非基干人员在五年期限内每年集训一个月,其余时间则从事工农业生产。一旦发生战争,各部队就可以以基干力量为基础,迅速补充足够数量而且受过充分训练的战士。

1925年9月，苏联中央执行委员会和人民委员会以兵役法的形式将军事改革的各项内容固定了下来。这是苏联规定全体公民服义务兵役制的第一个全苏兵役法，它还规定了武装力量的组织编制，改组了中央和地方的军事指挥机关。工农红军参谋部成了红军的主要组织中心。伏龙芝担任了陆海军人民委员及苏联革命军事委员会主席，图哈切夫斯基等人为他的副手。

随着指挥层次的简化，朱可夫这名骑兵团团长在部队中的地位开始显赫起来。有一天，国内战争时期的传奇英雄布柳赫尔来到了第三十九团。布柳赫尔在二月革命爆发前是梅提施车辆制造厂的工人，后来是沙皇军队的军士，早在1916年就加入了布尔什维克。

布柳赫尔是在加伊师长的邀请下来视察第三十九团的训练和教育工作的。布柳赫尔首先仔细地察看了士兵的伙食，对饭菜很满意。他走出厨房时，同所有炊事员紧紧握手。

那天，布柳赫尔的魅力给朱可夫留下了很深的印象。他在《回忆与思考中》如是写道："这位同苏维埃共和国的敌人英勇斗争的无畏战士、传奇英雄布柳赫尔是我们许多人心目中的理想人物。我毫不隐瞒，我一直梦想成为像这位卓越的布尔什维克、坚定的同志和天才的统帅一样的人。"

正是由于受到了诸如伏龙芝、加伊、布柳赫尔等这样英雄人物的影响，朱可夫一天天成长起来，他在军队中的作用和地位也日益凸显。

五

军旅生涯的转折点

1924年7月底，朱可夫得到了一次到列宁格勒（原彼得格勒，1924年1月列宁逝世后改称列宁格勒以纪念列宁）高等骑兵学校学习的机会。加伊师长把朱可夫叫到了师司令部，问他在充实自己知识方面做了些什么。

朱可夫把自己认真学习理论知识的情况如实作了汇报，并且分析了一些第一次世界大战的战例。加伊师长对此很满意，微笑着说："这一切都不错，都值得赞扬。但是还不够。军事在不断发展，我们的指挥员需要比较系统地学习一些军事问题。我认为，今年秋天你应当到列宁格勒高等骑兵学校学习。这对于你将来的事业大有益处。"

朱可夫高兴极了，到列宁格勒高等骑兵学校学习意味着他的军旅生涯将迎来一个转折点。回到团里后，朱可夫更是抓紧一切时间坐下来学习教材、条令、教令，并着手准备入学考试。实际上，入学考试非常简单，甚至可以说是形式。因为所有的学员都是由各部队推荐上去的，已经定了下来。

这是朱可夫第一次到列宁格勒。他和其他许多学员一起，怀着浓厚的兴趣参观了城里的名胜古迹。朱可夫入学后不久，列宁格勒高等骑兵学校改名为骑兵指挥员深造班，学习期限从两年缩短为一年。因此，课程变得繁重起来，上课以后还必须进行长时间的自修。朱可夫学习非常刻苦，他的题为《影响军事学术理论的基本因素》的论文被刊登在了骑兵指挥员深造班学员所办的刊物上。

深造班结业后，骑兵第四十二团团长萨韦利耶夫、阿斯特拉罕第三十七团的一个连长雷巴尔金和朱可夫一起商议，决定骑马返回明斯克。从列宁格勒到明斯克有963公里，而且大部分都是田间小道，骑马返回是一件非常辛苦的事情。但是为了锻炼自己，并检验在深造班学习的成效，他们毅然把计划呈送骑兵指挥员深造班领导。计划获得了批准，但沿途的兵站不能为他们组织检查站、保养和膳食。如此一来，计划就变得更加难以实现了。

朱可夫等人决定不放弃原定计划，骑马返回明斯克。寒冷多雨的秋天已经到来了，田间小道十分泥泞。第一天，他们比计划的行程少走了10公里，因为马匹在泥泞的田间小道上奔跑十分吃力，每一匹马都很疲乏，尤其是朱可夫的坐骑"季拉"。"季拉"已经12岁了，在战马当中已经算是老年了。经过一天的奔波，"季拉"的右腿瘸了。朱可夫等人也很累，迫切需要休息。于是，他们便在沿途的一个小村庄停了下来。农民们都很热情，又是帮他们喂马，又是给他们送食物。

第二天一早，他们又准备上路了。"季拉"的腿还没有好，朱可夫只好在马蹄扎破的洞里滴进蜡，然后用绷带把蹄子缠上，牵着马走。很幸运，不久马就恢复了体力，腿也不瘸了。朱可夫翻身上马，去追自己的同伴。

一路上，他们经历了很多困难，终于在第七天的时候到达明斯克附近。在明斯克郊区，第三十九团的一些战友和当地居民早已手举红旗和标语在那里等候他们了。他们立刻来了精神，两脚一夹，策马向看台跑去。

朱可夫等人向看台上的卫戍司令和市苏维埃主席行了一个漂亮的军礼，报告说："我们已顺利完成远距离骑乘。请检阅！"

人群中立刻报以热烈的掌声，欢快的"乌拉"之声此起彼伏。朱可夫等人感到骄傲极了，他们成了和平年代的英雄！

两天以后，朱可夫等人进行了考核性的两公里障碍赛马、体检和过秤，结果良好。经过7天乘骑，马匹减重8~12公斤，人员减重5~6公斤。朱可夫等三人获得了政府的奖金和首长的嘉奖，并准许短期休假。

朱可夫已经好几年没有回家了，他的父亲康斯坦丁已经去世了。归心似箭的朱可夫立即动身，回到了故乡斯特烈列尔耳科夫卡村。在他离开故乡的这些年月里，故乡的变化很大，比从前更加贫困了。这主要是战争导致劳动力锐减，战火的破坏等原因造成的。母亲乌斯季尼娅苍老多了，但她还依然像从前一样辛勤地劳动着。

姐姐玛莎已经结婚了，并且有了两个孩子。朱可夫突然感到故乡有一些陌生了！好在他的两个小外甥很快给家里增添了许多欢笑。他们毫不客气地打开朱可夫的箱子，见什么东西新鲜就往外掏。朱可夫看着两个调皮的孩子，无奈地摇了摇头。两个可爱的孩子让他想到了自己的童年生活。

还没有来得及帮助母亲干多少活，短暂的假期就结束了。朱可夫赶回部队之后，发现编制有变动，第七师下辖的6个团被合并成了4个团。原布祖卢克骑兵第三十九团已合并到第四十团，原骑兵第四十一和四十二团则合编为新的梅列克斯—普加切夫骑兵第三十九团。

这就意味着原骑兵第四十二团团长萨韦利耶夫和朱可夫必须有一个离开第七师，到其他师任职，因为他们中间只有一个可以就任新编的第三十九团的团长。朱可夫被师长加伊留了下来。

改编后的骑兵团由原来4个骑兵连增加到了6个骑兵连，每两个连编成一个骑兵营。此外，在团的编成内还有一个机枪连（16挺机枪），一个团属炮兵连，一个独立通信排，一个独立工兵排，一个独立化学兵排和一个团属军士学校。也就是说，团的编制比从前增加了50%，不管是兵力还是技术装备都得了很大的加强。

朱可夫就任新编第三十九团团长之后，红军实施了单一首长制。单一首长制有两种主要形式。如果指挥员是共产党员，那么他通常同时兼政委，把对军事训练、行政管理工作和党政工作的领导集中在一人手中。

如果指挥员是个党外人士，他只担负军事训练和行政管理工作，而党政工作由政委领导，政委和指挥员共同对部队的政治思想和战备状况负责。但实际上，革命军事委员会颁布的一项命令中曾提：政委应当努力学习军事，以便以后担负指挥职务或行政职务。也就是说，布尔什维克加强了对红军的领导。

朱可夫作为布尔什维克党员理所当然地成为了新编第三十九团的单一首长。他的任命是由军长铁木辛哥直接颁布的。这也就是说，朱可夫成了红军高级指挥员重点培养对象。

实际上，朱可夫卓越的军事才能在红军高级指挥员中已经广为人知了。在1927年春天，时任红军骑兵总监的布琼尼在军长铁木辛哥的陪同下视察了朱可夫所领导的新编第三十九团，并给予了他很高的评价。随后，白俄罗斯军区司令员叶戈罗夫也到新编第三十九团视察过，专门去考察朱可夫的军事才能。

1928年5月，朱可夫被任命为萨马拉骑兵第七师第二旅旅长，迎来了他军旅生涯的转折点。从此之后,他开始步步高升,迅速成长为红军高级将领。次年年末,他又被派往莫斯科,进高干深造班学习。经过几个月的短期培训之后,朱可夫又回到了萨马拉骑兵第七师第二旅,继续主持工作。此时的朱可夫无论在实践方面,还是在理论方面都堪称红军高级指挥员中的佼佼者了。于是,在1930年末,革命军事委员会任命他为工农红军骑兵监察部的助理。

一天晚上,时任第七师师长的罗科索夫斯基打电话告诉朱可夫,已接到莫斯科的调令,让他准备到莫斯科去报道。罗科索夫斯基问道:"你得多少时间可以准备好?"

朱可夫回答说:"两小时。"

罗科索夫斯基说:"我们不能就这样让你走,要知道你是第七师的老兵,我们要好好欢送你一下。这是第二旅全体指挥员和政治工作人员的共同心愿。"

听了这些话,朱可夫感动得热泪盈眶。参加完同志们为他准备的欢送会后,朱可夫去了明斯克一趟。看着这座熟悉的城市,他感慨万千,他在这里生活了八年,在这里结婚,并生下了女儿艾拉。当天晚上,他便带着妻子基叶夫娜和两岁的女儿艾拉,拎着简单的行李,动身前往莫斯科去了。

· 第五章 ·

哈勒哈河一战成名

一

从监察部到骑兵第四师

朱可夫抵达骑兵监察部之后立即去晋见监察部总监布琼尼。不过,当时布琼尼已经到军事学院的特别小组学习,部里的一切工作由第一副部长科索戈夫负责。科索戈夫是个非常热情的人,他把骑兵监察部的几位助理一一介绍给朱可夫认识,然后又建议他负责骑兵军事训练,因为他在这方面有丰富的经验。

训练工作对朱可夫来说简直就是轻车熟路,他很快就完全熟悉了新的工作。三个月以后,陆海军人民委员部下辖的各监察部和军训部共同召开了党员大会。会上,朱可夫被选为党组织书记。在骑兵监察部工作期间,朱可夫除了完成本职工作之外,还经常到工厂和机关去宣传国际形势和联共(布)的最新决定。

20世纪30年代,国际形势日益紧张。1929~1933年的资本主义世界经济大萧条让德国、日本、意大利逐渐走上了军国主义的道路。1931年,日本军队不宣而战,侵入中国东北,将侵略的矛头直指中国和苏联。1933年1月,以希特勒为首的德国法西斯掌握了德国的政权。德国、日本、意大利等国家在军国主义的道路上越走越远。

苏联也在积极实施工业化,发展军事工业,大力训练部队,以应对可能发生的战争。在骑兵监察部工作期间,朱可夫参与拟定了工农红军骑兵战斗条令草案,并参与了骑兵部队的改编工作。改编后的骑兵师编成内有4个骑兵团、一个机械化团和一个炮兵团。骑兵团由4个骑兵连、一个机枪连、一个团属炮兵连、一个独立防空排、一个独立通信排、一个独立工兵排、一个独立化学排和有关后勤机构组成。

炮兵团编成内有一个122毫米榴弹炮营和一个76毫米加农炮营。机械化团装备有BT-5式坦克。这样一来,红军的骑兵装备了强大的技术兵器和火器，大大改变了骑兵的编制和作战方法。现在骑兵可以用编成内的火器和用坦克突击的方法为自己开辟前进的道路，以粉碎当面之敌。

骑兵监察部所编写的新的战斗条令和各种守则，都考虑到了实施纵深战役和纵深战斗的基本原则。创立纵深进攻战役的理论是苏联军事学术的重要成就。总的说来，纵深进攻战役的特点是大量使用坦克、航空兵、炮兵、空降兵，也就是说，使用现代化的、有良好技术装备的军队进行战斗。新条令同时还考虑到，整个战争将由数百万军队在广大空间进行，只有使用空军和炮兵摧毁敌整个防御纵深，加之对敌军集团的翼侧和后方实施坚决的行动以合围并歼灭敌人，才能保证纵深战役的胜利。

骑兵的改装、改编和掌握战斗条令具有重要的意义，因为大多数骑兵部队当时都驻在极为重要的战略方向上并靠近国境线，这种情况要求骑兵具有充分的战斗准备。

这些工作经历为朱可夫日后指挥大规模的纵深进攻战役积累了丰富的理论知识。1933年3月，为了培养他的指挥大部规模战役的实战能力，骑兵监察部决定推荐朱可夫担任骑兵第四师师长。

有一天，第一副部长科索戈夫对朱可夫说："我已向伏罗希洛夫同志（时任陆海空人民委员部部长）推荐，准备任命你为骑兵第四师师长。你对这项任命有什么看法，是否愿意去白俄罗斯军区？"

朱可夫回答说："任命我担任这一著名的骑兵师的师长职务，我感到非常光荣。我熟悉白俄罗斯军区，我过去在那里工作了10年。我很熟悉骑兵第三军军长瓦伊涅夫，他是个能干的军事首长。"

临告别时，科索戈夫说："布琼尼同志要找你谈一次，找时间去和他聊聊。"

人民委员部签署了任职命令以后，朱可夫去见了布琼尼。在谈话结束的时候，布琼尼激动地对他说："第四师过去一直是优秀的骑兵师，它将来也应当是优秀的骑兵师！"

骑兵第四师是以伏罗希洛夫的名字命名的，是骑兵第一集团军的主力部队。在国内战争时期，这个师表现出惊人的勇敢和集体英雄主义精神。在1931年以前，第四师在列宁格勒军区，驻在以前沙皇时期近卫骑兵部队所驻的地方。1932年，第四师被匆忙调往白俄罗斯军区，归属第三军指挥，驻在斯卢茨克城。由于这一错误的决议，导致第四师用了一年半的时间来建筑营房、马厩、司令部、住房、仓库和训练设备。一支训练有素的优秀作战部队就这样变成了一支蹩脚的劳动部队，纪律松散，常出现病马。第三军的领导对第四师不能提供任何帮助，因为该军编成内的其他部队也处于同样状态之下，都同样是仓促调到这个军区来的。

　　白俄罗斯军区司令员乌博列维奇便在这种情况下向国防人民委员伏罗希洛夫打了报告，要求立即撤换第四师师长。伏罗希洛夫知道情况之后很不高兴，因为他与这个师多年来有密切的关系，他曾不止一次在这个师的队伍里冲锋陷阵。这个师培养出了一大批优秀的有才干的指挥员和政治工作人员。第四师也是骑兵监察部长布琼尼的宠儿，过去是布琼尼组成了这个师，率领它出生入死。伏罗希洛夫便让布琼尼给第四师物色一个新的师

朱可夫与女儿玛莎（右）和塔季阿娜（左）（1971年）

长。朱可夫便是在这个情况下被任命为骑兵第四师师长的。

出发的日子到了，朱可夫带着妻子和女儿坐上了火车，前往白俄罗斯。白俄罗斯风景优美，有茂密的森林，有大量的湖泊和河流。朱可夫非常喜欢那里，因为他曾经在那里工作过，对那里非常熟悉。他曾趁着打猎和钓鱼之际，认真研究过白俄罗斯的地形，从北端到南端。这对他后来开展工作具有极大的帮助！

当时正是晚春时节，融化的冰雪让道路变得十分泥泞。到达斯卢茨克车站之时，到处都是泥，难以通行。在到达马车前，他妻子的套鞋不止一次地陷在泥里。朱可夫让女儿艾拉坐在自己的肩膀上，艰难地往马车走去。艾拉问父亲："这儿怎么没有人行道呢？就像我在索科利尼克（朱可夫在莫斯科的家）我们家那儿一样？"

朱可夫笑了笑，回答说："这里也会有人行道和漂亮的广场的，只是要等到将来。"

一家人坐着马车好不容易来到了兵营。第四师早已闻知新师长要来，已经做好了迎接准备。由于住房非常紧张，朱可夫一家被安顿在师化学兵主任德沃尔佐夫的一间8平方米的房间里，但他并没有计较。他知道大家的住房都十分困难，更好的房子有待于他们自己来建造。

二

重振骑兵第四师的雄风

朱可夫对第四师的情况了解得很少。他在骑兵监察部工作期间曾到过这个师一次，但时间很短。除了原师长克列特金、政治副师长尤格、参谋长韦尔托格拉德斯基、机械化团团长诺维科夫等几个高级指挥官之外，他谁也不认识。不了解自己的部属，如何开展工作呢？朱可夫就像面对一团乱麻一样，一时半会儿理不出个头绪。

简单地思考了一下，朱可夫决定从了解全师的情况着手。把妻子和女儿安顿好之后，他便向司令部走去。政治副师长尤格和参谋长韦尔托格拉德斯基向朱可夫介绍了师里的情况。

了解了大致的情况之后，朱可夫决定亲自到部队和分队了解情况，找出原因，研究克服缺点的途径。当天下午，朱可夫便到了马内奇骑兵第十九团。第十九团是第四师里第一个也是最老的团。团长是一个叫科斯坚科的老骑兵。在后来的苏联卫国战争期间，科斯坚科被任命为第二十六集团军司令员，在乌克兰保卫国家的边境。1942年5月，他在哈尔科夫方向残酷的战斗中英勇牺牲了，当时他是西南方面军副司令员。他的长子彼得和他同时牺牲。

随后，朱可夫又亲自去了解了骑兵第二十、二十一、二十三团，骑炮兵第四团和机械化第四团，以及师的独立骑兵连的情况。与此同时，朱可夫还从侧面了解了师司令部和分队指挥员、政治工作人员的情况。朱可夫发现，整个师无论是部队还是司令部都存在一些问题。他决定召开党的积极分子大会，让大家自己分析师里的成绩和问题。

党的积极分子大会开得很成功。在党员的发言中，朱可夫发现他们每一个人都有一种要求立即克服现存缺点的决心，并对那种把纪律松懈、军事训练差归咎于客观条件的情绪进行了严厉的批评与自我批评。

朱可夫的心里有了底，第四师之所以走下坡路是因为政治工作薄弱、军事训练没有抓紧造成的。因为全师把全部精力都投入到了营房等基础建设方面。于是，朱可夫决定立即按计划组织军事训练，全面展开党政工作，将营房建设和其他事务性工作用专门规定的日子来完成。于是，一场对各级指挥干部进行教学法训练的军事大训练开始了。朱可夫广泛从各团的指挥官中挑选射击、骑术和队列等各方面比较突出的人才，并命令他们进行示范动作。另外，朱可夫还特别重视在进攻战斗中炮兵和坦克同骑兵协同动作的作业。

20世纪30年代，骑兵仍然是地面部队中机动力最强的兵种之一，适于用来迅速迂回，如包围或对敌人翼侧和后方进行突击。骑兵装备了坦克和榴弹炮等新式武器之后，不但能够摧垮敌人的抵抗，而且还能完成进攻战斗的任务和实施顽强的防御。朱可夫在骑兵第四师进行的种种训练对他日后成为坦克战专家，能够指挥机械化部队驰骋战场起到了很大的作用。毫无疑问，他之所以能够成为战场上胜利的永恒象征，与他平日里注重理论学习和实战训练是分不开的。

由于朱可夫的大力改革，到1935年，骑兵第四师的情况得到了很大的改观。此时，不但营房建筑任务全部完成，士兵们在政治教育和军事训练等各个方面也都取得了很好的成绩。在白俄罗斯军区的年度校阅中，第四师在各方面的表现都受到了军区首长的肯定。苏联政府决定授予第四师最高荣誉奖励——"列宁勋章"，朱可夫本人由于在重振第四师的过程中功勋卓著，也被授予了"列宁勋章"。

就在同一年，苏联实行军衔制，布柳赫尔、布琼尼、伏罗希洛夫、叶戈罗夫和图哈切夫斯基等五人被授予"苏联元帅"。布琼尼元帅为第四师颁发了"列宁勋章"。

那一天，全师在斯卢茨克城内的一个操场上摆开了乘马列队。军旗飘飘，军乐齐鸣，整个场面十分庄严。朱可夫向布琼尼元帅报告了第四师的工作，很显然，布琼尼对此是十分满意的。他在庄严的气氛中登上检阅台，随后他向朱可夫发出了信号。在几名助手的陪同下，朱可夫举着师的军旗跑步靠近检阅台。布琼尼元帅把"列宁勋章"别在军旗上，朱可夫马上举着军旗跑步在队列前驰过。士兵们立刻发出了经久不息的欢呼声。骑兵第四师终于在朱可夫的领导下重振了昔日的雄风。

朱可夫的军事才能也再一次得到了红军高层的重视。白俄罗斯军区司令员乌博列维奇、苏联元帅布琼尼、苏联元帅伏罗希洛夫都多次到骑兵第四师视察，给予了朱可夫足够的关注。在这一年，骑兵第四师调出骑兵第三军，编入骑兵第六军，仍归属白俄罗斯军区管辖。戈里亚切夫被任命为第六军军长，成了朱可夫的顶头上司。1936 年 4 月，伏罗希洛夫骑兵第四师改名为顿河哥萨克第四师，并且规定了哥萨克的制服。

1936 年秋季，白俄罗斯军区举行军区大演习，其中包括强渡别列津纳河。时任国防人民委员伏罗希洛夫和红军的大多数高层都会到场。伏罗希洛夫是第四师的首任师长，第四师的官兵也因此认为他一定会到第四师来。

强渡别列津纳河那天，秋雨没完没了地下着。朱可夫奉命把全师集中在渡河地域，妥善地隐蔽在距别列津纳河 4~5 公里的森林地带。当全师的指挥员都赶到指挥所参加作战会议之时，几辆汽车突然开到了指挥所前。从第一辆汽车走出人民委员伏罗希洛夫、红军总参谋长叶戈罗夫和白俄罗斯军区司令员乌博列维奇。

朱可夫快步向前，向他们行了一个漂亮的军礼，报告了自己的职务和姓名，又简要地向他们说明了第四师已做好强渡江河的准备，现在各部队指挥员集合在这里听取最后的指示。

伏罗希洛夫说："很好，我们也听一听你的指示。"

此后，伏罗希洛夫非常仔细地询问了强渡江河中 BT-5 式坦克在超过自身高度的深水中行进的问题。机械化团团长做了仔细的说明，然后，伏罗希洛夫转向部队指挥员和政治委员中他过去在骑兵集团军中认识的人，感慨万千地说："我们的骑兵发生了多大的变化啊！在国内战争时期，在整个骑兵集团军中只有几辆老式的装甲车。现在每一个骑兵师就有一整团性能出色的坦克，可以靠自己的力量通过复杂的江河障碍。"

人群中立刻爆发出热烈的掌声。掌声停息以后，伏罗希洛夫问他的老朋友第十九团团长科斯坚科："怎么样，我的老朋友，你对坦克怎么看？坦克不会使我们上当吧？也许马匹更可靠！"

科斯坚科回答说："不，伏罗希洛夫同志，马匹、马刀和长矛我们目前还不能抛弃，我认为放弃骑兵现在还为时过早，它还能为祖国服务。但是我们应对坦克给予充分关注，它是新型的快速机动兵种。"

伏罗希洛夫对科斯坚科的回答很满意。他笑了笑，又问第十九团的政委津钦科："你怎么看呢，政委同志？"

津钦科也是伏罗希洛夫在骑兵第一集团军的老相识，对这位首长非常熟悉。他坚定地回答说："我认为科斯坚科的意见是对的。如果我对装甲坦克兵器的前途表示怀疑的话，那我就是一个可怜的、可以说是完全不合格的机械化团的政委了。我认为，应尽快地发展机械化部队，特别是坦克兵团，而目前我们还太少。"

伏罗希洛夫没有想到红军指挥员在短短的几年之内对机械化兵团就有如此深刻的认识，对此非常满意。他转向总参谋长叶戈罗夫，点点头说："怎么样，叶戈罗夫同志，我们不打扰他们啦。"

伏罗希洛夫等人告别了朱可夫的指挥所，直抵强渡江河的现场。朱可夫向各部队下达了"作战"命令，别列津纳河立即陷入了炮火之中。在30分钟的炮火准备以后，第四师各部队的先遣支队在宽大正面上接近河岸。一个中队的飞机沿河岸低低飞过，施放烟幕，成功地遮断了"敌人"的视线，掩护登陆兵第一梯队的行动。当烟幕开始消散时，先头分队已在对岸巩固下来。有的地方传来了"乌拉"声、连续不断的枪声和隆隆的炮声。当烟幕完全消散时，机械化团的15辆坦克已爬上"敌"岸，在行进中进行射击，迅速接近了在已夺取的登陆场上实施进攻的分队。很快，第四师的主力部队就到达了对岸，击退了"敌人"，顺利地向前推进。

演习结束后，伏罗希洛夫对第四师给了很高的评价。随后，朱可夫叫各团开会，向战士、军士和指挥员传达了伏罗希洛夫的赞扬。第四师的指战员们对伏罗希洛夫的赞扬非常自豪，他们久久不肯散会，继续畅谈演习中的感想。

在重振了第四师的雄风之后，朱可夫的名字越来越多地出现在苏联的各大报纸上。1936年，他还被任命为起草新宪法草案的军事委员会成员。1937年6月，别洛夫被任命为白俄罗斯军区司令员，佩列梅托夫为参谋长，军事委员会委员梅齐斯为集团军政委。随后，朱可夫被任命为白俄罗斯军区骑兵第三军军长，骑兵第二十一团团长穆兹琴科接任第四师师长的职务。

在《回忆与思考》中，朱可夫如是总结他在第四师的工作："我担任师长四年多，这些年里我只有一个信念：使我所指挥的师成为红军部队中最好的师、最先进的师。我对师的训练工作付出了大量的劳动、精力和心血，使它摆落后状态，教会指挥干部和司令部掌握现代战术，掌握组织和指挥分队、部队和师的方法。我并不是说，我们当时一切都做好了，我们有错误、有漏洞、有失算的地方，但是我可以问心无愧地说，在师的训练方面，我们的指挥员和政治工作人员当时已把他们所能做的一切全部贡献出来了。"

三

扩军备战和联共肃反

到 1937 年,苏维埃政权已经建立了 20 年。在这 20 年当中,苏联的经济发展迅速但不平衡。一方面,工业化的脚步很快,建立了众多强大的工业基地。苏联的工业生产迅速超过了英国、德国等欧洲老牌资本主义国家,跃居欧洲第一位,世界第二位,仅次于美国。另一方面,由于集中力量发展重工业,苏联的农业和轻工业基础非常薄弱。

当然,苏联实行这种政策并不是没有原因的。当时,世界上主要的几个军国主义国家,如德国、意大利和日本都在大量扩充常备军,积极准备侵略战争。1934 年,日本的军费在国家预算中占 43%,到 1938 年,这一比重已经上升到 70%;意大利在 1934 年的军费开支占国家预算的 20%,到 1938 年则上升至 52%;德国的军费所占国家预算的比重也由 1934 年的 21% 上升到了 1938 年的 61%。

1935 年,法西斯意大利占领了阿比西尼亚(今埃塞俄比亚)。1936 年,法西斯德国和意大利武装干涉西班牙革命。日本在东亚也不断滋事,扩大对中国的侵略。一场新的世界大战越来越逼近。在这种形势下,苏联也不得不积极扩军备战。

实际上,苏联已经间接地卷入了反对法西斯的战争中去了。据有关资料显示,在 1936 年秋到 1937 年初夏,斯大林和伏罗希洛夫于曾派遣朱可夫等一大批军事观察员赴西班牙帮助西班牙人民反抗意大利的入侵。苏联甚至派了部分官兵直接参战,但没有派整建制的军队过去。对这场战争的参与,使朱可夫及其战友能够在战斗中验证红军的装甲战理论,并让俄国坦克一试身手。

杰出的坦克专家之一帕夫洛夫也被派往了西班牙。帕夫洛夫是负责坦克作战的首长,但他对于装甲作战所作的结论是不正确的。由于在伊比利亚半岛战斗中出现的问题，他认定在现代战场上坦克无法单独作战。尽管朱可夫极力反对这一意见，但斯大林和伏罗希洛夫相信了帕夫洛夫的看法。于是，红军被称作"摩托机械化军"的大型坦克部队（每个军约有500辆坦克）被解散了。坦克被降低到只起步兵支援武器的作用，坦克部队被编成一些单独的坦克营附属于步兵部队。这一举措致使苏联红军在卫国战争初期处于被动地位，吃尽了德国法西斯的苦头。由于历史和政治原因，联共（布），包括朱可夫本人在内一直否认他们帮助过西班牙。

不过，扩军备战已经成了红军高层的共识。联共（布）中央政治局和政府同意并批准了苏联革命军事委员会提出的关于大大增加常备军师的数目和增强保留下来的地区师中的骨干力量的建议。执行这个建议必然大大增加红军的数量。1933年，红军的数量为88.5万人，到1937年末骤然增加到150多万人。常备军师的数量增大了9倍。到1938年末，边境各军区的步兵师几乎全部转为常备军制。

在积极扩军备战的同时，联共（布）在党内进行了一次大清洗运动。从1934年开始，联共（布）逐步在党内展开了肃反工作，试图将国内的反革命势力以及国外指派的间谍驱逐出党内，稳固无产阶级政权。但这一肃反工作被毫无目的地扩大化了，许多优秀的老布尔什维克惨遭杀戮。图哈切夫斯基、布柳赫尔和叶戈罗夫等第一批被授予苏联元帅军衔的著名军事将领悉数被捕，并先后被执行了死刑。肃反扩大化极大地影响了红军力量的发展及其战斗力，也导致红军高级将领的位置一度出现了很大的空缺。朱可夫便是在这种情况下被斯大林和伏罗希洛夫任命第三军军长的。

朱可夫担任骑兵第三军军长没有多长时间，骑兵第六军军长戈里亚切夫便被任命为基辅特别军区副司令员。于是，朱可夫又被调任第六军任军长。第六军的训练水平和部队总的状况比第三军强很多。朱可夫曾担任师长的顿河哥萨克第四师也在第六军的编制内。因此，朱可夫对这一调任感到非常满意。

在骑兵第六军，朱可夫进行了重大的战役研究工作。他研究得最多的是骑兵机械化集团军中骑兵的战斗使用问题。这在当时是一个重要的待解决的问题。他认为，由3~4个骑兵师、2~3个坦克旅、一个摩托步兵师所编成的骑兵机械化集团军在轰炸航空兵、歼击航空兵和空降部队的密切协同下，可以在方面军编成内完成极为重要的战役任务，促使战略企图顺利实现。所以,他非常注意骑兵同坦克部队的协同问题及战斗和战役中对坦克防御的组织问题。

朱可夫下功夫研究了许多战役战略问题。阅读战史材料、军事学术经典著作和各种回忆录,成了他每天的必修课。在进行军事演习之时,他每次都要亲自制定战役战术设定,这使他得益很大,也是日后他在战场上能够指挥千军万马的经验积累。

1938年,白俄罗斯军区司令别洛夫和总参谋长佩列梅托夫应召赴莫斯科,科瓦廖夫继任白俄罗斯军区司令。科瓦廖夫是个非常热诚的人,他对战略、战役问题颇有研究,对战术的理论和实践有很深的造诣,但他的能力距离大军区的司令员还有一段距离。

朱可夫

这年年底,白俄罗斯军区召开了各兵团指挥员会议,总结过去的军事训练,讨论以后的军事训练任务。在会上,军区司令员科瓦廖夫和军区军事委员苏赛科夫作了报告。科瓦廖夫能力上的缺陷暴露出来。朱可夫便被推荐为白俄罗斯军区主管骑兵的副司令员。

作为副司令员,朱可夫的任务是领导军区骑兵部队的军事训练和按作战计划规定与骑兵部队共同行动的独立坦克旅的军事训练。一旦爆发战争,他就要指挥由4~5个骑兵师、3~4个独立坦克旅和其他加强部队组成的骑兵机械化集群。

告别了第六军的各级指挥员、政治工作人员告别后,朱可夫便到白俄罗斯军区司令部的所在地斯摩棱斯克报到去了。骑兵第六军军长则由叶廖缅科继任。在短短的一年多时间里,朱可夫便由一个师长升任为大军区的副司令员了。这其中既有时代因素,也有朱可夫本身军事能力高超的因素。

第五章 哈勒哈河一战成名

四

苏日大战一触即发

随着形势的发展，欧洲已然成了一个火药桶，战争大有一触即发之势。与德、意法西斯相呼应，日本军国主义终于露出了狰狞的面目，挑起了全面侵华战争。当时，外蒙古成立了不被中国政府承认的亲苏政权。日军多次在边界挑起事端，制造纠纷，试探苏联红军的力量。斯大林对苏联边境地区忧心忡忡，为此，他下令苏联武装军队高度戒备，采取各种必要措施防止日军的入侵。1938年夏季，日军在哈撒湖地区发起了大规模的战役性行动（即张鼓峰事件），企图通过与中国军队、苏联军队两线作战提高日本军队的"威望"，并切断苏联对中国抗日战争的援助。

在这次战役之中，虽然日军被击退了，但苏联红军远东部队机动性和司令部的工作也暴露出了许多严重的缺点。11月，国防人民委员伏罗希洛夫在总结这次战斗时，指出了苏军自身建设上的种种不足。随后，国防人民委员会的总军事委员会采取一系列重大步骤，以改善远东军队的战斗状况，加强边境防护力量。

日军失败后并没有死心，决定在哈勒哈河地区发起新的更大的战斗。为了一举成功，日军在战前做了许多准备。为便于集中兵力，他们增加了哈尔滨—海拉尔铁路的运输量，同时还修建了一条从索伦到甘齐珠尔的新铁路。1939年4月，日军更是派了一支特别先遣队到哈勒哈地区绘制地形图。5月初，日本又派侦察机开始在作战地区上空进行侦察飞行。

哈勒哈河地区是一大片开阔地。河的东岸是荒无人烟的草原，遍地丛生着杂草和灌木，地形有一定幅度的起伏，坦克等机械化武器不宜展开。在设立渡口的地方，哈勒哈河宽30～40米，水深约2米，流速为每秒1米，只要有渡河工具，渡河并不困难。

按照日军得到的情报，这一带苏蒙军队防御很薄弱，附近只有少数边防哨所，没有正规军。驻在蒙古的苏联红军独立第五十七军，距此还有近500公里。实际上，哈勒哈河西岸的台地比东岸高，从东岸看不到西岸台地上的情况。苏联红军利用这一有利地形，在西岸台地上部署了炮兵部队，以便对东岸的部队进行援助。由于红军巧妙的伪装，日军的侦察没有发现这一情况。

朱可夫被调任白俄罗斯军区副司令与日本在中苏、外蒙边境不断挑起事端，蓄意入侵苏联不无关系。据有关资料显示，早在1938年夏，朱可夫曾随同一个苏联军事使团前往中国，了解日本军队的战略战术，支持中国的抗日战争。朱可夫等军事将领在中国战场上对日本人的战略战术进行的了解和分析，对今后红军的远东战役是十分有益的。随着日军不断挑起事端，苏联国防人民委员会便紧急召朱可夫回国，就任白俄罗斯军区副司令。

1939年5月末，朱可夫主持了军区的一次例行演习。演习结束后，他定于6月1日在位于明斯克的骑兵第三军司令部进行讲评。突然，军区军事委员苏赛科夫通知他，莫斯科电话通知，令他立即动身，向国防人民委员伏罗希洛夫报到。

朱可夫不敢怠慢，急忙乘坐当地开往莫斯科的的第一趟列车匆匆出发了。6月2日清晨，朱可夫按时走进了伏罗希洛夫的接待室。伏罗希洛夫的助手赫梅利尼茨基对他说："伏罗希洛夫同志已经在等你了。你快进去吧！我马上去命令给你准备远行的行装。"

朱可夫诧异地问："什么远行？"

赫梅利尼茨基回答说："快进去吧，伏罗希洛夫同志会告诉你一切的。"

刚进办公室，伏罗希洛夫便指着一张地图对朱可夫说："日军突然侵犯我友邻蒙古的边界。根据1936年3月12日的苏蒙条约，苏联政府有责任保卫蒙古不受任何外敌侵犯。这是入侵地区5月30日的情况图。"

朱可夫认真地看着地图。伏罗希洛夫一边指着地图，一边说："在这一带，日军长时间对蒙古边防人员进行小规模的挑衅性袭击。现在，日军的驻海拉尔警卫部队入侵并袭击防卫哈勒哈河以东地区的蒙古边防部队。"

朱可夫将目光从地图上转移到伏罗希洛夫，问道："我能做些什么？"

伏罗希洛夫说："这里孕育着严重的军事冒险，一场大规模的战役或许就要开始了。你是否可以立即飞到那边去,而如果需要的话,把部队的指挥权接过来。"

朱可夫回答说:"我马上可以起飞。"

伏罗希洛夫点了点头,微笑着说:"非常好,你乘坐的飞机下午4点可准备好,在中央机场。你到斯莫罗基诺夫那儿去,在他那里你可以拿到必要的材料,同时商量一下今后同总参谋部的联系问题。派给你几个专业军官,在飞机上等你。再见,祝你成功!"

朱可夫又去了总参谋部,会见了代副总参谋长斯莫罗基诺夫。斯莫罗基诺夫又向朱可夫交代了一些问题,并把相关的资料交给了他。下午4点,朱可夫便乘坐飞机,向蒙古方向飞去。

一路辗转,朱可夫一行终于在6月5日晨到达了塔木察格布拉克。这里是苏联红军独立第五十七军的驻地。在军司令部里,军长费克连科、政委尼基舍夫和参谋长库谢夫等人热情地迎接了朱可夫的到来。参谋长库谢夫急忙向朱可夫说明了最新情况,但坦诚道:"我们对情况还没有来得及进行充分的研究。"

朱可夫对独立第五十七军的表现感到十分不满。塔木察格布拉克距离事发地有120公里,而且连一点准备工作都没有做。朱可夫冷冷地问军长费克连科:"你是否认为可以从距战场120公里以外的地方指挥部队?"

费克连科回答说:"我们坐在这里,当然,是远了一点。可是,在发生冲突的地域我们在作战方面尚未做好准备。前面电话电报线路连一公里也没有铺设,也没有现成的指挥所和着陆场。"

朱可夫不满地问:"面对这种情况,你准备怎么办呢?"

费克连科喃喃道:"我们准备派人去搞木料,然后着手构筑指挥所。"

情况远比朱可夫预料的要糟糕,司令部的所有指挥人员,除了政委尼基舍夫以外,没有人到过发生冲突的地区。朱可夫建议军长费克连科立即到前方去,仔细地研究一下情况。但费克连科马上回答说:"莫斯科随时可能来电话找我,不如让尼基舍夫同志陪你去吧!"

朱可夫对这个军长越来越不满了。一路上,尼基舍夫详细地向他介绍了军里的情况、军的战斗力、司令部,以及一些指挥员和政工人员的情况。朱可夫对尼基舍夫的工作表示十分满意,因为他了解自己的部属,对他们的优缺点很清楚。

朱可夫仔细视察了发生冲突的地域，并向前方的红军指挥员及蒙军的指挥员、政工人员及参谋人员了解了最新情况。朱可夫不免有些忧虑，显然第五十七军和蒙军都没有对日军进行周密的侦察。朱可夫判断，这不是一般意义上的边境冲突，而是一场有预谋的战役行动。他相信，日军不久之后就会采取大规模的军事行动。考虑了全面的情况之后，朱可夫认为单靠独立第五十七军的兵力无力阻止日军的行动。

返回指挥所，朱可夫立即向国防人民委员报告前方的情况，并简要地说明了苏蒙军队的行动计划：坚守哈勒哈河东岸的登陆场，同时准备从纵深进行反突击。第二天，伏罗希洛夫便发来了回电，他完全同意朱可夫对情况的判断和下一步行动计划，并令朱可夫接替费克连科，就任独立第五十七军军长。

朱可夫马上制定了作战计划，并要求国防人民委员加强第五十七军的航空兵部队，增调不少于3个步兵师和一个坦克旅的兵力到作战地区，同时大大加强炮兵的力量。伏罗希洛夫马上按照朱可夫的要求，给独立第五十七军增派了空军力量，派来了21名荣获苏联英雄称号的飞行员和新型飞机——伊-16及"鸥"型飞机。在朱可夫的领导之下，一切作战准备工作都在有条不紊地进行着。苏日之间的一场大战已经到了一触即发的境地。

五

哈勒哈河畔痛击日军

6月22日，一场大规模的空战爆发了。朱可夫命令国防人民委员会派来增援的95架歼击机迎击日军的120架飞机。日军把在中国作战的所有部队中最优秀的空军力量都调来参战了，但这并未能改变他们失败的命运。从22日到26日，苏联红军共击落日军64架飞机。直至7月1日，日军每天都会派出小股空军对红军进行骚扰。通过这一系列的空战，在老飞行员的指挥下，红军锻炼了一大批新飞行员。

朱可夫判断，日军之所以不惜代价地派飞机作战，主要目的便是挫败红军的空军力量，夺取制空权，以保障其部队将要进行的大规模进攻战役。事实上，日军的预谋正如朱可夫判断的那样，日军6月份确实在哈勒哈河地域集中部队并正在准备以实施根据军事侵略计划制订的称之为"诺门罕事件第二阶段"的战役。战役的目标便是围歼哈勒哈河东岸全部苏蒙部队；渡过哈勒哈河，前出至河的西岸，以便消灭红军的预备队；夺取并扩大哈勒哈河西岸之登陆场，以保障尔后的行动。为了实施这一战役，日军把原定在已展开的第六集团军编成内行动的部队从海拉尔调来。

日军指挥部打算，于7月上半月应完成这一进攻战役，以便在秋季到来之前结束蒙古境内的全部军事行动。日军指挥部对日军的胜利十分有把握，他们甚至把一些外国新闻记者和武官邀请到作战地区，观看他们的胜利进军。

7月3日凌晨，苏联派驻蒙军的总顾问阿福宁上校到巴英查岗山视察蒙军骑兵第六师的防御，意外地发现日军正在乘夜暗偷渡哈勒哈河，向蒙军发起了进攻。由于数量上的优势，日军在7月3日拂晓前占领了巴英查岗山及其邻接地区。蒙军骑兵第六师退至巴英查岗山西北地区。

阿福宁上校立即向朱可夫报告这一情况。朱可夫立即命令所有的预备队在接到战斗警报后立即出动，毫不迟延地向巴英查岗山方向前进并向日军发起进攻。与此同时，朱可夫还命令雅科夫列夫旅长指挥的坦克第十一旅从行进间向日军进攻。摩托化步兵第二十四团在加强了一个炮兵营后，协同坦克第十一旅向日军进攻。列索维伊上校指挥的摩托化装甲第七旅受命从南面向敌人突击。同时蒙军骑兵第八师的装甲营也向这一方向开进。炮兵第一八五团的重炮营向巴英查岗山派出观察所并对日军集团进行炮击。位于哈勒哈河东岸用以支援摩托化装甲第九旅的炮兵也向巴英查岗山上的日军进行射击。

为了扩速机动，迟滞日军的行动，朱可夫还命令所有的飞机对日军第六集团军进行轰炸和射击。上午 7 时，红军第一批轰炸机和歼击机飞抵巴英查岗山，开始对敌人进行轰炸和强击。在红军实施反突击的预备队到达以前，航空兵的袭击和炮兵的火力把日军死死地箝制在了巴英查岗山。

由于快速机动，红军在日军构筑工事和组织对坦克防御之前就向日军发起了进攻。在毫无遮掩的开阔地里，红军的坦克发挥了重大作用，日军很快陷入被动之中。到 7 月 5 日凌晨 3 点，日军的战线完全被撕破了。惊慌失措的日军急忙向渡口退去。由于日军害怕红军坦克的突破，已把渡口炸毁。日军士兵全副武装跳入水中，被淹死者不计其数。

战斗结束后，巴英查岗山的东面斜坡上一片狼藉，日军士兵的尸体，

1939 年 7 月塔木察格布拉克苏军第五十七军指挥官朱可夫（右二）在哈拉哈河战斗期间与战友共商下一步军事行动

被击毙的马匹，一堆堆被击毁的火炮、迫击炮、机枪和车辆到处都是。哈勒哈河东岸战斗也很快以红军的胜利而宣告结束。在这一仗中，朱可夫验证了自己对机械化部队在实战中的运用理论，即一支善于同空军和机动炮兵协同作战的坦克机械化部队是实施快速作战行动的决定性武器。

7月15日，红军独立第五十七军扩编为第一集团军群，朱可夫任集团军群司令员。红军的力量得到了很大的加强，而日军只有采取一些战斗侦察行动的能力了。日军决定与红军打持久战了，他们运来木材，挖堑壕，构筑掩蔽部，进行工程作业加固阵地等。

朱可夫则领导苏蒙军指挥部，仔细地进行总攻的准备工作。总攻预计不迟于8月20日，目的在于最后粉碎侵入的日军。朱可夫向伏罗希洛夫要了大量新式兵器及物质技术器材，并从国内调来了2个步兵师、一个坦克旅、2个炮兵团和其他部队到前线，还加强了轰炸航空兵和歼击航空兵。

由于日军没有良好的坦克兵团和摩托机械化部队，无法迅速调集部队抗击苏蒙方面的突击集群。朱可夫决定采取秘密行动突然发动攻击，突击日军防御阵地的两翼，以达合围日军第六集团军的目的。为了迷惑日军，朱可夫煞费苦心地采取了一系列隐蔽措施。

首先，他将从国内调来的兵力和技术装备全部隐藏起来，诱使日军认为红军进行的大量工作是为了组织防御。第二，一切运动、集中、变更部署只在夜间进行。第三，在8月18日以前，严禁部队进入预订的出发地区。第四，进行现地勘察的指挥人员必须穿着红军战士服装，只能乘坐货运卡车。第五，拟制了全套无线电和电话通话计划。通话只涉及建立防御和秋冬战役的防御准备。无线电通话主要使用易于被破译的密码。第六，印制了几千张传单和一批战士防御须知，把它们投到敌方阵地，使敌人看到苏蒙军队政治教育的重点是什么。

朱可夫采取的这一系列措施使日军错误地判断了红军的战略意图，以为他们无心发动进攻，仅仅是在加强防御而已。

为了加强进攻的突然性，朱可夫还命令红军使用了各种音响器材，模拟打桩、飞机飞行、坦克运动的声音。在突击集团开始调动以前的15天里，各种声音接连不断。起初，日军以为红军要发动进攻了，便向发出音响的地方进行射击。一段时间之内，他们便发现了红军的音响，对这种声音习以为常，不再注意了。

随着进攻开始日期的逼近，朱可夫在战前四天至一天，开始逐次向各级指挥人员传达战役计划。在进攻前三小时向战士和军士下达战斗任务。

哈勒欣河战役胜利后的朱可夫（中）

8月19日夜间，红军进入了预订进攻出发地区。20日拂晓前，全部军队隐蔽地进入沿岸树丛中预先构筑的隐蔽工事内。火炮、迫击炮、牵引工具及各种技术器材小心地用就便器材制作的伪装网遮盖起来。坦克部队在炮火准备和航空火力准备开始之前以小群为单位从不同方向进入出发地区。在调动部队的时候，朱可夫没有忘记让战士们用各种嘈杂的音响来做掩护。

日军早已对这种音响习以为常了，连一个侦察兵都没有派出。8月20日是一个晴朗的星期日，日军中的不少将官和校官在这一天到海拉尔等地休假去了。一切条件都十分有利红军发动突然袭击。

5点45分，红军炮兵对日军的高射炮和高射机枪阵地开始进行突然猛烈的打击。部分火炮则对航空兵即将轰炸的目标发射烟幕弹。炮火准备过后，红军150架轰炸机和近100架歼击机出现在了哈勒哈河上空，对日军的阵地发起了猛烈的进攻。

8点15分，各种口径的火炮和迫击炮对敌人目标开始突袭射击。8点30分，红军航空兵再一次飞临日军阵地上空，进行了猛烈的轰炸。朱可夫通过各条电话线和无线电台发出预定的密码命令——15分钟以后，开始总攻。

8点45分整，当红军航空兵对日军进行突击，轰炸其炮兵时，空中升起了红色信号弹。突击部队在炮火掩护下，开始奋力向前冲去。由于红军航空兵和炮兵的突击非常猛烈，日军在将近一个半小时内根本无力还击。日军的观察所、通信联系及炮兵阵地均被摧毁。战斗非常惨烈。

8月22日，红军粉碎了日军的翼侧集团。朱可夫命令装甲坦克部队和机械化部队于8月26日前完成了对日军第六集团军主力的合围，并逐次分割歼灭被围的日军。8月30日，侵入外蒙边界的日军第六集团军被全部歼灭。

苏军第一集团军群的指战员中有70人在这次战役后获得了"苏联英雄"的称号。这70人当中自然少不了朱可夫。

· 第六章 ·

受命于危难之际

一

担任红军总参谋长

哈勒哈河一战让朱可夫名扬整个苏军。据《苏联伟大卫国战争史》记载，朱可夫在此战中以苏军伤亡一万人的代价，全歼日军第六集团军，毙伤日军5.2~5.5万人。如此巨大的胜利让朱可夫一下子成了红军战士心目中的战神！苏联的一家报纸如是评价朱可夫："在这次大战役中，表现出了他卓越的领导才能、组织才能和在很短时间内彻底击败强敌的能力。"

9月15日，苏、"蒙"和日在莫斯科签订协议，商定9月16日在哈勒哈河地区停止一切作战行动。双方同意交换战俘，并成立了一个委员会来划定哈勒哈河地区外蒙和日军在中国东北扶持的伪满洲国之间的边界。

10月底，前线平静了下来。红军第一集团军群司令部和高级将领都回到了乌兰巴托。

此时，红军参战部队大多都已经回到了冬季营房。朱可夫命令大家进行战斗总结。作战部队向那些没有直接参加战斗的部队派出了优秀的战士和指挥员，以传授与日军作战的经验。这批部队在日后的卫国战争中被调往欧洲战场，与德军进行了殊死搏斗，建立了卓越的功勋。

9月1日，德国突然对波兰发动袭击。随后，英、法等国对德宣战，第二次世界大战欧洲战场打响了。

1940年5月初，朱可夫接到莫斯科的调令，让他去国防人民委员会，另行分配工作。朱可夫抵达莫斯科之时得知，苏联政府将授予红军高级指挥人员将级军衔。在这次授衔之中，朱可夫被授予了大将军衔。这年朱可夫年仅44岁，是一位非常年轻的大将。

授衔仪式结束后，斯大林亲自接见了朱可夫，并任命他为基辅特别军区司令员。基辅军区是苏联最强大的军区之一，被任命为基辅军区司令员，意味着朱可夫已经步入了红军高级将领的核心领导成员之列。

这是朱可夫第一次见到斯大林本人。在被接见时，他显得非常激动。在询问了哈勒哈河战役的情况之后，斯大林叼着烟斗说："现在你已经有作战经验了。你到基辅军区去，利用自己的经验训练部队。"

朱可夫已经隐隐感到，法西斯德国迟早会把侵略的魔掌伸向苏联的。当时，苏联与另一邻国芬兰之间的冲突也不断升级，最终导致了冬季战争的爆发。据有关资料显示，朱可夫在德军入侵波兰后曾任乌克兰军区副司令。不过由于他当时身在蒙古，实际上并未到任。冬季战争期间，他曾任很短一段时间的总参谋长。朱可夫意识到，必须及早作出准备，应对德国的入侵。但是由于斯大林不相信德国会在短时间内撕毁《苏德互不侵犯条约》，朱可夫等一批高级将领只好暗中准备。

1940年升任红军总参谋长的朱可夫大将

在6月份之前，朱可夫走遍了基辅军区几乎所有的部队和兵团。他还带领司令部人员指挥军区在捷尔诺波尔、利沃夫、弗拉基米尔—沃伦斯基、杜布诺等大片地区进行了大规模的野外作业，熟悉了地形。一年以后，朱可夫便指挥部队在这里与德军遭遇了，打了一场惨烈的战役。

1940年12月，红军在莫斯科召开了高级指挥员会议。朱可夫在会上作了题为《现代进攻战役的特点》的报告，获得了时任国防人民委员铁木辛哥的好评。会议结束后，进行了大规模的战役战略演习，朱可夫在演习中担任"蓝"方，即西方。白俄罗斯军区军区司令员巴甫洛夫担任"红"方，即东方。这场大规模的演习就是模仿德军入侵苏联的情景的。

在演习开始之前，红军的高级指挥人员突然接到通知，暂缓演习，集体去见斯大林。斯大林的态度相当冷淡，略微点头打了一下招呼，便让大家在桌子旁边坐下。接着，斯大林批评了铁木辛哥，说铁木辛哥没有征求他关于国防人民委员会闭幕词的意见，就让会议闭幕了。

大家都替铁木辛哥捏了一把汗，铁木辛哥解释说："我已经把发言草稿送给了你，以为你已了解发言的内容，没有什么意见。"

斯大林冷冷地问道："你们的演习什么时候开始？"

铁木辛哥回答说："明天早晨。"

胜利象征 朱可夫

1940年11月朱可夫在野外实战演习中

斯大林又问:"那好,你们进行吧。但是司令员们先不要走。谁充当'蓝'方,谁充当'红'方?"

铁木辛哥恭敬地说:"朱可夫大将充当'蓝'方,巴甫洛夫上将充当'红'方。"

第二天一早,大规模的战役战略演习正式开始了。国防人民委员铁木辛哥和总参谋长梅列茨科夫亲自领导,并"代表"西南战略方向参与了演习。"蓝"方假设是进攻一方,"红"方假设是防御一方。

在这次演习中,红军暴露出了许多缺点,假扮德军的"蓝"方一路攻城略地,打得"红"方毫无还手之力。铁木辛哥命令总参谋长巴甫洛夫和朱可夫进行局部讲评,指出了演习参加者行动中的缺点和优点。斯大林建议总讲评在克里姆林宫进行。

总参谋长梅列茨科夫大将报告了演习的经过。当他谈到双方力量对比和"蓝"方在演习开始阶段的优势,特别是坦克和空军的优势时,斯大林愤愤不平地打断了他的话说:"不要忘记,在战争中重要的不仅是数量上的优势,还有指挥员和军队的作战艺术。"

斯大林接着又提了几点意见,然后问道:"谁还想谈谈?"

铁木辛哥发言道:"军区司令员和参谋长在战役战术素养方面还需要提高。如果像目前这种状况的话,德军一旦进攻,红军将毫无抵抗之力!今后,我们要组织更多有针对性和组织性的训练。"

斯大林问巴甫洛夫:"'红'方部队行动失利的原因在哪儿呢?"

巴甫洛夫俏皮地说："胜败乃兵家常事，演习中这是常有的事情。"

斯大林显然很不爱听这句俏皮话。他说："军区司令员应掌握军事学术，应善于在任何情况下得出正确的结论。而你在这次演习中没有做到这点。谁还想发言？"

直到这时朱可夫才举手发言。他说："这类演习对于提高高级指挥人员的战役战略水平是很有价值的。我建议，尽管演习组织起来很复杂，还是应当常常举行这类演习。为了提高军区和集团军司令员及参谋人员的军事素养，必须在国防人民委员会和总参谋部的领导下开始演练大规模的带通信器材的野外演习。"

另外，朱可夫还谈到了巴甫洛夫领导的白俄罗斯军区在工事构筑方面的一些缺陷，并提了非常中肯的意见。斯大林对朱可夫的发言感到十分满意。演习讲评后的第二天，斯大林便把他叫到了办公室。斯大林开门见山地说："政治局决定解除梅列茨科夫总参谋长的职务，任命你接替他。"

朱可夫大感意外，这一任命来得实在太突然了，他还有些不敢相信。斯大林微笑着说："这是政治局的任命，明天就颁布。"

朱可夫离开了斯大林的办公室，直接去见了铁木辛哥。铁木辛哥说："刚才斯大林同志给我打电话了。现在你回军区去，尽快到莫斯科来。"

当天晚上，朱可夫便动身去基辅，以便尽快回到莫斯科。朱可夫处理完了基辅军区的事务，并进行了交接之后，便于1941年1月31日抵达莫斯科，接替了梅列茨科夫大将的工作，担任红军总参谋长。

二

忧心忡忡地部署军队

红军总参谋部执行着繁重的作战、组织和动员工作。在和平时期，它是隶属于国防人民委员会的主要工作机关；一旦爆发战争，它将成为红军最高统帅部的参谋机关。红军总参谋部聚集了一批军事精英。朱可夫到任时，担任第一副总参谋长的是瓦杜丁中将，他是一个工作非常勤奋、很有战略头脑的指挥员。负责组织编制的副总参谋长是索科洛夫斯基中将，他是一位有很高天赋和很大潜力的将才。华西列夫斯基少将也在参谋部工作，他是一个伟大的战略指挥家，后来担任了总参谋长。在整个卫国战争期间，华西列夫斯基与朱可夫珠联璧合，指挥了许多声势巨大的战役。

在整个2月份，朱可夫都在这些助手的协助下仔细研究与总参谋部活动有直接关系的档案材料。当时的国际形势实在太紧张了，战争随时可能爆发，朱可夫确信德军在不久的将来就会向苏联发动突然袭击。他每天都要工作十几个小时，通常连家也不回，就在办公室里过夜。

经过一段时间的研究，朱可夫发现了问题的严重性。首先，红军军训部和各军兵种司令部在过去两年中出版发行了几十种重要的条令和规范，但全部没有在部队中得到实施。其次，红军装备了大量新式武器，但交通和通信方面十分薄弱，根本无法满足新式武器使用的需要。再次，苏军的装备与德军相比，无论在数量上还是在质量上都落后太多。最后，大量德军集结在东普鲁士、波兰和巴尔干一带，随时有可能向苏联发动突然袭击，但红军西部各军区缺乏足够的战斗准备。

这些问题成了红军致命的弱点，一旦德军发动突然袭击，将长驱直入，迅速攻占苏联。朱可夫急忙向国防人民委员铁木辛哥汇报这一情况。铁木辛哥作为人民委员早已了解这些情况，但是他也无可奈何。一方面，苏联的国力和生产水平根本无法在短时间内解决这些问题；另一方面，斯大林根本不相信希特勒会撕毁《苏德互不侵犯条约》，对苏联发动突然袭击。不过，铁木辛哥还是把朱可夫的意见转达给了斯大林。斯大林答应给朱可夫一点时间，让他汇报这些问题。

朱可夫问铁木辛哥："要准备些什么问题呢？"

铁木辛哥严肃地说："所有问题都要准备。但要注意，他不会听长篇报告。你向我讲几个钟头的东西，向他报告时要在10分钟内讲完。"

朱可夫耸了耸肩，无奈地说："10分钟？我能报告什么呢？问题都很大，都必须严肃对待。"

铁木辛哥说："你打算告诉他的东西，他基本上都知道。你只要谈谈其中带关键性的问题就可以了。"

一个星期六的晚上，朱可夫带了一份准备汇报的问题清单，来到了斯大林的别墅。铁木辛哥元帅和库利克元帅早已在那里等候。斯大林热情地同朱可夫打了招呼，并问他："你见过火箭炮吗？"

火箭炮是苏联研制的新式火炮，俗称喀秋莎。朱可夫早已听说过，但还没有亲眼看见。斯大林笑了笑，对他说："你应当同铁木辛哥、库利克一块到靶场去看一看火箭炮射击。现在就请你向我们谈谈总参谋部的工作吧。"

朱可夫简单地汇报了一下他发现的问题，并建议说："鉴于目前复杂的军事和政治形势，我们必须采取紧急措施，及时克服西部边境防御和军队中存在的缺点。"

人民委员会主席兼外交人民委员莫洛托夫突然打断了朱可夫的话，反问道："怎么，你认为我们很快要同德国人打仗吗？"

斯大林转向莫洛托夫，对他说："等一等，让他说完！"

斯大林让在场的所有人都就坐，边吃晚餐边聊。他问朱可夫："你对德国空军有什么看法？"

朱可夫想了想，回答说："德国人有一支不错的空军。他们的飞行人员在同陆军协同作战方面受过很好的实际锻炼。至于飞机，我们的新式歼击机和轰炸机丝毫不比德国人的差，甚至还要好一些。可惜的是这种飞机太少。"

铁木辛哥也在一旁帮腔道："歼击机尤其少。"

斯大林总结道："应当认真研究一下那些最急迫的问题，提交政府作出决定。但是应当依据我们的现实可能性，而不要去空想那些我们的物质条件暂时还不允许的东西。"

当晚，朱可夫回去以后就按照斯大林的意见，把最紧迫的问题列了出来，写成报告，交给了政府方面。但这些问题很久都没有得到妥善的解决。

1941年2月15日至20日，联共（布）召开了第十八次全国代表大会。朱可夫被选举为中央委员会候补委员。此时，朱可夫无论在党内，还是在部队都是位高权重之人。但他并没有将这些权力看得太重。他明白，权力越大，责任也就越大！

朱可夫集中力量对红军队伍进行了大刀阔斧的改革，改组机构，淘汰不称职的军官，反对军事上的官僚主义。红军的组织性在很短的时间内就有了质的提升。

此时，希特勒也在紧锣密鼓地准备对苏联实施进攻。德军司令部认为，必须在1941年的春天击垮苏联。德军陆军总司令冯·布劳希奇认为，要击溃50～70个富有战斗力的苏军师，至少需要100个师的兵力。他将进攻苏联的具体战役计划的制定任务交给了陆军总参谋长哈尔德，而哈尔德又把这项工作交给了第十八集团军参谋长马克斯少将，该集团军驻扎在苏联边界附近。

希特勒曾打算在1940年秋就发动对苏联的军事行动，德军的许多将领都赞同这一设想。不过，希特勒很快就放弃了这一计划，因为德军尚未作好对苏战争准备。首先，当时在苏联边界上的德军还不能完成展开任务；其次，波兰的铁路等交通线及桥梁无法通过重型坦克，通信线路更是没有安装就绪。更为重要的是，希特勒认为拿破仑在进攻沙俄之时之所以全军覆没，完全是因为欧洲的士兵不适应俄罗斯冬天寒冷的气候，他不想重蹈拿破仑的覆辙。

1940年8月1日，马克斯少将便向哈尔德呈报了对苏作战的第一份确切方案。马克斯建议组建两个突击集团，向顿河—高尔基城—阿尔汉格尔斯克一线猛烈推进，尔后攻占乌拉尔。战争的重点是攻占莫斯科，因为"这将导致苏联停止抵抗"。这份计划完全是在"闪电战"思想指导下制定的，击溃苏联预计耗时仅9～17周。此后，德军总参谋部对该计划进行了多次修订。到8月底，这份对苏战争计划的基本方案已制定完毕，定名

"巴巴罗萨"。

"巴巴罗萨"在德语中是"蓄有红胡子的人"之意。德国皇帝腓特烈一世曾被冠以"巴巴罗萨"的绰号。很显然，德军之所以用皇帝的绰号命名对苏作战计划，其用意就是使对苏战争带有"圣战"的色彩。

12月18日，希特勒签署了第二十一号指令，批准了"巴巴罗萨"计划。该计划指出，必须在出其不意的战役中通过坦克的高速奔袭突破，把红军主力消灭于西部边界地区。希特勒命令部队必须在1941年5月15日前做好一切对苏战争的准备工作。选定5月15日这个日期，是因为德军认为这个时间是苏联气候条件所许可的最早日期。"巴巴罗萨"计划制定之后，一直处于极为严格的保密之下。只有陆海空三军司令部和统帅部人员知晓其中的具体内容。

实际上，苏联红军也一直在积极准备对抗德军入侵的作战计划。非常遗憾的是，红军作战计划出现了一个战略性的错误，即主要防御方向的选择出现了战略性的偏差。当时，红军的高级将领们认为最危险的战略方向是西南方向的乌克兰，而不是西部方向的白俄罗斯。实际上，德军统帅部的计划便是在白俄罗斯方向集中使用最强大的陆军和空军集团。

红军作战计划的这一失误导致战争爆发后，红军不得不慌慌张张地把早已集中在乌克兰和后来调往那里的第十九集团军全部和第十六集团军的大部，转移到西部方向，加入西部方面军的编制内，在行进间匆忙投入战斗。

造成这一失误的原因是，斯大林认为希特勒在对苏战争中首先是力图占领乌克兰和顿河流域，以夺取苏联最重要的经济地区，掠夺乌克兰的粮食、顿涅茨克的煤，然后是高加索的石油。他甚至认为"没有这些最重要的资源，德国法西斯就不可能进入长期的大规模的战争"。

实际上，德军在此时已经具备了强大攻击力和丰富的物质储备。德国已夺取了欧洲几乎所有的经济和战略资源，并拥有了强大的军事经济实力。仅1941年，德国就生产了约11000架飞机，约5200辆坦克和装甲车，30000门各种口径的火炮，约170万支骑枪、步枪和冲锋枪。苏联生产这么多武器至少需要3年时间。

德军在兵力上也占绝对优势。截至1941年6月，德军总数达850万人，共208个师。苏联连同征召的补充兵员在内，共有约500万人，而且

胜利象征 朱可夫

其中大部分部队都没有经过战争的历练。德军已经具备了对苏联发动突然袭击的一切力量,苏德之间就像一堆巨大的干柴,只要一颗火星就会立即燃烧起来。朱可夫在此时整日忧心忡忡地部署着军队,因为红军在这场可能爆发的战争中明显处于劣势。

三

史无前例的苏德大战

1941年3月，铁木辛哥和朱可夫一起请示斯大林，请他批准征召预备役人员补充步兵师，并立即加以训练。斯大林说："这样大规模地征召预备役人员入伍，可能成为德国人挑起战争的口实。"

直到后来战争迹象越来越明显时，斯大林才批准征集50万士兵和军士调往边境军区补充部队。不过，朱可夫一直没有停止应对德军入侵的准备工作。朱可夫率领总参谋部制定了保卫苏联西部边境的详细计划。每个集团军的步兵师都在靠近边界的地方展开一条线，以打退任何进犯之敌的进攻。每个集团军的第二梯队包括一个机械化军，其任务是消灭一切突破边境阵地的敌人。由于西部几大军区的战斗力较为薄弱，不足以对抗德军，朱可夫又从内地军区陆续调了28个步兵师和4个集团军指挥机关。

由于持续的紧张，朱可夫显得有些急躁而缺乏耐心。红军中的一些高级将领对他也产生了很大的意见。海军人民委员库兹涅佐夫海军元帅曾抱怨说："从朱可夫任总参谋长以来，我们和总参谋部的关系不能说好。我和总参谋部的联系特别重要，这也因为斯大林在处理军事问题时是很依靠这个机构的。这就是说总参谋部也接受他有关海军的指示。朱可夫当总参谋长后，我找过他几次都没成功，他态度相当高傲，根本不想讨论海军的问题。朱可夫在性格上是不适合在总参谋部工作的，这一点要是早一些显露出来就好了。"

面对库兹涅佐夫元帅的批评，朱可夫一直未予回应。他私下对好朋友说："争论这些没有任何意义。斯大林同志在讨论海军问题时，无论是铁木辛哥还是我，根本就未被邀请参加。"

除了军事问题之外，朱可夫不想跟任何人在无谓的问题上进行争论。实际上，当时的形势也根本不允许他把时间浪费在这些无谓的争论上。形势越来越严峻，德军随时有可能发动进攻。

6月13日，铁木辛哥打电话给斯大林，要求批准下令边境军区部队进行战斗准备，并根据掩护计划展开第一梯队。斯大林回答说："让我们再考虑一下。"

第二天，铁木辛哥又和朱可夫一起到克里姆林宫，向斯大林汇报西部各军区的不安情绪，请求必须使部队进入一级战略状态。斯大林显然不高兴了，他放大嗓门说："你们要进行全国动员，立即把部队调到西部边境吗？这就意味着战争！你们懂不懂？"

过了一会儿，斯大林稍稍平静了一些，他问朱可夫："我们在波罗的海沿岸军区、西部军区、基辅军区和敖德萨军区部署了多少个师？"

铁木辛哥报告说，截至6月1日，西部边境的4个军区共有149个师和一个独立步兵旅。

斯大林说："你看，这些难道还少吗？根据我们的情报，德国人还没有这么多的部队。"

朱可夫解释说："根据情报，德军都是按战时编制的满员师，一个师的兵力在14000～16000人之间。而我们的部队全部是简编师，只有8000人。"

斯大林不耐烦地说："不能完全相信侦察。"

铁木辛哥和朱可夫心情沉重地离开克里姆林宫。一群孩子正在克里姆林宫旁亚历山德罗夫花园里无拘无束地嬉闹着。朱可夫突然想起了自己的女儿。他深切地感到，军人在战争年代对所有的孩子，对整个国家，肩负的责任是如此重大！

6月21日晚，基辅军区参谋长普尔卡耶夫中将用电话报告朱可夫说："报告总参谋长，有一个德军司务长向我边防部队投诚，称德军正在进入出发地区，将在22日晨发动进攻。"

朱可夫放下电话，立即把这一消息向斯大林和铁木辛哥作了报告。斯大林说："你同铁木辛哥到克里姆林宫来吧。"

朱可夫马上带上给部队的命令草稿，同铁木辛哥和第一副总参谋长瓦杜丁中将一起赶到了克里姆林宫。他们路上就商定了，无论如何也要做出使部队进入战斗准备的决定。斯大林十分忧虑地问："这个投诚者不会是德军为了挑起冲突而派来的吧？"

铁木辛哥回答说："不是。我认为投诚者说的是实话。"

这时，联共（布）中央政治局委员们陆续走进了斯大林办公室。斯大林简要地向他们说明了情况后，直截了当地问："我们该怎么办？"

政治局委员们都没有说话。铁木辛哥在一旁说："应该立即命令边境军区所有部队进入一级战斗准备。"

斯大林说："把命令读一下！"

朱可夫把随身携带的命令草稿读了一遍。斯大林说："现在下达这样的命令还太早，也许问题还可以和平解决。命令要简短，指出袭击可能从德军的挑衅行动开始。边境军区部队不要受任何挑衅的影响，以免问题复杂化。"

朱可夫和瓦杜丁立即到另外一个间办公室，重新起草了国防人民委员会的命令。斯大林亲自读了一遍，改动了一下，就交给铁木辛哥和朱可夫，让他们签字。命令全文如下：

列宁格勒军区、波罗的海沿岸特别军区、西部特别军区、基辅特别军区、敖德萨军区军事委员会：

抄送：海军人民委员会

1. 1941年6月22日到23日德军可能在列宁格勒军区、波罗的海沿岸特别军区、西部特别军区、基辅特别军区、敖德萨军区正面实施突然袭击。袭击可能从挑衅行动开始。

2. 我军的任务是：不受任何挑衅行动的影响，以免使问题复杂化。与此同时，列宁格勒、波罗的海沿岸、西部、基辅、敖德萨各军区部队进入一级战斗准备，以防德军或其盟军可能的突然袭击。

3. 兹命令：

（1）1941年6月21日夜间，隐蔽占领国境筑垒地域各发射点；

（2）1941年6月22日拂晓前，将全部飞机包括陆军航空兵的飞机，分散到各野战机场，并加以周密伪装；

（3）所有部队进入战斗准备，军队应分散、伪装；

（4）防空部队不待补充兵员到达，立即进入战斗准备，城市和目标地区应采取灯火管制的一切措施；

（5）在没有特别命令的情况下，不得采取任何其他措施。

铁木辛哥、朱可夫

1941年6月21日

第一副总参谋长瓦杜丁随即带上这份命令回总参谋部，转发给各军区。朱可夫和铁木辛哥也怀着复杂的矛盾心情离开了克里姆林宫。朱可夫和铁木辛哥都不敢休息，他们不约而同地乘车来到国防人民委员会的门口。走下汽车后，他们商定10分钟以后在铁木辛哥的办公室里见面。

6月22日凌晨3点零7分，黑海舰队司令奥克恰布里海军上将报告，有大量来历不明的飞机正向苏联海岸接近。3时30分，西部军区报告，德军空袭白俄罗斯的城市。3分钟后，基辅军区报告，乌克兰的城市遭到空袭。3点40分，波罗的海沿岸军区报告，敌机空袭了考那斯和其他城市。

战争终于爆发了。铁木辛哥命令道："马上打电话给斯大林同志。"

朱可夫抓起电话，好几分钟才接通电话。朱可夫立即对值班员吼道："立即请斯大林同志接电话。"

几分钟之后，斯大林接了电话。朱可夫立即把德军轰炸苏联各城市的消息告诉了他，并请示允许还击。斯大林一下子陷入了沉默之中，他没有想到他尽力避免的战争到底还是来了。朱可夫在电话里着急地说："您听懂我的意思了吗？"

斯大林这才疲倦地说："你和铁木辛哥到克里姆林宫来一趟吧。告诉波斯克列贝舍夫（斯大林的秘书），马上召集全体政治局委员。"

凌晨4点30分，全体政治局委员以及铁木辛哥和朱可夫都坐在了斯大林的办公室里。斯大林脸色苍白地坐在桌旁，手中握着装满了烟草的烟斗，有些焦急地说："立刻给德国使馆打电话。"

就在这时，秘书进来说："德国大使冯·舒伦布格勋爵要求接见，说是带来了紧急通知。"

人民委员会主席兼外交人民委员莫洛托夫立即迎了出去。几分钟之后，莫洛托夫匆匆走进来说："德国政府已向我国宣战。"

斯大林颓然地坐在了沙发上，整个办公室陷入了可怕的沉寂之中。朱可夫打破沉默，建议立即用各边境军区所有兵力猛烈还击突入的敌军，制止其继续前进。

"不是制止，而是歼灭。"铁木辛哥补充说。

斯大林说："下命令吧！"

一场史无前例的苏德大战就这样开始了。

四

危难中稳定西南战线

由于德军入侵苏联的计划蓄谋已久，战争刚刚打响，德军就一反常规战役的规律，将所有主力部队全部投入了战斗。118个步兵师，15个摩托化师，19个装甲师，约3500辆坦克，3900多架飞机，共计152个师，305万人，相当于其野战陆军的75%。

德军的进攻分为三个集团军群。中央集团军群由博克元帅指挥，下辖第四、第九集团军，第二、第三装甲集群等部队，由卢布林—苏伐乌基一线出发，旨在消灭驻守在白俄罗斯的红军，向斯摩棱斯克—明斯克—莫斯科方向突击；北方集团军群由勒布元帅指挥，下辖第十六、第十八集团军及第四装甲集群，从苏伐乌基和波罗的海出发，旨在摧毁波罗的海沿岸的红军，然后和曼纳海姆元帅指挥的芬兰军队一道，拿下列宁格勒，切断和摩尔曼斯克的交通；南方集团军群由龙德施泰特元帅指挥，下辖第十一、第十七、第六集团军和第一装甲集群，部署在卢布林和喀尔巴阡山脉之间，向基辅—第聂伯河河曲方向突击。

由于准备不足，红军在德军发动突然袭击之时，一下子陷入了混乱之中。再加上德军在进攻开始前就派遣了大量的破坏小组破坏红军的通信设备，杀害红军的通讯员，袭击红军的指挥人员，致使红军各军区和各集团军司令部无法迅速传达命令。

朱可夫像热锅上的蚂蚁一样，在总参谋部的办公室里走来走去，由于通讯中断，他无法了解各军区和部队目前的情况。6月22日上午8点，总参谋部总算查明，德军轰炸机猛烈袭击了西部、基辅和波罗的海沿岸三个特别军区的许多机场，红军损失战机达1200架，德军的地面部队已经展开大规模行动，红军担任掩护的第一梯队各步兵部队来不及占领预先构筑的阵地，从行进间加入了战斗。

上午9点，铁木辛哥打电话给斯大林，要求去克里姆林宫向他报告苏联最高苏维埃主席团关于实行全国动员和成立统帅部的命令草稿，以及其他许多问题。朱可夫和第一副总参谋长瓦杜丁检查了所有的文件，同铁木辛哥一起到了克里姆林宫。

斯大林手里拿着未吸完的烟斗，默默地在办公室里踱来踱去。见朱可夫等人到了，便说："好，请吧！你们有什么事要报告？"

铁木辛哥向他报告了关于成立统帅部的草案。斯大林看了草案，简单地说："政治局讨论一下。"

斯大林把实行动员的命令草稿看了一遍，对总参谋部提出的动员范围作了压缩，然后把命令交给秘书波斯克列贝舍夫，送最高苏维埃主席团批准。总动员令规定，从6月23日起，在苏联14个军区之中，即除中亚、外贝加尔和远东军区以外的所有军区，对1905～1918年出生的所有服兵役义务的人实行总动员，并在苏联国土的欧洲部分实行军事管制。国家政权机关在国防、保持社会秩序、保证国家安全方面的全部职能一律就地交军事当局掌握。军事当局有权调派居民及一切交通工具，去完成国防工程和保卫最重要的军事和经济目标。

在发布动员令的同时，斯大林决定将波罗的海沿岸特别军区、西部特别军区和基辅特别军区，相应地改组为西北方面军、西方方面军和西南方面军。

下午1点左右，斯大林打电话给朱可夫，对他说："我们各个方面军的司令员缺乏足够的作战指挥经验，似乎有点发慌。政治局决定派你到西南方面军担任统帅部代表。还准备派沙波什尼科夫和库利克去西方方面军。他们已到我这里接受指示。你必须马上飞往基辅，会同赫鲁晓夫到设在捷尔诺波尔的方面军司令部去。"

朱可夫反问道："在目前这样复杂的情况下，由谁来领导总参谋部呢？"

"把瓦杜丁留下吧，"斯大林说完这句话突然加重了语气，"请你抓紧时间。"

朱可夫立即给妻子打了一个电话，告诉她自己将到西南方面军去一趟，不必担心。飞机按时起飞了。在飞机上，朱可夫才想起来，从昨天开始他还没吃过任何东西呢！好在飞行员带了许多吃的东西，朱可夫胡乱地对付了一下。

到达基辅之后，朱可夫会同赫鲁晓夫乘坐汽车赶往捷尔诺波尔。当时，西南方面军司令员基尔波诺斯上将的指挥所就设在那里。到达指挥所时已是深夜，朱可夫立即拨通电话，同暂时主持总参谋部工作的瓦杜丁通了电话。

瓦杜丁说："到目前为止，总参谋部仍然无法从各方面军、集团军和空军司令部获得准确的情报。参谋部和国防人民委员无法同西方方面军、西北方面军司令员库兹涅佐夫和帕夫洛夫两人取得联系。他们似乎跑到某个部队去了。方面军司令部也不知道他们的司令员目前在什么地方。据空中侦察获得的情报，战斗在我国境线筑垒地域进行，局部地区的敌军已深入我国土15～20公里。各方面军司令部企图直接与部队取得联系，但没有成功，因为同大多数集团军和独立军之间，既没有有线通信联络，也没有无线电通信联络。"

朱可夫感到事态越来越严重了，必须先摸清情况，稳定战局，再做打算。没想到瓦杜丁又接着说："斯大林同志已经同意了国防人民委员会第三号命令的草稿，并叫我签上你的名字。"

朱可夫诧异地问："什么命令？"

瓦杜丁回答说："命令我军转入反攻，粉碎主要方向上的敌人，向敌国领土挺进。"

朱可夫对这个命令感到非常意外。他说："现在我们还不知道德军有多少兵力，在什么方向上实施突击。天亮以前先把前线发生的情况弄清楚之后下决定，是不是更好一些呢？"

瓦杜丁说："我同意你的观点，但问题已经决定下来了。我们无法改变！"

朱可夫知道自己无力改变什么，无奈可奈何地回答说："好吧，签上我的名！"

6月23日凌晨，这个命令到达西南方面军司令员基尔波诺斯上将的手里。正如朱可夫预料的那样，这个命令引起了方面军参谋长普尔卡耶夫的激烈反对，他认为方面军缺乏执行这个命令所必需的兵力和技术装备。

朱可夫建议基尔波诺斯立即下达预先号令，集中机械化军对突入索卡利地区的敌人"南方"集团军群的主要集团实施反突击。反突击应有全部方面军航空兵和部分统帅部远程轰炸航空兵参加。西南方面军司令部很快编写出预先号令，并下达给了各集团军和各军。

上午9点，朱可夫在卫兵的陪同下来到了机械化第八军军长里亚贝舍夫中将的指挥所。机械化第八军原来驻守在德罗戈贝奇地区，奉命调到布罗德地区，抗击正面之敌。

里亚贝舍夫在图上指明了第八军的位置和部署方法，扼要地报告了部队的状况。他说："我们需要一昼夜的时间来进行集中部队、维修武器和补充储备品。在这段时间内，我们还要进行战斗侦察，组织指挥。因此，全军要到6月24日晨才能全部投入战斗。"

朱可夫点了点头，回答说，"好吧！这次反突击最好是和机械化第九、第十九、第二十二军共同实施。可惜的是，这三个军进入出发地区迟了。情况不允许我们把几个军全部集中起来。你们实施的反突击很可能会遇到德军猛烈的坦克和反坦克炮火的压制。所以，在实施行动之前，你们必须对地形和敌情进行周密的侦察。"

里亚贝舍夫刚想说什么，"空袭"警报响了。由于红军的空军在开战的第一天就遭到了惨重的损失，德军已经掌握了制空权。里亚贝舍夫抬头望了望外面的天空，若无其事地说："真倒霉！我们还没有来得及挖防空壕，德国人就来撒野了。这样吧，大将同志，就当我们已经躲在防空壕里好啦！"

朱可夫问道："里亚贝舍夫同志，你刚才想说什么吧？"

里亚贝舍夫笑了笑说："我们也许该吃点东西了！"

朱可夫也笑了，他风趣地说："这个主意不错！我的汽车里还有点吃的东西。"

朱可夫和里亚贝舍夫一边吃着东西，一边研究反突击的计划。就在这时，第八军参谋长和参谋人员走进了帐篷。随后，帐篷外面就传来了俯冲轰炸机的尖啸声和炸弹的爆炸声。里亚贝舍夫和在场的所有军官都在全神贯注地工作着，根本没有把外面的爆炸当回事。

朱可夫在机械化第八军同里亚贝舍夫就一些原则性问题谈妥以后，就在当天傍晚回到了位于捷尔诺波尔的方面军指挥所。就在这一天，联共（布）中央和苏联政府宣布成立最高统帅部。国防人民委员铁木辛哥任主席，斯大林、朱可夫、莫洛托夫、伏罗希洛夫、布琼尼和库兹涅佐夫任委员。铁木辛哥本来建议斯大林任最高统帅部主席，但斯大林改成了铁木辛哥。这实际上造成了最高统帅部里有两位统帅，铁木辛哥是名义上的，斯大林是实际统帅。这种情况在一定程度上浪费了制定和传达命令的时间。

方面军参谋长普尔卡耶夫中将和司令员基尔波诺斯上将向朱可夫报告说："战斗在所有的地段进行，而以布罗德、杜布诺、弗拉基米尔—沃伦斯基地区的战斗最为激烈。机械化第九军和第十九军将于 25 日抵达罗夫诺地区森林中。"

朱可夫看着地图，陷入了沉思。基尔波诺斯接着说："现在看来，无法等到所有的军全部集中才实施反突击。我们的意见是在 24 日向克列瓦尼和杜布诺开始反突击。第五集团军司令员除了协调机械化第二十二军的行动以外，还应协调机械化第九军和第十九军的行动，给这两个军以必要的帮助。"

朱可夫点了点头，认为基尔波诺斯的安排是非常合理的，但他同时建议说："应该检查一下各个军同方面军航空兵之间协同动作的保障。"

6 月 24 日，西南方面军在朱可夫的部署之下成功实施了对德军第一次反突击。在反突击过程中，航空兵与机械化军协同动作起到了很大的作用。反突击实施之后，西南方向的战事暂时稳定下来，德军的行动有所迟缓。

五

西方方面军全面溃败

6月25日和26日两天,红军的反突击行动进行得更加激烈,战斗规模也不断扩大。双方都投入了大量作战飞机,配合地面部队协同作战,双方损失惨重。因为正是由于红军西南方面军在乌克兰的这一行动,使德军迅速突进到基辅的计划受到了遏制。

德军第三坦克集群司令霍特将军在其回忆录中如是评价红军的这次反突击行动:"南方集群处境最为困难。在我左翼兵团当面防御之敌虽被从国境击退,但很快就从遭受突然袭击中恢复过来,用预备队和配置在纵深的坦克部队实施反冲击,阻止了我们的推进。配属于第六集团军的第一坦克集群的战役突破,到6月28日为止都没有发挥应有的作用。敌人强大的反突击是德国部队进攻道路上最大的障碍。"

就在朱可夫指挥西南方面军实施反突击,遏制德军向前推进的速度之时,西方方面军和西北方面军遭到了惨重的打击。一方面,方面军司令部与各集团军司令员之间仍然无法建立稳定的通信联络,各师和各军都各自为战,彼此间缺乏配合。另一方面,德军几乎出动了他们所能出动的所有力量,在战争刚开始就以强大而密集的部署把它们投到所有战略方向上,以对红军实施毁灭性的分割突击。这种情况是包括朱可夫在内的红军高级将领没有预料到的事情。可以说,红军在战略部署上在一开始就输给了德军。

通过瓦杜丁的报告,朱可夫得知,德军的大量装甲坦克部队和摩托化部队已在西方方面军和西北方面军的许多地段上完成了突破,并在白俄罗斯和波罗的海沿岸地区迅速推进。不过,西方方面军还是进行了顽强的阻击。方面军副司令员波尔金中将率第六、第十一两个机械化军和骑兵第六军组成骑兵机械化群于6月24日在格罗德诺与德军中央集团军群爆发了一场激战。

在作战中由于红军缺乏必要的物质供应,反突击行动始终无法顺利推进,虽然在一定程度上遏制了德军的进攻速度,但付出了惨重的代价。机械化第六军军长哈茨基列维奇少将、骑兵第六军军长尼基京少将壮烈牺牲了。

西方方面军司令员帕夫洛夫将损失惨重的第三、第十、第四集团军撤到明斯克附近,利用明斯克的工事组织防御。精疲力竭的第三和第十集团军立足未稳,德军第二装甲集群司令古德里安便率部到达明斯克西南接近地,命令部队全力进攻。红军全线退却,形势极其严峻。

6月26日中午,斯大林给正在塔尔诺波尔西南方面军指挥所指挥作战的朱可夫打电话说:"西方方面军形势严重,敌人已经逼近明斯克。我不明白帕夫洛夫是怎么啦,库利克元帅不知道在哪里,沙波什尼科夫元帅生病了。你能不能马上飞到莫斯科来?"

朱可夫立即回答道:"我马上就去同基尔波诺斯和普尔卡耶夫谈谈下一步的行动,然后动身去机场。"

朱可夫就像一个战场上的救火员一样,红军哪里打得最惨烈,形势最为严峻,斯大林就把他调到哪里去。6月26日深夜,朱可夫抵达莫斯科。在斯大林的办公室里,斯大林、铁木辛哥和瓦杜丁显得十分疲惫,他们的眼睛里充满了血丝。看来,他们这些天并没有好好休息过!

斯大林开门见山地对朱可夫说:"来,大家一起考虑一下,看在目前情况下还能够做些什么?"

朱可夫看了桌子上的西方方面军的军事地图,对斯大林说:"给我们40分钟时间把情况研究一下。"

西方方面军面临的形势十分严峻。第三、第十集团军残部被德军第二装甲集群合围在明斯克以西,正在进行着一场力量悬殊的殊死搏斗。第四集团军也已经精疲力竭,退到普里皮亚特森林中,受到强大的德军集团的追击。

朱可夫分析了形势之后,认为当前在西部边境地区阻击敌人已经不现实,唯有做好长期战争的准备,阻止德军的东进速度,拖垮德军。他的思路是,在通往莫斯科的道路上建立纵深梯次防御,将德军阻止在某一防御地位,然后集中必要的兵力(一部分从西伯利亚等地抽调,主要靠组建新部队)进行反攻。

朱可夫建议以第十三、第十九、第二十、第二十一和第二十二集团军立即在西德维纳—波洛次克—维帖布斯克—奥尔沙—莫吉廖夫—莫孜尔一线构筑防御体系,并动用统帅部预备队的第二十四和第二十八集团军,立即着手在后方构筑防御。

斯大林同意了朱可夫的建议。朱可夫立即向西方方面军参谋长克里莫夫斯基赫将军下达了作战命令。6月29日,明斯克失守,西方方面军一路向东退却,形势继续恶化。

6月30日,西方方面军司令员帕夫洛夫将军被急召回莫斯科。经过8天的战争,帕夫洛夫十分憔悴,他显然在战争中付出了很大的努力。但由于缺乏组织领导能力,西方方面军在他的指挥下损失惨重。最高统帅部解

工作中的朱可夫

除了帕夫洛夫方面军司令员的职务,并将其与西方方面军参谋长克里莫夫斯基赫等几名将军一起被送交军事法庭审判。审判过后,他们被执行了枪决。

为了扭转败局,斯大林把他倚重的强将统统放到了最前线,铁木辛哥被任命为西方方面军司令员,叶廖缅科元帅为副司令员,马兰金中将为参谋长。西北方面军司令员库兹涅佐夫上将也被解除了职务,由第八集团军司令索别尼科夫少将接任,瓦杜丁被任命为西北方面军参谋长。

与此同时,苏联国防委员会成立了,布尔加宁、伏罗希洛夫、沃兹涅先斯基、卡冈诺维奇、马林科夫、米高扬、莫洛托夫和斯大林任国防委员,次日,斯大林就任国防委员会主席。7月3日,斯大林代表苏共中央发表了广播演说,号召苏联人民不惜一切代价粉碎德军的进攻。

为了加强对军队的控制,联共(布)中央于7月上旬改组了军队中的政治机关,取消了单一首长制,重新实行政委制度。联共(布)中央将50多名中央委员和候补委员,100多名加盟共和国党中央、州委书记等派往军队直接担负军事工作。

铁木辛哥到任后立即组织了比亚韦斯托克—明斯克会战。7月9日,会战结束。西方方面军遭到了毁灭性的打击,第三、第十集团军全军覆没,第十三集团军损失达60%～70%。第十三集团军司令菲拉托夫中将、第十三机械化军军长阿什柳斯廷少将阵亡,只有第十三集团军的第四十五步兵军突出了重围。

西方方面军的失利,使苏德战场上的兵力和装备对比变得对德军更加有利了。在短短的半个月时间里,德军就已深入到苏联腹地500～600公里,夺取了重要的经济和战略要地。红军面临着兵力和装备严重不足的局面,根本无法组织纵深防御。朱可夫认为,必须为红军重新组织兵力赢得时间,否则,红军必败无疑。

此时,斯摩棱斯克已经成为德军通往莫斯科的主要障碍了。拿破仑入侵沙俄之时便是被阻截在该城之下而宣告失败的。德军企图以强大的突击集团分割红军西方方面军,将其合围在该地,并派装甲集群绕过斯摩棱斯克,直扑莫斯科。这一战打得异常惨烈,红军指战员进行了殊死抵抗。许多红军的军长、师长也都披挂上阵，与德军展开了肉搏战。在此战中，红军第六十三军军长彼得罗夫斯基将军英勇牺牲了。在双方纠缠在一起的时候，德军装甲集群绕过红军的防御，从侧翼攻入了斯摩棱斯克。

斯大林闻讯，勃然大怒，立即命令由总预备队组成一个新的方面军，包括第二十九、三十、二十四、二十八、三十一和三十二集团军，由波格丹诺夫将军指挥，部署在西方方面军后方，建立防御正面。德军也立即调来大批增援部队，与红军厮杀到了一处。双方都知道这一仗的重大意义。德军如果赢得了这一仗，就能拿下苏联的首都莫斯科。红军如果赢了此战，就能为重新组织兵力赢得宝贵的时间。朱可夫感叹道："这次会战具有极其残酷的性质。"

最终，红军基本达成了目的，严重削弱了德军突击集团的力量。7月30日，希特勒下令德军中央集团军群转入防御，战线在大卢基—亚尔采沃—克里切夫—日洛宾一线巩固下来。德国方面称，这次会战让德军损失了25万人。斯摩棱斯克会战是红军取得的一个重大的战略胜利。朱可夫终于松了一口气，因为这将为红军赢得准备战略预备队和在莫斯科方向采取防御措施所需的宝贵时间。

· 第七章 ·

保卫苏联的精神中心

一

意见相左，调往前线

斯摩棱斯克会战以后，西线的战事暂时告了一个段落。西北方面军与德军北方集团军群的战斗仍在激烈地进行着，西南方面军与德军南方集团军群的战线已经趋于稳定。朱可夫认真研究了各个战场的情况，发现德军已经逼近列宁格勒。作为总参谋部的总参谋长，朱可夫立即召集了作战部长兹洛宾、华西列夫斯基等高级将领对整个形势进行了讨论。

朱可夫认为，德军暂时不会进攻莫斯科，因为红军中央方面军和西南方面军对德军中央集团军群翼侧构成了很大的威胁。德军很可能会在西北方向上加强兵力部署，夺取列宁格勒，同芬兰军队会合。实际上，朱可夫的这一判断是十分正确的。7月19日，希特勒发布了下一阶段作战的指令，命令中央集团军群的装甲部队开往两翼，其中古德里安装甲兵团掉头向南，与红军西南方面军作战；霍特装甲兵团则转而向北，去协助德军北方集团军群攻打列宁格勒。

7月29日，朱可夫给斯大林打电话，将他发现的情况向斯大林做了汇报。斯大林让他到办公室当面谈谈。朱可夫便携带了一张战略形势图、一张德军部署图以及红军当前的状况等资料，来到了斯大林的办公室。斯大林叼着烟斗，在房间里踱来踱去，抬头望了望朱可夫，对他说："好了，现在开始报告你的想法吧。"

朱可夫如实汇报了自己的判断。斯大林眉头紧锁，微微俯身仔细地看着地图。红军总政治部主任麦赫利斯是一个善于察言观色之人，他发现斯大林对朱可夫的判断有些不屑，便在一旁挖苦朱可夫道："你从哪里知道德军将如何行动的？"

朱可夫回答道："我不知道德军将要行动的计划。不过，总参谋部的建议是基于对德军，尤其是对德军在战略性战役中起主导作用的装甲坦克和机械化部队的动向分析提出来的。"

朱可夫看了一眼麦赫利斯，继续说："莫斯科战略方向上的德军经斯摩棱斯克会战之后在短时间内无法实施进攻战役。列宁格勒方向上的德军在没有得到补充兵力之前，也不可能夺取列宁格勒。至于西南方面，德军正在乌克兰与红军对峙。而我们最薄弱和最危险的地段是中央方面军，德军可能会在这里撕开缺口，向西南方面军的侧翼和后方实施突击。"

斯大林瞟了朱可夫一眼，高声问道："那么，你的建议是什么？"

朱可夫平静地说："首先必须加强中央方面军，给它增加至少3个炮兵加强的集团军。另外，要向中央方面军委派一位经验丰富、能干的司令员。瓦杜丁就不错！西南方面军必须全部撤过第聂伯河，把兵力集中起来，以免被敌包围，陷入被动。"

斯大林突然站起来，厉声问道："那么，基辅怎么办？"

朱可夫早就预料到了斯大林会是这种反应。基辅是乌克兰的首都，放弃了基辅对斯大林，对所有苏联人意味着什么，朱可夫怎能不知道呢！不过，他是一名军人，是红军的高级指挥员，不能感情用事，他必须从整个国家和民族的利益来考虑全局。想到这里，朱可夫盯着斯大林的脸，斩钉截铁地说："基辅不得不放弃，在西部方向需要马上组织反突击夺回叶利尼亚的突出部，这个桥头堡可能被敌人用来进攻莫斯科。"

斯大林顿时发起怒来，他冲着他一向信赖的总参谋长吼道："反突击？哪里还有什么反突击？胡说八道，把基辅交给敌人，亏你想得出来。"

朱可夫回敬道："如果你认为总参谋长只会胡说八道，那么还要他干什么？我请求解除我的总参谋长职务并把我派到前线去。我在前线可能会对祖国的未来产生更大的作用。"

斯大林瞅了瞅朱可夫，有些不耐烦地说："请你冷静些，如果这样提出问题，那么我们缺了你也能行。你回去吧，我们研究之后再叫你。"

半小时后，斯大林重新把朱可夫叫到了办公室。当着朱可夫的面，斯大林宣布道："你总参谋长的职务被解除了，由沙波什尼科夫接任。你愿意去哪里？"

朱可夫回答说："我可以做任何工作，可以指挥一个师，一个集团军，一个方面军。"

斯大林抽了一口烟斗，语气缓和了许多。他对朱可夫说："冷静些！

你刚才说要在叶利尼亚附近组织一次战役，那就请你负责这件事吧。"

停顿了一下，斯大林又补充道："必须把勒热夫—维亚济马防线上各预备队集团军的行动统一起来。现在任命你为预备队方面军司令员。"

宣布任命之后，斯大林又留朱可夫在他的办公室坐了一会儿，两人喝着茶，但什么话也没有说。不过可以看出，斯大林的心情已经好了许多，他的脸上露出了笑容。

朱可夫把参谋部的工作向沙波什尼科夫做了交接，便动身到了预备队方面军司令部所在地格扎茨克。预备队方面军参谋长是利亚平少将，炮兵司令员是戈沃罗夫少将。朱可夫同他们早就认识，而且还是不错的朋友。更为重要的是，这两位都是精通军事的行家。因此，朱可夫为能与他们一起工作而感到十分舒畅！

朱可夫在抵达司令部之后，利亚平和他的助手立即向他汇报了预备队方面军的作战情况和当面德军的情况。朱可夫和利亚平认真研究了影响准备和实施叶利尼亚战役的各种条件。随后，朱可夫便同炮兵司令戈沃罗夫等人一起到了第二十四集团军司令部。第二十四集团军正在和当面的德军进行猛烈的炮战。战况异常惨烈，大半个天空都被火光映红了。在跟第二十四集团军司令员拉库京及所属各兵种司令员认识之后，朱可夫发现拉库京在战役战术素养方面显然缺乏必要的训练。

第二天一早，朱可夫便在拉库京的陪同下勘察了叶利尼亚地区的地形。到达前线之后，朱可夫更加诧异了，部队根本就没有弄清楚德军的火力部署，完全是在向想象中的德军火力据点进行炮击。这样的炮击根本就起不到多大的效果，而且还要消耗大量的弹药。最为要命的是，第二十四集团军根本就不具备实施反突击的能力。无论在兵力，还是技术装备上，第二十四集团军都还十分欠缺。

朱可夫元帅

朱可夫判断，要打赢这场战役，还有大量的准备工作要做。首先要增调 2~3 个师和炮兵部队，更深入地研究德军的防御体系，并增强部队的物质和技术保障器材。这些准备工作至少需要 10~12 天的时间。朱可夫决定将错就错，继续采用过去的方式，以火炮、迫击炮和步机枪不间断地射击德军的阵地，一方面疲惫敌人，另一方面也好掩护红军的战役部署在秘密中进行。

一切准备工作都在有条不紊地进行着。到 8 月中旬，预备队方面军已经腾出手来，以部分兵力转入进攻，夺取了一些地区，重创了德军。当面的德军不得不把两个被打得七零八落的坦克师、一个摩托化师和一个摩托化旅撤走，换上了步兵兵团。

经过这段时间的侦察和实战经验，朱可夫已经完全了解了德军的防御体系，并找出了对方步兵兵团的弱点。德军士兵在炮火的重创下，往往不进行瞄准射击，而是在掩体中漫无目标地射击，力图震慑进攻者。这种漫无目的的射击对红军的进攻部队根本无法构成多大的威胁。红军战士们很快便不再理睬德军的这种闹剧，义无反顾地往对方阵地扑去。至此，朱可夫制定了周密的炮兵射击计划和航空兵突击计划，并对预备队方面军所属的各部队和兵团规定了全歼德军的具体任务。

就在预备队方面军的战役准备工作就绪之时，朱可夫得知，斯大林和西南方面军军事委员会都反对把红军撤出基辅。朱可夫对抓到的俘虏进行了审问，发现德军中央集团军群在莫斯科方向已经暂时转入防御。德军的意图已经十分明显了，他们就是要先攻击红军中央方面军，尔后向西南方面军翼侧和后方实施突击。朱可夫原来的预测是正确的。于是，他便在 8 月 19 日向斯大林发了一封电报，作了详细说明，并建议斯大林做好防御工作。

当天，朱可夫便收到了最高统帅部的复电。斯大林和总参谋长沙波什尼科夫认为朱可夫的分析是正确的，并以叶廖缅科为首，组成了布良斯克方面军，进行防御。

朱可夫对匆忙建立起来的布良斯克方面军的战斗力感到十分担忧。实际上，总参谋长沙波什尼科夫和朱可夫一样，都对布良斯克方面军的战斗力表示怀疑，并认为该方面根本无法抵挡德军的进攻。朱可夫一再向最高统帅要求尽快把西南方面军整个右翼部队撤到第聂伯河东岸，但斯大林始终要求西南方面军竭尽全力扼守第聂伯河以西和基辅以西的防御正面。

这时，预备队方面军的战役准备工作已经全部完成。朱可夫向最高统帅部做了汇报，并按照他的建议批准了作战计划，即在8月30日以左翼的第二十四和第四十三集团军转入进攻，粉碎德军叶利尼亚集团，夺取叶利尼亚，然后向波奇诺克和罗斯拉夫利方向实施突击。

二

叶利尼亚战役大败德军

叶利尼亚正面的德军阵地是一个向预备队方面军突出的部分。朱可夫决定,对德军突出部两边的根部同时实施两个指向叶利尼亚以西的向心突击,拔掉这个钉子。另外,他还决定以次要兵力在其他一些地段上对整个叶利尼亚突出部发起进攻,以迷惑德军,让其找不到红军的主攻方向。

此时,德军防御纵深内已经没有大量的快速预备队了,古德里安坦克第二集群的主力已向南运动,去对付西南方面军了。因此,朱可夫的这个计划可谓是十分周密的,可以说是万无一失。

8月30日拂晓,朱可夫下令进行炮火准备。预备队方面军随即全面转入了坚决的进攻之中。拉库京率领第二十四集团军担任主攻任务,从东北方向对叶利尼亚发起进攻。第四十三集团军的几个兵团从东南方向进攻,直到与第二十四集团军的部队会师为止。

叶利尼亚战役打响了。此时,希特勒正在实施合围并消灭红军基辅集团的计划。对整个战局来说,扼守叶利尼亚,迫至红军的预备队方面军,保证他们不要前出到德军中央集团军群防御的翼侧和后方就显得异常重要了。因此,希特勒下令,部队必须严防死守。整个战线的战斗进行得十分残酷。

在朱可夫的指挥下,方面军将全部飞机、坦克、火炮都投入了战斗。步兵、炮兵、航空兵和坦克兵密切协同,对德军阵地实施了猛烈的突击。德军坦克第十师、摩托化第十七师和步兵第十五师在红军的打击下被彻底消灭了。希特勒急忙把精锐的摩托化帝国党卫师调到叶利尼亚方向。帝国党卫师编制内的"德意志"、"元首"、"埃尔弗"三个精锐团是德军中最精锐的部队。希特勒对他们寄予了很大的希望。但他们也没能挡住红军反攻的步伐，党卫师和防守突出部的其他德军部队一样，败得一塌糊涂。

9月1日，正当叶利尼亚战役进入尾声之时，斯大林的秘书波斯克列贝舍夫打电话给朱可夫，对他说："朱可夫大将，你好！我向你传达斯大林同志的指示。你能否马上到莫斯科来？如果能来的话，请你把工作暂时交给拉库京或波格丹诺夫，然后动身。"

朱可夫回答道："我刚接到在罗斯拉夫利地区作战的第二一一师的坏消息，他们后退了5~6公里，使步兵第一四九师陷入了不利的境地。我打算今夜到第二一一师去收拾残局。所以我请求最高统帅部，如果可能的话，请把行期推迟。如果不行的话，我马上把工作交给副手波格丹诺夫，立即动身。"

这时，斯大林接过了电话，问道："叶利尼亚的情况怎么样？"

朱可夫回答道："情况不错，我军现已推进到叶利尼亚至斯摩棱斯克的铁路。如果命令我走的话，我立即把工作交给副手波格丹诺夫，马上动身。"

斯大林沉思了一下，回答道："在这种情况下，你可以推迟来莫斯科的行期，快点到阵地上去吧。"

朱可夫进一步问道："我原打算在近两天内到统帅部去的。现在是否按照我的计划行事？"

斯大林说："好的，你可以按自己的计划行事。"

朱可夫终于放下了心，如果最高统帅不同意，战役的最后阶段也许他就不能参加了。不过，他已经感觉到，斯大林之所以着急召他回去，肯定是基辅或列宁格勒方向出现了问题。

叶利尼亚前线的情况越来越有利于红军。德军的援兵步兵第一五七、一七八、二六八和二九二师也没能挡住红军的进攻锐气。红军按照朱可夫的部署，从两翼包围敌人，切断敌人的退路。叶利尼亚突出部的咽喉已经被红军牢牢控制住了。

在叶利尼亚战役中，鲁西亚诺夫少将指挥的步兵第一〇〇师表现异常英勇顽强。他们的任务是从北面实施突击，在6公里宽的地段内突破防御，粉碎当面之敌，切断敌集团从叶利尼亚地区向西逃窜的退路。9月5日傍晚，第一〇〇师终于粉碎了德军的顽强抵抗，深深地楔入到德军的防御，并前出到敌军集团的后方路上，有力地配合集团军其他兵团占领了城市。

这场战役结束后，为了表彰第一〇〇师的功勋，最高统帅部将其改为近卫步兵第一师。随后，步兵第一二七师、一五三师、一六一师也随之依次改名为近卫步兵第二、三和四师。这是苏联的第一批近卫军。

9月5日夜间，德军残部从尚未被堵死的咽喉部撤出了叶利尼亚地区，丢下大量尸体、伤员、打坏的坦克和其他重武器。叶利尼亚一役，红军消灭了德军近5个师的兵力，击毙（伤）德军4.5～4.7万人。红军在朱可夫的指挥之下取得了重大胜利。

9月6日早晨，红军顺利地进入了叶利尼亚城。原本藏在各处躲避德军的居民很快拥到了大街小巷之上，唱起了欢快的歌，跳起了欢快的舞蹈，欢迎红军战士。

苏联的火箭炮在这一役中给了德军极大的震撼，"喀秋莎"的炮弹能轰平大片地区。德军的防御工事在"喀秋莎"的轰鸣中几乎被完全摧毁了。

叶利尼亚战役结束了，但朱可夫和所有的红军战士一样，还不能放松。朱可夫命令预备队方面军继续追击德军。9月7日，预备队方面军一部渡过了斯特里亚纳河，并奉命协同索宾尼科夫将军的西方方面军军队集群继续发展进攻。

叶利尼亚战役的胜利极大地提高了红军部队的士气，红军战士们胜利的信心也增强了。各部队更有信心地抗击德军的冲击，以火力杀伤敌人，并协同一致地转入反冲击。第二十四集团军左翼的德军叶利尼亚突出部被铲除了。但在整个作战过程中，许多年轻的指战员由于缺乏经验而酿成的失误也让红军付出了惨重的代价。

9月9日，朱可夫忽然接到了总参谋长沙波什尼科夫的电报。电报上说，最高统帅斯大林要朱可夫在当天晚上8点以前赶到最高统帅部。

让朱可夫感到为难的是，斯大林向来不允许部属迟到。由于朱可夫还没有对叶利尼亚战役中出现的失误进行反思，而且第二十四集团军左翼也需要进一步整顿。朱可夫算了算时间，他肯定要迟到了。

朱可夫略微考虑了一下,给总参谋长发了一份电报,称:"请报告最高统帅:由于这里的形势,我将迟到一个小时。"

当天晚上,朱可夫在去莫斯科的途中一直在考虑如何向斯大林解释他迟到的原因。汽车在克里姆林宫前面停了下来。朱可夫刚下汽车,一道刺眼的手电筒光就照到了他的脸上。手持电筒的是斯大林的卫队长弗拉西克将军。他对朱可夫说:"最高统帅命令我接你,并送你到他的住处。"

朱可夫点了点头,没有说话,跟在他后面到了斯大林位于二楼的住处。刚走进餐厅,朱可夫就发现斯大林、莫洛托夫、谢尔巴科夫和其他政治局委员都在座。他讪讪地说:"斯大林同志,我迟到了一个小时。"

斯大林看看自己的表说:"不,一个小时零五分钟。你先坐下来吃东西吧!"

朱可夫坐了下来,尽管在指挥叶利尼亚战役的这些日子里,他还没有好好吃过一顿饭,但他并没有吃东西。因为他注意到斯大林全神贯注地看着列宁格勒形势图,政治委员们也都默不作声地坐着。

斯大林终于离开了地图,对朱可夫说:"我们再次研究了列宁格勒的局势。德军已经占领了施吕瑟尔堡,而且在9月8日轰炸了巴达耶夫食品库,毁坏了大量食品储备。我们同列宁格勒的陆上联系已被切断。居民的处境很困难。芬军正从北面进攻卡累利阿地峡,得到坦克第四集群加强的德军北方集团军群正从南面向城市进攻。"

一位国防委员会委员说:"我们刚才报告了斯大林同志,列宁格勒方面军的首长恐怕不能扭转那里的局势。"

斯大林不满意地看了说话人一眼,但仍然沉默着,聚精会神地看着地图。突然,斯大林问道:"朱可夫同志,你对莫斯科方向的形势有什么看法?"

朱可夫明白,斯大林是他要通盘考虑各方面军的形势。朱可夫回答说:"德国人目前肯定要大力补充自己的军队。据从德军中央集团军群捉来的俘虏供称,他们伤亡很大,部分部队的伤亡甚至超过了50%。如果德国人不结束列宁格勒战役,不与芬军会合,未必能够在莫斯科方向上展开进攻。"

听到这里，斯大林满意地点了点头。朱可夫继续说道："这只是我个人的意见。希特勒当局可能会有另外的打算和计划。但不管怎样，我们在莫斯科方向上必须随时准备进行顽强的防御。"

斯大林又询问了一些关于叶利尼亚战役的情况之后，突然对朱可夫说："你到列宁格勒去，接替伏罗希洛夫指挥方面军和波罗的海舰队。"

朱可夫没有料到斯大林会派他到列宁格勒方面军去，但还是答应了这个任命。斯大林满意地点了点头，对朱可夫说："这就很好。不过请你注意，你要飞过战线或者德国空军控制的拉多加湖才能到达列宁格勒。"

朱可夫点了点头。斯大林在便条上写了几个字，交给朱可夫，对他说："你把这个便条亲手交给伏罗希洛夫同志。"

朱可夫看了一眼，便条上写着："请将方面军交给朱可夫指挥，然后立即飞回莫斯科。"

斯大林补充道："最高统帅部关于你任职的命令，等你到了列宁格勒之后再下达。"

朱可夫明白，斯大林担心他根本无法到达列宁格勒就会被德军干掉。朱可夫点了点头，请求道："我请求最高统帅允许我带两三位将军一起去，到那里任用。"

斯大林微笑着说："好，你愿意带谁就带谁去吧。"

临行前，斯大林又就改组西南方面军指挥部的问题征求了朱可夫的意见，问他派谁去任方面军司令比较合适。朱可夫推荐了时任西方方面军司令的铁木辛哥元帅，并推荐第十九集团军司令员科涅夫中将接替西方方面军司令。斯大林同意了朱可夫的建议。

最后，朱可夫再一次建议斯大林，放弃基辅，将西南方面军的所有部队全部调到第聂伯河以东地区。因为除了列宁格勒方向之外，那里是最危险的地方。斯大林没有给朱可夫明确的回复，只说要考虑考虑。

三

稳定列宁格勒的防线

在朱可夫准备赶赴列宁格勒之时,斯大林同总参谋长沙波什尼科夫、铁木辛哥等人讨论了西南方面军的情况,否定了朱可夫将部队调到第聂伯河以东的建议。朱可夫对此感到有些不快。斯大林安慰他说:"我们是信任你的。"

临行前,朱可夫去看望了时任第一副总参谋长的军事天才华西列夫斯基。当时,华西列夫斯基具体负责西南方向的问题。朱可夫问他对西南方向的形势有什么看法。华西列夫斯基回答道:"我想,我们把军队撤过德涅伯河,为时已经太晚了!"

显然他原本也是同意朱可夫的意见,将军队撤过第聂伯河的。不过,由于战场的形势瞬息万变,此时再将军队撤离已经不太现实了。朱可夫无奈地苦笑了一下,离开了总参谋部。

9月10日,朱可夫带领着他亲自挑选的霍津中将、费久宁斯基少将和科科佩夫少将乘专机飞往列宁格勒。列宁格勒一直是俄罗斯帝国的首都,直到苏维埃政权建立之后才迁都莫斯科。当时,列宁格勒是苏联第二大城市,也是最重要的海港和工业、文化中心。这座城市的意义对苏联而言到底有多大,不管是德军还是红军都十分清楚。

希特勒曾一度叫嚣,要把列宁格勒和莫斯科夷为平地,"不仅使布尔什维克主义,也使莫斯科人的民族主义失去中心。"德国海军司令部命令说:"元首决定把彼得堡城从地球上抹掉。你们应将城市严密封锁,用火炮和不停的轰炸把它夷为平地。如果他们由于城内造成的情况要求投降,也应予以拒绝。"

很明显,德军是要彻底摧毁红军和俄罗斯民族的抵抗意志。只要他们占领了涅瓦河上的这座城市或将其彻底毁灭,很大一部分俄罗斯人就会失去精神中心。从军事战略上来说，一旦占领了列宁格勒，德军就可以与从北方侵入苏联的芬兰军队会合，巩固法西斯在苏联的占领地位。而且，只有迅速夺取列宁格勒，第四坦克集群编成内的所有坦克和机械化兵团才能抽调出来，去攻打莫斯科。

对苏联来说，一旦列宁格勒有失，红军就必须从北面建立保卫莫斯科的新战线，并消耗掉最高统帅部准备用于保卫首都的战略预备队。而且，强大的波罗的海舰队也会从此失去任何作用，跟苏联内陆失去联系。

德军陆军元帅冯·莱布指挥的北方集团军群在1941年7~8月的西北方向作战中占领了列宁格勒州的大部分地区。9月8日，德军攻占了施吕瑟尔堡后，切断了直属统帅部的红军第五十四军与列宁格勒方面军联系的最后一条陆路交通线，封锁了列宁格勒。在爱沙尼亚境内作战的列宁格勒方面军第八集团军也退守芬兰湾沿岸一线，只能从水上和空中同列宁格勒方面军保持联系。

列宁格勒的局势十分严峻。德军在城市外围不断向城区进行炮击和飞机轰炸。地面部队，尤其是大量的坦克和机械化兵团集中到了通向乌里茨克、普尔科沃高地、斯卢茨克的接近地上。朱可夫判断，德军要向列宁格勒发起总攻了。

抵达列宁格勒方面军司令部所在地斯莫尔尼宫之时，门卫拦住了朱可夫一行，索取通行证。朱可夫非常焦急，他脱口而出："快放我们进去，我是朱可夫大将。"

卫兵行了一个漂亮的军礼，回答说："将军同志，您只好等一下。我去找卫队长。"

大约15分钟之后，方面军司令部卫队长才赶到，把朱可夫一行领进了斯莫尔尼宫。方面军司令伏罗希洛夫正在举行方面军军事委员会会议。朱可夫迫不及待地走进了会议室，把斯大林的便条交给了伏罗希洛夫。伏罗希洛夫元帅默默地读完了信，轻轻点点头，将信递给了时任列宁格勒方面军军事委员会委员日丹诺夫，继续开会。日丹诺夫是联共（布）党中央委员会书记，由他到列宁格勒方面军担任军事委员会委员，可见列宁格勒的重要性。

军事委员会讨论的结果是，要尽全力扼守列宁格勒，直到流尽最后一滴血。如果一旦扼守不住，就把一些重要的军事、工业及其他目标破坏掉，不留给德军任何可用的东西。这一刻，在场的每个人都感到，要守住列宁格勒，绝不是一件简单的事情。

会议结束后，朱可夫遵照斯大林的亲笔信就任列宁格勒方面军司令员。最高统帅部的任命在第二天才签发。列宁格勒的形势越来越严峻，朱可夫如何才能扭转如此被动的局势呢？

朱可夫不顾长途跋涉的劳累，在当天夜里就同日丹诺夫、伏罗希洛夫、海军上将伊萨科夫、方面军参谋长和方面军务兵种司令员讨论了局势和保卫列宁格勒的补救措施。朱可夫曾于1924年在列宁格勒骑兵指挥员进修班学习过。当时，他曾仔细勘察过列宁格勒及其近郊的防御工事。尽管时间已经过去了十几年，但作战地域还完全保留着原状。

第四十二集团军防御地段受到了德军极其猛烈的攻击。在交战中，第四十二集团军司令员已经用尽了自己的预备队。也就是说，如果德军再组织兵力朝这一方向进攻的话，整个防线会在顷刻间土崩瓦解。在列宁格勒东南接近地进行防御的是拉托列夫将军指挥的第五十五集团军。第五十五集团军的编成很小，兵力极其有限。如果德军进攻此处，第五十五集团军也根本没有招架之力。

科尔皮诺城郊的战线已接近该城的伊若拉工厂。伊若拉工厂是列宁格勒方面最重要的军事工业之一，当时全厂正在为前线生产兵器。为了保住工厂，工厂的大部分工人都已经报名参加。德军在此处突破列宁格勒城的战役企图以失败而告终。但整个防线已经是岌岌可危，似乎用手一推就会轰然倒塌。

朱可夫决定，立即从城市防空部队中抽调部分可以射穿坦克的高射炮，并将其配置到最危险的地段，以加强部队反坦克的能力；在各个易受攻击的方向上立即组织纵深梯次配置的、健全的防御，在通向城市的要道上密集布雷，铺设部分带电网的障碍物；从卡累利阿地峡（芬军在这里受阻）抽调第二十三集团军的部分兵力给第四十二集团军；将方面军所拥有的火器全部下发到部队，另外再将波罗的海舰队所有的舰炮火力集中支援这里。

与此同时，朱可夫命令波罗的海舰队水兵、列宁格勒各院校的师生立即组建5~6个独立步兵旅，限6~8天内完成。这些措施从9月11日清晨开始执行。

德军每天不间断地炮击列宁格勒城，其主要目的是杀伤红军的有生力量，破坏工厂和重要建筑物，以此来摧毁列宁格勒人的精神。生产重型坦克的基洛夫工厂已经成了城市防御的大型支撑点。由于工人大都参加了红军，少年、妇女和退休工人便顶替他们生产。车间离前线太近了，面向前线的窗户不得不用铁板和沙袋挡上。在空袭和炮击时，勇敢的工人们从不停止工作。

法西斯匪徒不顾一切地进攻。在顿斯科伊上校指挥的内务人民委员部边防部队步兵第二十一师防守的施吕瑟尔堡地域内，德军企图在波罗什—涅瓦杜布罗夫卡—英斯科杜布罗夫卡地段渡过涅瓦河。他们驱赶附近的苏联妇女、儿童和老人走在部队的前面，以阻止红军的炮击。

形势越来越严峻，德军已经逼近到了列宁格勒城市附近。朱可夫决定采取有效而坚决的行动，日夜连续反击德军，使其疲惫，消耗其有生力量和技术兵器，破坏其进攻措施。这首先要在部队中建立严格的秩序和纪律，大大改进军队指挥。9月11日，朱可夫上报最高统帅部，任命霍津将军为方面军参谋长。9月14日，他又任命自己带来的费久宁斯基将军为第四十二集团军司令员。

朱可夫十分重视海陆空三军的协同作战。在他的指挥下，空军司令员诺维科夫上将指挥舰队和方面军的航空兵有效地支援了地面部队，击退了德军的数次攻击。伊萨科夫海军上将是朱可夫在波罗的海舰队的海军代理人，他按照朱可夫的命令，迅速组建了6个海军陆战队独立旅，将其转交给了列宁格勒方面军。他同方面军炮兵司令员斯维里多夫一起，很快就组织好了舰队和方面军的协同动作，建立了强大的与敌炮兵作斗争的远战炮兵群。至此，列宁格勒方面军的情况有所好转，但战线防守依然十分吃力。

德军在此时加紧了对列宁格勒的进攻，因为希特勒希望能把第四坦克集群的机动兵团抽出来，调给莫斯科方向的德军中央集团军群使用。9月13日清晨，德军以2个步兵师，一个坦克师和一个机械化师的兵力，开始向乌里茨克总方向进攻，并迅速摧毁了红军的防线，占领了康斯坦丁诺夫卡、索斯诺夫卡、芬兰科伊洛沃，并向乌里茨克推进。德军欢声雷动，以为拿下列宁格勒已经是近在眼前的事情了。

列宁格勒方面军军事委员会清楚地认识到，列宁格勒的防御形势非常危急。为了消除严重威胁,决心将方面军的最后一个预备队——步兵第十师投入战斗。这是最后一个了!决心本身含有巨大的冒险性。9月14日早晨,步兵第十师与友邻兵团协同,在航空兵支援下,对德军实施迅猛的反突击。经过激烈的战斗,德军放弃了索斯诺夫卡和芬兰科伊洛沃,退回原处。防御又恢复到了原处。

四

列宁格勒保卫战的胜利

朱可夫指挥部队对德军进行了有力的反击，冯·莱布指挥的德军北方集团军群逐渐陷入了被动之中。在正面上，德军分成3个集团，其主力部队——坦克和步兵从南面指向列宁格勒。由于郊区建筑物密集并有大片森林，德军的坦克部队只能沿道路进攻。朱可夫抓住德军部队的这一弱点，在沿途用大量的炮兵和迫击炮进行严密的火力封锁，并派航空兵的轰炸破坏道路，迟滞德军的进军速度。这些反击措施为列宁格勒方面军组织积极的反机动措施赢得了必要的时间。

红军友邻部队在列宁格勒周边的部署也对列宁格勒方面军的防御起到了很大的作用。第八和第五十四集团军在外围吸引了德军的大量兵力，减轻了列宁格勒方面军的压力。抓住这一有利时机，朱可夫决定在9月18日之前，再组建并装备5个步兵旅，2个步兵师。这些军队的主要部分加强给第四十二集团军，以建立集团军第四道防御地区。第四十二集团军处在最危险的方向上，只有保证这里的胜利才能粉碎德军进攻列宁格勒的企图。

就在一切都在有条不紊地进行之时，总参谋长沙波什尼科夫来电，最高统帅部试图以第五十四集团军从东面突击，解除敌人对列宁格勒的封锁，要他指派部队进行接应。朱可夫没有答应沙波什尼科夫的这一命令。因为列宁格勒方面已经把所有的部队都用到了主要方向上，从中抽调任何一支部队，都意味着将城市让给德军。

最后，朱可夫只派了一个师和涅瓦河战役集群一个旅的兵力同第五十四集团军相向进攻。但是要如此薄弱的兵力完成如此重大的任务是不可能的。因为，部队要在德军连续不断的火力下，强渡水势汹涌、宽达800米的涅瓦河，然后穿过沼泽地和森林向敌人冲击。在缺乏必要的技术装备和兵力的情况下，这一行动只能对德军造成不痛不痒的骚扰。

而后，最高统帅部要求第五十四集团军更坚决地行动，并同列宁格勒方面军的部队密切协同，接触德军对列宁格勒的围困。遗憾的是，第五十四集团军司令员库利克元帅为了保住自身的安全，对解除列宁格勒的危机并不十分关心。这就使得德军对列宁格勒的进攻变得更加积极了。德军北方集团军群司令冯·莱布元帅也信心满满地要在德军开始进攻莫斯科之前，结束列宁格勒战役。

9月15日清晨，德军再次向第四十二集团军发起了猛烈的进攻。德军加强有坦克的4个师，在空中密集突击的支援下连续向前突进，将红军第十、第十一师击退到沃洛达尔斯科耶和乌里茨克镇南郊。形势变得更加危急了。

朱可夫当机立断，将重新组建的内务人民委员部边防部队步兵第二十

1943年9月卫国战争期间朱可夫在指挥部

一师、民兵第六师和由水兵及各防空部队人员组成的两个步兵旅加强给第四十二集团军，建立了强大的第二梯队，构成了防御的战术纵深。

在建立第二梯队的时候，民兵第六师不熟悉防御体系，朱可夫便让方面军工程处处长比切夫斯基上校带领他们去。在抵达列宁格勒之初，为了欺骗德军，朱可夫曾让比切夫斯基用木头制造了大量的道具坦克，摆放在防线上。这一招不但震慑了德军，也使得他们频频派出飞机进行轰炸，损耗了大量的弹药。

当时比切夫斯基一直在前线检查防线和反坦克防御工事。朱可夫派人找了好久，才找到他。当比切夫斯基满身泥水地走进朱可夫的办公室之时，朱可夫和日丹诺夫都在那里俯身看地图。朱可夫看见比切夫斯基，板着面孔说："你总算来了。我们找了你一夜都没找到，你到哪里鬼混去了？我猜你是睡大觉去了！"

比切夫斯基委屈地说："我在执行您的命令，检查环行路一带的防线和反坦克防御工事。"

朱可夫厉声问道："第四十二集团军司令员知道这一防线吧？"

比切夫斯基回答说："今天下午我发了一张这条防线的地图给集团军参谋长别列津斯基将军。费久宁斯基将军到部队巡视去了。"

朱可夫没好气地说："我不是问你把地图交给了谁，我关心的是另一个问题：你知道集团军司令员是否知道这条防线？"

比切夫斯基脱口而出："费久宁斯基将军就在外面会客室里等着。"

朱可夫勃然大怒道："你不告诉我，我也知道他在这里。你考虑到没有，如果民兵第六师今夜不进入环形路这条防线，德国人就会突入城内！那时我就要像对待叛徒一样在冬宫前枪毙你。"

比切夫斯基愣住了，他唯唯诺诺地说："司令员同志，请允许我现在和费久宁斯基一道去，我们将带领那个师进入准备好的防线。"

朱可夫说："你总算明白了，快带他们到那里去！记住，如果9点前不把那个师部署好，我就枪毙你。"

当比切夫斯基走出朱可夫的办公室时，费久宁斯基正在客厅里面带微笑着对他说："不要不高兴，工程处长。你还算是比较幸运的。他刚才还说要把我们和军事委员一起绞死呢！"

比切夫斯基苦笑着和费久宁斯基一起奔赴民兵师。第二天早晨，民兵第六师安全地进入了防线。在战时，朱可夫下命令时往往不会考虑部将的情感，态度非常强硬。不过他这一脾气也使得他在部将中树立了铁骨铮铮的形象。

当德军进抵沃洛达尔斯科耶镇和乌里茨克后，其突击集团的左翼拉得过长。朱可夫发现之后，立即命令第八集团军的兵力对其实施反突击。为了加强反突击的效果，朱可夫将第四十二集团军应参加反突击的步兵第十、十一师和民兵第三师转隶给了第八集团军。同时，第八集团军的步兵第一二五、二六八师调作方面军预备队。如此一来，朱可夫不但建成了第八集团军突击集团，用于对德军实施反突击，还重新组建了方面军预备队，用以应付各种突然情况。

9月16日，朱可夫向最高统帅部报告了自己的反击计划，并将库利克元帅的消极行为报告给了斯大林。斯大林对朱可夫的计划感到十分满意，并在当晚就给库利克发了电报，让其不要拖延进攻准备，要实施坚决的进攻，以便同朱可夫建立联系。但是库利克元帅依然故我，将第五十四集团军的进攻拖延了好几天。

9月17日，德军兵临列宁格勒城下，战斗已达到高度紧张状态。德军6个师在其北方集团军群大批航空兵的支援下，企图从南面突入列宁格勒。朱可夫向第四十二、五十五集团军军事委员会发出了极其严厉的命令，令其在任何情况下也不能放弃。第四十二集团军奉命顶住了当面敌军的压力。

此时，乌里茨克方向也逐渐朝着朱可夫所预料的情况发展。第八集团军的反突击起了粉碎了德军由乌里茨克突向列宁格勒的企图。9月19日凌晨，第八集团军以4个师组成的强大突击群转入了向红谢洛总方向的进攻。德军被迫将部分兵力从这里调往彼得戈夫方向。

在此后的几天里，德军不断试图发起进攻，但都被红军挡了回去。朱可夫明白，只要他们再坚持十几天，列宁格勒保卫战就胜利了。因为寒冷的冬天马上就要来临了，而德军根本无法适应在寒冷的苏联进行冬季作战。

9月29日，最高统帅部将第五十四集团军拨归列宁格勒方面军指挥。库利克元帅被免去了第五十四集团军司令之职，朱可夫指派方面军参谋长霍津将军接任集团军司令员。此时，朱可夫手中的兵力得到了极大的加强。他令霍津将军率领第五十四集团军尽量牵制围攻列宁格勒方面的德军。至此，德军不能再前进一步。

夏秋季战局已结束了，德军在战略目的方面没有取得明显成果。朱可夫率领列宁格勒方面军保住了伟大的列宁格勒，保住了俄罗斯人的精神中心。

10月初，前线侦察报告，德国人在挖地窖掩体，给掩蔽部增设防寒设备，用地雷和其他工程器材加强前沿。侦察兵作出了正确判断：敌人在准备过冬。俘虏也证实了这一推断。朱可夫得到这个消息之后，长长地出了一口气，列宁格勒方面军终于完成了自己防守城市接近地的任务，阻止住了德军的进攻。不过列宁格勒保卫战并没有就此结束。直到1943年3月初，红军开始全线反攻，歼灭列宁格勒周围的德军兵团，才彻底结束了长达三年零一个月的列宁格勒保卫战。

尽管朱可夫只在列宁格勒待了20多天，但这次战役的胜利，他是功不可没的。苏联战地作家维辛斯基曾如是评价朱可夫在列宁格勒保卫战初期的表现："是的，是朱可夫挽救了列宁格勒。毫无疑问正是在朱可夫负责的那一小段时期，列宁格勒周围的战线稳定了下来。"

稳定列宁格勒方向的战线对整个卫国战争而言具有极大的军事和政治意义。这一战役既在精神上鼓舞了苏联军民，坚定了抗战的信心，还极大地削弱、疲惫了德国法西斯的重兵集团。尤为重要的是，由于这一战役的进行，希特勒无法将第四坦克集群的快速兵团及时调往莫斯科方向。不久之后，莫斯科保卫战爆发，德军第四坦克集群来不及修复损坏的装备，就匆忙投入了战斗。这一情况不能不说是红军取得莫斯科保卫战胜利的重要因素。

· 第八章 ·

苏德战场的救火员

一

风雨飘零的莫斯科

1941年10月5日,最高统帅部打电话到列宁格勒方面军说:"斯大林同志要和方面军司令员直接通话。"

朱可夫接通了斯大林的电话。斯大林开门见山地说:"朱可夫同志,你能不能立即乘飞机来莫斯科?鉴于尤赫诺夫地区的预备队方面军左翼情况复杂,最高统帅部想和你商谈一下。让霍津代替你吧。"

朱可夫回答说:"请允许我10月6日早晨起飞。"

斯大林说:"好。明天我们在莫斯科等你。"

不过由于列宁格勒方面的局势还没有最终稳定下来,朱可夫在10月6日未能起飞,并报告了最高统帅。傍晚,斯大林打来电话,问朱可夫:"你们那里情况怎样?敌人有些什么新的行动?"

朱可夫报告说:"德军的攻击减弱了。据俘虏称,德军在9月的战斗中遭受严重损失后,在列宁格勒附近转入防御。现在敌人用炮兵和飞机对城市进行射击和轰炸。现在已经查明,德军摩托化纵队和坦克纵队正在从列宁格勒地区向南大规模运动。看来,可能调往莫斯科方向。"

斯大林说:"你的判断不错!留下霍津或费久宁斯基将军代替你,你自己明天迅速乘飞机来莫斯科一趟。"

朱可夫立即把霍津派往第五十四集团军,将方面军的临时指挥就转交给了费久宁斯基。第二天一早,他便飞往了莫斯科。此时德军已经集中了100多万人,1700多辆坦克和19000门大炮,在强大的空军掩护下,向莫斯科逼近。斯大林急忙调兵遣将,准备了西方、预备队和布良斯克三个方面军以迎击德军。三个方面军的作战部队总共约有125万人,990辆坦克,7600门火炮和迫击炮,677架飞机,其中以西方方面军的兵力和兵器最多。

斯大林感冒了,面色不好,憔悴地接待了朱可夫。他走到地图跟前指着维亚济马地区对朱可夫说:"你看,这里的情况很严重。我无法从西方方面军和预备队方面军得到有关真实情况的详细报告。由于不了解敌人进攻的地点和部署以及我军的状况,我们不能下定任何决心。现在请你到西方方面军司令部去一趟,详细弄清那里的情况,并随时给我来电话,我会等着。"

朱可夫转身要走,斯大林突然问道:"你认为德国人近期会再次进攻列宁格勒吗?"

朱可夫转过身,望着斯大林说:"我想不会。他们损失太大,又把坦克和摩托化部队调到了敌中央集团军群,在短期内无力实施一次新的进攻战役。"

斯大林沉思了一会儿,问道:"你认为希特勒将把从列宁格勒地区调出的坦克和摩托化部队用在哪里?"

朱可夫不假思索地回答说:"很显然,他要将其用在莫斯科方向。不过,如果让他们得到补充的话,战斗力会更加强大。"

斯大林盯着西方方面军、预备队方面军和布良斯克方面军的三张形势地图,突然转向西方方面军的地图说:"看来,他们已经在这个方向上行动了。"

朱可夫告别了斯大林,到了总参谋长沙波什尼科夫的办公室。沙波什尼科夫向朱可夫详细地介绍了莫斯科方向的情况之后,便向他传达了最高统帅部的命令,委任他为最高统帅部驻预备队方面军和西方方面军的代表。

朱可夫告别了沙波什尼科夫,直接乘车到西方方面军司令部去了。途中在手电筒光下,朱可夫认真地研究起了前线的情况。由于战争打响以来,他一直就没有好好休息过,就像一个救火员一样,哪里情况最为紧急就被斯大林派到哪里,已经十分疲倦了。在颠簸的汽车里,他十分想睡觉。为了不打瞌睡,他让司机停了下来,下车跑起了步。等到完全清醒之时,他才又坐到车子上。

朱可夫到达西方方面军司令部之后连夜召开了会议,终于弄清了双方的兵力部署和战略战役企图。德军以代号为"台风"的战役计划,于9月30日以古德里安的坦克集群和第二集团军向茹科夫卡至绍斯特卡地段的布良斯克方面军的部队发起了进攻。10月2日,德军中央集团军群主力开始向西方方面军和预备队方面军实施猛烈突击。接着,德军又从杜霍夫希纳以北和罗斯拉夫利以东地区实施了特别有力的突击。突破红军的防线之后，德军的突击集团急速地向前推进，从南北两面包围了西方方面军和预备队方面军在维亚济马的所有部队。布良斯克以南的情况也极其严重，布良斯克方面军的第三和第十三集团军面临被合围的危险。

古德里安的部队未遇到猛烈抵抗而向奥廖尔突进。10月2日，最高统帅部建立了列柳申科少将指挥的加强近卫步兵第一军，任务是滞止敌军前进，保障布良斯克方面军部队后撤。

10月3日，古德里安指挥的集团军占领了没有防御准备的奥廖尔，摩托化第二十四军前出到了布良斯克方面军的后方。近卫步兵第一军在姆岑斯克地区展开后，开始与德军摩托化和坦克集团的战斗。布良斯克方面军的部队由此得到喘息的机会，退到了指定地区，但被分割成了几个部分，而且损失很大。

西方方面军司令科涅夫上将命令在维亚济马以北对迂回红军的德军北部集团进行了反突击。由于突击失败，西方方面军和预备队方面军的相当一部分部队于10月6日在维亚济马以西地区陷入重围。在这段时间的战斗中，红军损失惨重。据史料记载，从10月2日到10日，红军仅被俘人员就达66.3万人。莫斯科危机重重，只要德军再发起强有力的进攻，整个莫斯科就会陷落。在深秋季节，莫斯科就像树上的黄叶一样，一旦遇到风雨就会落下来。

了解了情况之后，朱可夫立即给斯大打电话。朱可夫丝毫没有注意到当时是凌晨2点30分，斯大林可能已经休息了。出乎意料的是，斯大林还在工作。朱可夫汇报了西部战线的情况后说："现在的主要危险是防线的兵力薄弱，可能无法抵挡德国装甲坦克的冲击，应尽快设法从别处抽调部队，增强这里的防线力量。"

斯大林问："你打算怎么办？"

朱可夫回答说："我现在要去找布琼尼。"

当时，布琼尼任预备队方面军司令，斯大林也不知道他在什么地方。便问他："你知道预备队方面军司令部在什么地方吗？"

朱可夫回答说："我到小雅罗斯拉韦茨地区去找。"

斯大林说："好吧！找到布琼尼以后，立即打电话给我。"

天正下着小雨，空旷的田野大雾弥漫，能见度很差。朱可夫在奥博连斯科耶车站前看见两名通信兵拉着电线从普罗特瓦河桥上走过来。朱可夫上前问道："同志们，你们给哪里拉线？"

一个大个子士兵随口回答道："命令我们给哪里拉就给哪里拉。"

朱可夫笑了起来。这两名士兵不轻易回答陌生人的问题让朱可夫感到十分满意。朱可夫向他们说明了自己的身份，并询问预备队方面军司令部在什么方向。

两位士兵觉得刚才的话唐突了朱可夫，急忙道："大将同志请原谅，我们不认识您，因此才那样回答了您。"

朱可夫赞扬了他们的谨慎。两名士兵打着敬礼，指了指远处的一座山，恭敬地说："司令部就在那个方向。"

朱可夫赶到了预备队方面军司令部，但布琼尼并不在那里。更加糟糕的是，统帅部的最高代表枚赫利斯和方面军参谋长阿尼索夫少将都无法准确地向朱可夫汇报德军和方面军的具体情况。

阿尼索夫说布琼尼到尤赫诺夫方向去了，目前情况不明。朱可夫只好到尤赫诺夫方向开进，希望能在现场直接察明部队情况。

经过普罗特瓦河时，看到那熟悉的河岸和远处的奥布宁斯克车站，朱可夫顿时想起了自己的童年。他想起就在奥布宁斯克车站，母亲乌斯季尼娅依依不舍地把他送上火车，让他去莫斯科学制作皮毛的手艺。30多年过去了，他已经从一个懵懂的少年成长为一名叱咤风云的将军，但他仍然和少年时代一样，渴望回到自己温暖的家，永远不再离开。

但是朱可夫没有回去，尽管离预备队方面军司令部所在地奥布宁斯克10公里的地方就是他的故乡斯特列尔科夫卡村。他知道自己肩膀上的责任十分重大，整个国家都需要他。

朱可夫坐在汽车上，朝故乡的方向望了望。此时，他的母亲、姐姐和4个可爱的外甥和外甥女还住在那里。他不知道亲人们的情况如何，不知道这场可恶的战争给他们造成了什么样的痛苦。突然，朱可夫有一种不详的预感，如果德军知道他们是他的亲属，一定会把他们枪毙了。

三天后，朱可夫派自己的副官把母亲和姐姐等家人都接到了莫斯科。两星期后，德军占领了斯特列尔科夫卡村。他们家的房子，连同这个村庄，被德军烧成了灰烬。朱可夫的心里害怕极了，如果自己的行动再晚一些的话，他将永远失去这些亲人。

二

战场救火员临危受命

朱可夫到了小雅罗斯拉韦茨市中心。街上一个人也没有,整个城市仿佛是一座荒废已久的死城。在区执行委员会大楼附近停着两辆汽车,有一个司机正趴在方向盘上睡觉。朱可夫上前把司机推醒了。经过交谈才知道,原来这就是布琼尼元帅的汽车。布琼尼此刻正在大楼里研究前线的情况。

朱可夫顾不上和司机说声再见,就大步流星地闯进了楼里。布琼尼苍老多了,他在这段艰难的日子里也和其他红军将领一样,为自己的国家民族付出了太多的心血。两人亲热地问好之后,布琼尼问:"你从哪儿来?"

朱可夫回答说:"从科涅夫(西方方面军司令)那儿来。"

布琼尼急切地问:"他那里情况怎么样?我同他失去联系已两天多了。方面军司令部在我离开时转移了,现在也不知道在什么地方。"

朱可夫说:"司令部没事,我来的时候去过那里。不过,西方方面军的情况不容乐观,有相当大的一部分部队已经被德军合围了。"

布琼尼愀然说:"我这里的也不比西方方面军好多少。第二十四集团军和第三十二集团军已经被德军切断了。我昨天在尤赫诺夫和维亚济马之间还差一点落到敌人手里。"

朱可夫惊讶地看着眼前的布琼尼,为他捏了一把冷汗。布琼尼又把话题转到了当前的情况上来。他说:"德军正在向维亚济马方向调集大量的坦克和摩托化部队。看来,他们是想从东面迂回包围该城。"

朱可夫关切地问:"尤赫诺夫现在在谁手里?"

布琼尼落寞地说:"我也不知道,跟前线联系不上。我想现在已经落入敌人手里了吧。"

朱可夫想了想,对布琼尼说:"请你先回方面军司令部,把情况报告斯大林。我到前面去看看，先到尤赫诺夫地区，然后再去卡卢加，弄清那里的确实情况。"

经过梅登城时，朱可夫看见一个老太太正在一堆废墟中寻找什么东西。朱可夫下车上前问道："老太太，你在那里找什么？"

她抬起头来，迷惘地瞅了瞅朱可夫，没有说一句话，又继续用双手挖了起来。朱可夫忽然想到了自己的母亲，他关切地问："老太太，你怎么啦？"

老太太似乎根本就没有听见朱可夫在说什么，始终没有抬头再看他一眼。就这时，从废墟后面又走来一位年轻的妇女，手里提着半袋子东西。她对穿着将军服的朱可夫说："将军同志，请不要问她。她不会回答你的问话，她已经疯了。"

从年轻妇女的叙述中，朱可夫得知，德军在两天前派飞机轰炸了这座城市。敌机空袭时，老太太正站在井边打水。炸弹落在她家的房子上，她在房间里的孙子和房子一起被炸弹炸成了碎末。老太太亲眼目睹了这一切，因悲伤而发了疯。

年轻妇女一边说，一边不停地流着泪水。在要离开的时候，朱可夫听到她在背后轻声说："我家的房子也被炸毁了，也许在废墟下面还能找回点鞋袜衣服之类的东西。我们要尽快离开这里。"

朱可夫不知道该如何安慰她们，或许什么安慰的话在这种情况下都显得太苍白无力，唯有用手中的武器将德军赶出苏联，才能安慰她们受伤的心灵。朱可夫带着沉重的心情继续乘汽车往尤赫诺夫驶去。

经过一片森林的时候，突然冲出几个全副武装的红军士兵，挡住了朱可夫的去路。一个身材高大的士兵走到朱可夫的汽车跟前，大声问："你是谁？"

朱可夫从容地说出了自己的身份。那名士兵对他行了一个军礼，焦虑地说："大将同志，你不能再往前走了。坦克旅的司令部就在右侧100米左右的树林里。"

朱可夫说："好吧，请你把我带到你们司令部去。"

走进森林，一个中等身材的坦克兵迎了上来。朱可夫觉得此人相貌挺面熟，可是一时又想不起来在什么地方见过。那名军官走到朱可夫的面前，行了一个漂亮的军礼，恭敬地说："最高统帅部预备队坦克旅旅长特罗茨基上校向您报告！"

朱可夫也回了一个军礼，礼貌地说："特罗茨基上校，我真没想到在这里会遇到你！"

朱可夫终于想起来了，他曾在哈勒哈河畔见过特罗茨基。当时，特罗茨基是坦克第十一旅的参谋长。坦克第十一旅在那次战役中发挥了重要作用，日本人非常害怕他们。

特罗茨基向朱可夫报告了前方的情况。德军已经占领了尤赫诺夫，正在卡卢加地区同红军交战。预备队坦克旅已经在这里待了两天了，但还没有得到任何指示。

朱可夫略一沉思，部署道："上校同志，请你立即派联络军官到预备队方面军司令部去，向布琼尼元帅报告前方的情况。立即把部队部署到前边去，组织防御，掩护梅登的接近地。另外，请你立即把我的这一部署命令通知总参谋部。"

特罗茨基朗声道："是，大将同志！"

部署停当之后，朱可夫登上汽车，继续向卡卢加进发了。不久，预备队方面军司令部的联络参谋到卡卢加找朱可夫，交给了他一份总参谋长沙波什尼科夫的电话记录，最高统帅命令朱可夫于10月10日赶到西方方面军司令部去。

10月8日傍晚，朱可夫又回到预备队方面军司令部。方面军参谋长阿尼索夫报告说："已接到最高统帅部的命令，召回布琼尼元帅，任命你为预备队方面军司令员。"

朱可夫有些糊涂了，最高统帅部命名要他在10月10日前到达西方方面军司令部，怎么又让他接替布琼尼，就任预备队方面军司令了呢？

朱可夫给总参谋长沙波什尼科夫打了一个电话，问他究竟执行哪个命令。沙波什尼科夫回答说："国防委员会现在准备撤销预备队方面军，把它的部队和防御地段交给西方方面军。准备任命你为西方方面军司令员。在10月10日之前，你务必要弄清预备队方面军的情况，并尽一切力量不让德军突破莫扎伊斯克—小雅罗斯拉韦茨地区以及谢尔普霍夫方向的阿列克辛地区。"

朱可夫别无选择，他只能遵守最高统帅部的命令。这位日后被誉为"苏德战场上的救火员"的风云人物再一次临危受命。10月10日，朱可夫按时抵达了位于克拉斯诺维多夫的西方方面军司令部。斯大林立即打来了电话。在电话中，斯大林对他说："最高统帅部决定任命你为西方方面军司令员，科涅夫做你的助手，你有什么不同意见吗？"

朱可夫此时对部队的情况已经有了详细的了解，他回答说："没有什么不同意见！我想，应让科涅夫同志去指挥加里宁方向的军队集团。这个方向离得太远，那里应该有方面军的辅助指挥机关。"

斯大林回答说："好！预备队方面军的剩余部队和莫扎伊斯克战线上的部队也归你指挥。赶快把一切都抓起来干吧！命令我已签发方面军。"

朱可夫说："我着手执行你的指示，但请求赶快把较大的预备队调到这里来，因为最近希特勒军队可能增强对莫斯科的突击。"

当天下午5点，最高统帅部关于合并预备队方面军和西方方面军为新西方方面军，任命朱可夫为司令的命令到达司令部。朱可夫再次被斯大林推上了"救火员"的位子。

朱可夫决定立即把方面军司令部转移到阿拉比诺，让科涅夫携带必要的指挥工具和几名指挥员立即前去协调在加里宁方向上军队的行动。朱可夫则带着方面军军事委员会到莫扎伊斯克去找莫扎伊斯克筑垒地域司令波格丹诺夫上校，去了解该方向的情况。

在莫扎伊斯克筑垒地域，朱可夫了解到，加强有炮兵和坦克的步兵第三十二师已经同德军先头摩托化部队和坦克部队打了起来。朱可夫给波格丹诺夫作了必要的指示后，便返回了方面军司令部。

此时，西方方面军的司令部已经搬到了阿拉比诺，临时设在几个简陋的帐篷里。朱可夫研究了一下当前最重要的工作，进行了紧张的战役准备工作。在紧张的工作下，朱可夫变得异常粗暴，几乎达到了让人难以容忍的程度。不过，方面军各部队的将领对这位坚强的方面军司令十分了解，根本不计较这些。他们在战争最激烈的状况下都无暇去考虑个人感情，他们的任务是挽救国家与民族于危难之中。

朱可夫心里最苦恼的问题是兵力不够。德军的兵力明显要比西方方面军多很多，朱可夫向最高统帅部说明了情况。到10月11日，最高统帅部终于将原预备队方面军的所有战斗部队和设施移交给了朱可夫。同时，最高统帅部还给朱可夫派去了他迫切需要的预备队，其中包括14个步兵师、16个坦克旅、40多个炮兵团、10个喷火器连和其他部队。此时，莫扎伊斯克防线已经集结了9万人。当然，要建立真正绵密坚固的防线，这些兵力还是显得十分薄弱。不过，最高统帅部也已经尽了最大的努力。

朱可夫面临的另外一大难题是如何解救被德军包围在维亚济马的各集团军。当时，被德军围困在维亚济马以西和西北地区的各集团军仍在与德军拼死战斗，企图突围，但始终没有成功。那里的情况十分糟糕，大部队失去了指挥，各分支部队不得不各自为战，单独突围。不过，这些被德军围困的部队进行了殊死的战斗，牵制了德军的大量兵力，迟滞了德军向莫斯科进军的速度。

从10月13日起，在通向莫斯科的所有重要作战方向上都开始了激烈的战斗。在德军猛烈的火力之下，西方方面军不得不放弃莫扎伊斯克防线，向后撤退。德军在西方方面军防御的中部方向上完成了纵深突破。如此一来，德军在距离莫斯科100~120公里的接近地带对莫斯科造成了很大的压力。整个莫斯科都陷入了极大的恐慌之中，谣言满天飞，说德军的坦克马上就要冲进城里了。

三

莫斯科保卫战的胜利

鉴于莫斯科面临的危险局面，联共（布）中央和国防委员会于10月15日决定将部分中央机关和所有外交使团紧急疏散到古比雪夫，同时把国家的重要物资储备也从莫斯科运走。不过，斯大林选择了留在莫斯科。因为如果他一旦离开莫斯科，整个防线一定会在几天之内土崩瓦解，他是苏联的最高领袖，也是士兵们的精神支柱！

从10月20日开始，莫斯科实行戒严。联共（布）中央和莫斯科市委都发出了保卫首都和消灭敌人的号召。在短短的时间内，莫斯科的工人、学生等12000多人便纷纷响应号召，武装起来，组成了25个民兵营。到10月底，民兵增加到4个师，4万多人。

除此之外，几十万市民不分昼夜构筑环绕首都的防御工事。在那段时间里，仅参加构筑防御内线的市民就达25万人，其中绝大部分是妇女和少年。他们用自己的双手挖出了300多万方土，构筑了7.2万米长的防坦克壕、近8万米崖壁和断崖，设置了5万多米长的桩砦和其他障碍物，挖掘了近13万米长的战壕和交通壕。

莫斯科市民的爱国热情极大地感染了前线的官兵。朱可夫抓住这一时机，对官兵们做了政治工作，极大地提高了士气。西方方面军军事委员会在《告军队书》中写道："同志们！在国家面临危险的严酷时刻，每一个军人的生命都应该属于祖国。祖国要求我们每一个人贡献出最大的力量，发扬英勇顽强和坚忍不拔的英雄主义精神；祖国号召我们要成为无法摧毁的铜墙铁壁，堵住法西斯匪徒去莫斯科的道路。现在比以往任何时候都需要我们拥有铁的纪律、组织性、坚决果断的行动、必胜的信心和随时准备牺牲的精神。"

西方方面军军事委员会选定了新的防线。由于战线拉得太长，不便于对加里宁集团实施指挥，朱可夫请求最高统帅部缩短方面军战线并把加里宁方向的军队集团转隶给其他方面军指挥。

10月17日，最高统帅部同意了朱可夫的建议，组建了加里宁方面军，并将第二十二、二十九和三十集团军划归该方面军指挥。科涅夫被任命为加里宁方面军司令员，列昂诺夫被任命为军事委员会委员，伊万诺夫少将被任命为参谋长。加里宁方面军的组成缩短了西方方面军的防御地带，对莫斯科保卫战取胜起到了一定的作用。

此时，叶廖缅科指挥的布良斯克方面军的处境也非常困难。古德里安的装甲集群将方面军的大部分部队都包围了。直到10月23日，该方面军才突出重围。古德里安装甲集群的先头部队一路尾随，很快占领了奥廖尔，并于10月29日逼近图拉城。图拉城的居民在很短的时间内就组建了工人队伍，协同布良斯克方面军第五十集团军的部队一起在图拉的接近地带英勇顽强地阻击了德军的进攻。古德里安本来计划一举攻占图拉，然后从南面迂回莫斯科的，但由于第五十集团军的抵抗，他的这个企图未能得逞。

莫斯科保卫战期间，朱可夫同布尔加宁、索可洛夫斯基在一起

11月10日，最高统帅部决定撤销布良斯克方面军，把图拉的防御任务交给西方方面军。在朱可夫的指挥下，德军始终没能攻占图拉。在整个10月的防御战中，德军总共前进了230~250公里，双方伤亡都很大。不过，由于朱可夫临危受命，妥善安排，战线逐渐趋于稳定。希特勒打算在10月中旬攻占莫斯科的计划破产了。

11月1日，斯大林把朱可夫召回最高统帅部，对他说："今年十月（儒略历10月，公历11月）革命节，除了开庆祝大会外，我们还想在莫斯科举行阅兵式，你认为怎样？前线的形势允许我们这样做吗？"

朱可夫知道这个时候举行阅兵式对鼓舞军队的士气有一定的作用。他沉思了一下，回答说："敌人在最近几天内不会发动大规模的进攻。在前一阶段的作战中，敌人遭到严重损失，不得不重新补充兵力和调整部署。"

11月初，莫斯科举行了盛大的庆祝大会，纪念十月革命胜利24周年。在红场上举行的传统阅兵式尤其引人注目。整个场面非常悲壮，在响彻云霄的革命歌曲声中，斯大林以藐视和压倒一切敌人的神态，威严地站立在列宁墓上，红军战士们则全副武装，雄赳赳、气昂昂地从列宁墓前走过，直接开赴前线。

11月上旬，德军中央集团军群总兵力增加到了74个师和4个旅，其中在西方方面军正面有51个整编师，包括31个步兵师、13个坦克师和7个摩托化师。红军西方方面军也重新做了部署，补充了10万官兵、300辆坦克和2000门火炮，总兵力达到35个步兵师、3个坦克师、3个摩托化师、12个骑兵师和14个坦克旅。

一场惊天动地的大战即将在莫斯科附近展开。双方的指战员情绪都很高，都想把对方置于死地。然则，十分明显的是，德军在兵力上占有相当的优势。朱可夫只能尽量组织部队进行防御。就在这时，斯大林却让朱可夫尽快组织一次反突击。朱可夫因此又和斯大林争论了一番，但最终还是无可奈何地去执行最高统帅的命令了。一如朱可夫预料的那样，反突击并没有取得预期效果，反而损失了不少兵力。

11月15日，德军向莫斯科发起了新一轮的攻势。在德军强大的火力之下，红军节节败退。一小部分德军甚至突入到距离莫斯科仅20余公里的地带。加里宁方面军在德军的进攻之下，损失尤为惨重。

斯大林给朱可夫打电话，忧心忡忡地问："你坚信我们能够守住莫斯科吗？"

朱可夫还没有来得及回答，斯大林叹了口气，又接着说："我是怀着沉重的心情问你这个问题的，作为一名共产党员，希望你能诚实地回答我。"

朱可夫斩钉截铁地回答道："毫无疑问，我们能够守住莫斯科！斯大林同志！但是至少还需要增加 2 个集团军和 200 辆坦克。"

听到朱可夫的回答，斯大林的心情似乎轻松了一点。他提高声调对朱可夫说："你能有这样的信心，很好！你跟总参谋部接洽一下，看把两个预备队集团军部署在哪里。至于坦克，暂时还没办法给你。"

战役打得异常惨烈，双方的损失也都很大。第十六集团军向朱可夫报告，该集团军所属的摩托化步兵第一〇七师只剩下了 300 人，坦克第二十五师只有 12 辆坦克，而坦克第五十八师已经一辆坦克都没有了。德军的情况也好不到哪里去。虽然他们将战线向前推进了，但由于缺乏必要的过冬准备，德军士兵在零下 20 多度的冰天雪地里瑟瑟发抖，一片哀怨。德军的步兵兵力已严重消耗，每个连队仅剩下了五六十人。

德军虽然继续向莫斯科挺进，进攻速度却大大受阻了。德军指挥部分析，要想突破红军的防线，必须首先除掉位于突出部的著名军火工业城市图拉。随后，德军便对图拉施加了强大压力。12 月 3 日，德军切断了通往莫斯科的铁路和公路，合围了图拉。

朱可夫立即给奉命驻守图拉的鲍尔金将军打电话，挖苦道："喂，鲍尔金同志，如果我没记错，这一回是你第三次被合围了，这是不是太多了？我已经告诉过你，让你的司令部迁到拉普特沃，可你是个木头脑袋，不肯执行我的命令。"

鲍尔金对朱可夫的挖苦已经习以为常，但仍然有些不快，他回答说："司令员同志，倘若我的司令部迁走了，图拉可能早就被德军占领了，态势会比现在还要坏。"

朱可夫沉默了好几分钟，才问道："你打算怎么办？"

鲍尔金回答说："我正在组织力量对德军发动进攻，扫清莫斯科公路。"

朱可夫问："你需要什么帮助吗？"

鲍尔金说："我可以请求您把格特曼坦克师沿公路向南调动，接应我步兵第九九九团吗？"

朱可夫说："好的。不过你也把你的本事拿出来！"

17个小时之后，红军步兵第九九九团终于和格特曼坦克师会师了。图拉通往莫斯科公路又恢复通车了。

态势的发展对红军越来越有利。从11月16日到12月5日的短短20天内，德军伤亡了15.5万官兵，损失了777辆坦克和许多其他兵器。部队缺编严重，一些连队仅剩下20～30人。德军的士气下降到了极点，已经对攻占莫斯科已经失去了信心，不得不退到纳拉河西岸。

12月6日早晨，朱可夫指挥西方方面军从莫斯科南、北两面开始了反攻。几乎在同一时间，友邻方面军积极配合，分别在加里宁和耶列次地区向前推进。苏德双方展开了大规模的战斗。

在战斗持续期间，朱可夫几乎没有离开过指挥部，他双眼布满了血丝，眼窝深陷，声音嘶哑，对部属的命令也变得越来越严厉。不过战场上

莫斯科胜利阅兵式。斯大林（左）与朱可夫（右）在列宁墓的检阅台上。

的形势已经扭转了，德军节节向西败退，到12月16日，他们已经在红军的压力下撤出了加里宁、克林和耶列次等地。

希特勒闻讯大怒，命令前线部队禁止继续后退。但是德军的败势已经无可挽回了。在惊慌失措之中，希特勒开始寻找替罪羊。德南线部队司令官伦斯德、坦克集团军司令古德里安等纷纷被革职。德中央集团军群总司令、陆军元帅冯·包克也借口"胃病转重"向希特勒提出辞职。陆军总司令冯·勃劳希齐元帅更是连续两次请求辞去职务。12月19日，希特勒批准了陆军总司令的请求，并亲自担任陆军总司令。

但希特勒没能挽回德军失败的命运。到12月底，红军已经解放了11000多个居民点，收复了克林、加里宁、卡卢加等许多城市，赢得了莫斯科保卫战的胜利。在这次会战中，在以朱可夫西方方面军为主力的苏军打击下，德军总共损失了50万人、1300辆坦克、2500门火炮、15000多辆汽车和很多其他技术装备。德军被击退了150～300公里。这是德军第二次世界大战中遭受的第一次大失败。这次胜利无论是对苏联，还是对世界反法西斯同盟的战斗都具有非同寻常的意义。德军在此战中丧失了大量有生力量，从此开始走下坡路。

在这次举世闻名的战役中，朱可夫作为拯救莫斯科的英雄而名声大噪。在战役即将结束时，苏联报纸刊登了赢得莫斯科会战胜利的红军将领们的照片。朱可夫的一张大照片被放在了中央，在他的周围是他领导的一些杰出将领的小照片。

1945年5月25日，斯大林在一次庆功宴会上讲话时说："祖国和党永远不会忘记红军指战员在我们的民族保卫战中所起的作用。所有这些打了胜仗、拯救了祖国的将领们的名字，将永远被镌刻在历史树起的荣誉丰碑之上，流芳百世。在所有的战场之中，有一个战场具有非同寻常的意义，它就是苏联首都莫斯科会战的战场。而朱可夫同志的名字，作为胜利象征，将永不分离地同这个战场联系在一起。"

朱可夫在其回忆录《回忆与思考》中也意味深长地说："每当有人问我以往战争中记忆最深的是什么，我总是回答：'莫斯科保卫战！'"

四

岌岌可危的斯大林格勒

莫斯科保卫战的胜利让斯大林过于乐观，认为德军在其他战线上也无法抵挡红军的突击。在这种观念的指导下，斯大林产生了全线开始总攻的想法。1942年1月5日，朱可夫作为最高统帅部的成员之一被斯大林召回莫斯科，商讨红军的总攻计划草案。

斯大林提出，要趁德军没有做好过冬准备之时，发起全线进攻，在次年春季之前迫使德军把所有的预备队全部投入战斗。实际上，红军此时并不具备全线总攻的能力，大战刚刚结束，部队还没有来得及补充人员和技术兵器，进攻根本无法取得胜利。朱可夫提出了不同意见，但斯大林根本不予理会。结果这场所谓的"总攻"一直打到1942年4月也没有取得多大的胜利，反倒大量损耗了红军的兵力，第三十三集团军甚至遭到了全军覆没的厄运，集团军司令叶夫列莫夫中将、炮兵司令阿夫罗西莫夫少将也在战斗中壮烈殉国了。

经过一系列的战役，德军已经无力在苏联战场发动全线进攻了，不得不把兵力集中在战线的南翼，以发动局部攻势。1942年4月5日，希特勒签发作战命令，将苏德战场上一切可用的德军集中到南翼的主要战线，在顿河以西消灭红军，夺取高加索油田和进入高加索山区的隘口。

高加索地区最重要的交通枢纽和工业中心斯大林格勒成了德军的主要进攻目标。希特勒指示部队，无论如何，必须竭尽一切努力到达斯大林格勒市区，或者至少使这座城市处于重炮射程之内，从而使它不能再成为工业中心和交通枢纽。

斯大林格勒以西、以南是广阔富饶的顿河下游、库班河流域和高加索，是苏联的粮食、石油和煤炭的主要产区。这些物资是红军与德军都急需补充的东西。可以说，谁占有斯大林格勒，谁就将取得战争的最后胜利。

由于德军在整个冬季作战中伤亡了110多万人，急需补充兵力，但德国本土已经找不出可以参战的适龄男子了。希特勒不得不把目光转向了仆从国。在对斯大林格勒发起进攻之前，希特勒从其"盟邦"获得了52个师的兵力，其中罗马尼亚27个师，匈牙利13个师，意大利9个师，斯洛伐克2个师，西班牙1个师。为了保证进攻重点，希特勒将其中的41个师增调到斯大林格勒战线南部。

德军陆军总参谋长哈尔德等大多数高级将领并不赞成从仆从国招募兵员，因为这些部队的作战素质极差，非但不能帮助德军，很可能还会加速德军的灭亡。哈尔德的预见是正确的，但在当时来说，除了从仆从国募兵之外，希特勒别无选择。

红军最高统帅部认为，德军可能在莫斯科方向和苏联南方同时实施大规模进攻战役。斯大林最担心的是莫斯科方向，因为该方向有德军70多个师的100多万兵力。在吸取了1941年冬季总攻失败的教训之后，斯大林认为红军不能再展开大规模进攻，应限于进行积极的战略防御，但同时必须在一些比较重要的战略方向上实施小规模的进攻战役。

朱可夫对最高统帅的战略战役设想基本是同意的。但是他对预定实施进攻战役的次数方面，又持不同意见。他认为这些进攻战役会大量消耗苏军预备队，并使尔后的总攻准备复杂化。

但斯大林一旦决定某件事情就不会改变，更加不喜欢有人提出不同意见。他的这一性格缺点导致红军西南方面军5月中旬在向哈尔科夫地区的德军发起进攻的时候陷入了被动。西南方面军南北受敌，很有可能陷入德军的包围之中。

当时，总参谋长沙波什尼科夫生病了，他的得力助手华西列夫斯基暂代参谋长一职。他建议斯大林停止西南方面军的进攻。但是斯大林并没有采纳他的意见。西南方面军面对的形势进一步恶化。

很快，从南北两路向哈尔科夫进攻的红军悉数被德军包围。到5月底，只有部分军队突围而出，绝大部分不是牺牲，就是被德军俘虏了。在这场战役中，红军损失了 20 个步兵师、7 个骑兵师和 14 个坦克旅，损失火炮 2026 门、坦克 1249 辆。红军被俘人员竟达 24 万人，其中包括西南方面军副司令员科斯坚科、第五十七集团军司令员波德拉斯和战役集群司令员博布金。

为了配合和改善西南方面军的势态，红军在北方发动了局部攻势。不过这些攻势也大多遭到了德军的疯狂反扑。红军的失利使得德军又夺回了部分战略主动权。为了实施更大规模的进攻，德军统帅部把南方集团军群分为"A"、"B"两个集团军群。这两个集团军群共有 97 个师、1200 辆坦克和强击火炮、17000 门大炮和迫击炮、1640 架作战飞机。

6 月 28 日，德军两个集团军群先后发动进攻，企图在顿河西岸包围并消灭红军布良斯克方面军和南方方面军的主力。在近一个月的战斗中，红军被迫后撤了 150～400 公里。德军先头部队抵达顿河大河湾，剑指斯大林格勒和北高加索。

为应对大举进攻的德军，红军最高统帅部撤消了西南方面军，组建了斯大林格勒方面军，并令西南方面军司令部指挥。斯大林格勒方面军无论在兵力，还是技术装备上都明显弱于德军。在德军的强大压力之下，方面军的处境越来越危险。7 月 22 日，斯大林召回了方面军司令铁木辛哥元帅，令戈尔道夫中将接替铁木辛哥。

此时，由于斯大林格勒方面军战线拉得太长，不利于指挥部队。最高统帅部于 8 月 5 日决定将其一分为二，组建新的斯大林格勒方面军和东南方面军。总参谋长华西列夫斯基上将被派往斯大林格勒方面协调其与东南方面军的协同动作。但是这并没有能够阻止德军的持续进攻。整个 8 月，红军兵分两路，持续向后撤退。一路向东撤到斯大林格勒，另一路向南朝高加索油田方向的顿河下游撤退。

希特勒认为一举拿下斯大林格勒整个战略要地和高加索油田的时机已经来临，便命令部队两线作战。希特勒这一狂妄的决定直接导致了他在斯大林格勒战役中最终落了个"两头空"的结果。

就在斯大林格勒处境困难的时期，朱可夫奉命指挥西方方面军和加里宁方面军对德军发起了战役进攻，用以牵制德军的预备队。但由于兵力不足，战役并没有取得预期效果。1942年8月27日，朱可夫正在前线组织部队，继续发起进攻。斯大林的秘书波斯克列贝舍夫打来电话，通知他说，国防委员会已经于26日决定任命他为最高副统帅。朱可夫受宠若惊。波斯克列贝舍夫让他下午2点务必在指挥所等候斯大林的电话。朱可夫明显感到，斯大林格勒地区已经岌岌可危。

下午，斯大林打来了电话。在询问了西方方面军的态势之后，他说："你必须尽快到最高统帅部来。留下参谋长代理你的工作。请考虑一下，任命谁来接替你担任方面军司令员。"

朱可夫没有来得及回方面军司令部，就直接向莫斯科出发。到了克里姆林宫，天已经黑了。斯大林正在办公室里，国防委员的几位委员也在那里。

斯大林开门见山地说："南方情况进展对我方不利，德军有可能占领斯大林格勒。北高加索形势也不太好。现在任命你为最高副统帅，主持前方斯大林格勒地域的工作。"

还没等朱可夫说话，斯大林又问："你打算什么时候启程？"

朱可夫回答道："我需要用一昼夜时间研究情况，29日就能飞往斯大林格勒。"

斯大林点了点头，缓缓道："那好！不过，你不饿吗？不妨稍微吃点东西。"

有人端来了茶水和10份夹肉面包。在喝茶的时候，斯大林告诉朱可夫，最高统帅部决定把第二十四集团军、近卫第一集团军和第六十六集团军拨给斯大林格勒方面军。

朱可夫明白，最高统帅部对保住斯大林格勒和高加索油田倾注了全部力量。除了新组建的准备用于尔后战争的战略预备队外，一切能够用的力量都已经派往斯大林格勒地域了。

吃完面包，斯大林叼着烟斗，在办公室里踱来踱去，突然郑重地对朱可夫说："你必须采取一切措施，让近卫第一集团军在9月2日实施反突击，并且掩护第二十四和六十六集团军迅速进入战斗。不然的话，我们就会丢掉斯大林格勒。"

听完斯大林的话，朱可夫一句话也没有说。在这种情况下，他什么都不需要说。这名"苏德战场上的救火员"只要飞赴斯大林格勒，就会给最高统帅斯大林和红军指战员带来胜利的希望。不过，朱可夫也明白，他的肩膀上担负着巨大的责任，如果能够取得斯大林格勒战役的胜利，这场战争的胜者必将是苏联！

五

斯大林格勒的反攻计划

朱可夫赶到斯大林格勒之后立即着手准备阻击德军的计划。当时的情况十分紧急。德军距离斯大林格勒尚不足5公里了。也就是说,德军的机械化兵团只要一个冲锋就能攻入城里。由于近卫第一集团军的参战,德军被迫把大量坦克、炮兵和摩托化部队从斯大林格勒附近向北调动,从而延缓了攻击斯大林格勒的速度。在此后的几天中,双方的战斗一直没有停息。朱可夫巡视了各集团军的部队,发现单靠目前的兵力和德军硬拼只能使红军蒙受惨重的损失,根本无法突破德军的战斗队形。

9月12日,朱可夫奉命飞往莫斯科,汇报斯大林格勒前线的形势。总参谋长华西列夫斯基也在向斯大林汇报前线的战况。两人汇报完毕,斯大林拿出最高统帅部预备队配置图,聚精会神地看着。朱可夫和华西列夫斯基怕打扰到他,走到离开桌子稍远的地方,低声道:"显然需要找个什么别的解决办法。"

斯大林突然抬起头来问道:"有什么别的解决办法?"

朱可夫和华西列夫斯基都没有想到斯大林的听力如此敏锐。他们走到桌子跟前,不知道如何回答是好。因为他们都没有想好该用什么方法来解斯大林格勒之围。斯大林缓和了一下语气,对他们说:"这样吧,你们到总参谋部去,好好想想,该采取一些什么措施。"

朱可夫和华西列夫斯基第二天一整天都待在总参谋部研究对策。最后,他们决定:红军继续以积极防御来疲惫敌人,然后发动一次特大规模的反攻,在斯大林格勒围歼德军,从而根本改变南部的战略形势。

晚上10点,朱可夫和华西列夫斯基来到最高统帅的办公室。斯大林当时正因为与英国丘吉尔在某些问题上无法取得一致而生气。见到朱可夫和华西列夫斯基,斯大林用平静的语调问:"你们考虑了些什么问题?"

朱可夫把斯大林格勒地区反攻计划草案图送到斯大林面前。斯大林瞅了瞅草图，有些意外地问："现在有足够力量实施这样大规模的战役吗？"

朱可夫回答说："根据我们计算，再过45天，战役便可得到必要的兵力和兵器保障，而且能够充分准备完毕。"

斯大林在上年的冬季总攻中吃了亏，对大规模的战役有些担心，他仍然不放心地问："只限于沿顿河由北向南和由南向北突击，是不是更好？"

朱可夫解释说："如果那样的话，德军能够迅速将其装甲坦克师由斯大林格勒附近转过来，抗击我军的突击。我军在顿河以西实施突击的话，德军由于有河流的障碍根本不能迅速机动，他们的预备队也就没有用武之地了。"

斯大林又看了看草图，抬头问朱可夫："我方突击集团调动的距离是不是过远了？"

朱可夫和华西列夫斯基解释说，战役分为两个主要阶段：第一阶段是突破德军防御，合围德军斯大林格勒集团并建立牢固的对外正面，以隔绝该集团与外部德军的联系；第二阶段，歼灭被围的德军并制止德军援兵的解围企图。

斯大林对这个方案不甚满意，冷冷地说："这个计划需要再考虑一下，而且要计算一下我方资源。现在的主要任务是守住斯大林格勒和不让敌人向卡梅申方向推进。"

此时，东南方面军司令叶廖缅科给斯大林打来电话，报告说，德军正向斯大林格勒市区方向调动坦克部队，准备进攻。斯大林立即命令朱可夫和华西列夫斯基调动近卫第十三师和航空兵增援斯大林格勒市区，牵制德军。

然后，他又对朱可夫说："你先飞回斯大林格勒方面军去，着手研究克列茨卡亚和谢拉菲莫维奇地区的情况。几天以后，华西列夫斯基应飞往东南方面军研究其左翼的情况。关于计划，以后我们再继续谈，在这里讨论过的问题，除我们三个人外，目前不要让任何人知道。"

希特勒于9月12日在乌克兰大本营召开了德军高级将领会议，他认为苏联已经到了精疲力竭的境地了，已不能再进行可能对德军构成危险的广泛的战略性报复行动了。于是，他便命令德军尽快将"城市拿到自己手中，不让它变成大家长期注目的焦点"。正是在这种思想的指导下，德军于9月13日对斯大林格勒又发动了猛烈的进攻。

在斯大林格勒附近，德军无论在兵力还是在装备上，都明显优于苏联红军，其中用来直接进攻市区的有13个师，共17万人。他们装备有500辆坦克、1700门大炮和迫击炮。红军斯大林格勒方面军和东南方面军虽然合起来有120个师，但是人员缺额严重，许多师只有编制人数的20%~25%，部分师甚至仅有800人。负责防守市区和西南一带的第六十二和六十四集团军总共也只有9万人，只有德军的一半。他们的技术装备仅有1000门大炮和迫击炮，120辆坦克，根本无法和德军相比。

德军迅速突入城中，但红军死战不退。争夺市区的激战达到白热化的程度，全市的街道和广场都变成了激烈的战场，有些重要据点被反复争夺，第一火车站的争夺战持续了一周之久，曾13次易手。

斯大林格勒战役打到9月底之时，双方损失都十分巨大，不得不大量补充兵员。红军最高统帅部又将6个步兵师和一个坦克旅调到了斯大林格勒市区。德军也调来了20万人的补充部队，其中包括90个炮兵营（1000多门火炮）和40个受过攻城训练的工兵营。

在朱可夫的建议下，斯大林决定撤换斯大林格勒方面军司令，任命罗科索夫斯基中将担任这个职务，并将斯大林格勒方面军改称为顿河方面军。与此同时，东南方面军则改称为斯大林格勒方面军。同时以近卫第一集团军司令部为核心，组建西南方面军司令部。西南方面军的司令员职务，预定由瓦杜丁中将担任。

指挥经验丰富的罗科索夫斯基被任命为顿河方面军司令员后，朱可夫有了更多的时间从整体上来把握战局的发展，实际上，罗科索夫斯基并不是一个喜欢被人摆布的人，他直截了当地对朱可夫说："请让我亲自指挥我的地面部队。"

朱可夫非常理解这位新上任司令员的要求，也直截了当地回答说："简单地说，你的意思是说我现在在这里无事可做了吗？"

罗科索夫斯基微笑着点点头。朱可夫微笑着说："那好吧，我今天就飞回莫斯科。"

此后，朱可夫多次往返于莫斯科与斯大林格勒之间，充分地发挥了他作为最高副统帅的作用。有一次，朱可夫由斯大林格勒返回莫斯科。朱可夫的座机由空军中将戈洛瓦诺夫亲自驾驶。朱可夫与这位优秀驾驶员并排坐在驾驶舱内。

快到莫斯科了，朱可夫突然觉得飞机在转弯和下降。他已经发现飞机偏离了航线。几分钟后，戈洛瓦诺夫将军把飞机降落在一个十分陌生的地方。朱可夫不解地问："为什么在这里着陆？"

戈洛瓦诺夫长长地舒了一口气，回答说："这已经很不错了，这里紧挨着机场，不然的话，麻烦就大了！"

朱可夫问："怎么回事？"

戈洛瓦诺夫耸耸肩道："飞机结冰了。"

由于经常在气象条件较差的条件下飞行，尤其是要经过战区的上空，朱可夫遇到了很多次意外情况。好在每次都是有惊无险。

到10月份，红军依然在斯大林格勒市内和附近地区进行着恶战。希特勒要求德军B集团军群和保卢斯率领的第六集团军务必在近期拿下斯大林格勒。希特勒无论如何也没有想到，看上去已经奄奄一息的苏联居然能在短时间内组织兵力与其对抗。更让他没有想到的是，红军将士根本没有把个人生死放在心上，他们个个都视死如归，打光最后一颗子弹。德军与红军在斯大林格勒的废墟上进行着几乎面对面的射击。直到11月11日，德军的屡次进攻始终没有达成目的。斯大林格勒依然牢牢地掌握在红军的手中。

德军指战员的士气越来越低落，他们不敢想象还能不能活着离开这个可怕的城市。但希特勒并没有将已经逐渐显露出来的败势放在心上，依然命令部队不惜一切代价地进攻。到11月13日，随着红军不断补充兵力和技术装备，形势已经朝着有利于红军的方向发展。

在斯大林格勒附近，德军部署的B集团军群共有80个师，3个旅，100万人，10290门火炮和迫击炮，675辆坦克，1216架飞机。德军第六集团军和第四坦克集团军作为主力部署在斯大林格勒市区的接近地带和西部外围。罗马尼亚第三集团军、意大利第八集团军、匈牙利第二集团军和德军第二集团军在其西北翼担任掩护任务。在这100万人中，真正能与红军打硬仗的也只有德军第六集团军和第四坦克集团军等约30万人。

此时，红军的兵力与技术装备都已明显超过德军。斯大林格勒方面军、顿河方面军和西南方面军共有110万人，15500门火炮和迫击炮，1463辆坦克和强击火炮，1350架作战飞机。更为重要的是，这时苏军已配有崭新的 T–34 型坦克和 1250 台"卡秋莎"火箭炮。

根据战场上的形势，朱可夫已经制定了反攻计划。11 月 13 日，他飞回了莫斯科，径直走向斯大林的办公室。斯大林的情绪很好，他眯着眼，不慌不忙地抽着烟斗，不时地捋着胡须。朱可夫在一旁向他汇报着关于反攻计划准备的情况。

在实施反攻计划的同时，红军最高统帅部进行了一系列巧妙的隐蔽伪装。他们尽量给希特勒造成一种错觉，红军目前在斯大林格勒方向兵力不足，无法实施大规模的进攻，但要在冬季对德军中央集团军群实施反攻。希特勒果然上当，他从法国、列宁格勒等地区抽调了 12 个师去加强中部战线。希特勒的失策，给即将大举反攻的斯大林格勒方向的苏军制造了更为有利的机会。

六

30万德军缴械投降

随着准备工作的就绪，斯大林格勒的反攻计划开始了。1942年11月19日早晨，西南方面军2000多门大炮向德军阵地铺天盖地地倾泻了大量的炮弹。炮火准备之后，红军兵分两路，以坦克部队为先导，向战斗力薄弱的罗马尼亚第三集团军阵地冲击。罗马尼亚军队惊恐万状，防御体系在顷刻间就土崩瓦解了。仅仅3天之后，罗马尼亚第三集团军就被赶到了顿河以西。红军迅速渡过顿河，一路以坦克部队为主，向西直捣德军后方，将罗马尼亚军队继续赶往西面；另一路以步兵为主，南下直取卡拉奇，并在23日晨占领了该市。

11月20日拂晓，在西南方面军发起反攻的第二天，斯大林格勒方面军也从斯大林格勒以南发起反攻，突破了罗马尼亚第四集团军的防线，并迅速向西北推进。11月23日傍晚，斯大林格勒方面军在卡拉奇胜利与西南方面军会师了。至此，德军第六集团军、第四坦克集团军等22个师约30万人被红军紧紧地压缩在了包围圈中。

与此同时，希特勒令冯·曼施坦因元帅从列宁格勒调到南方组建德军顿河集团军群，解救被围的德军。德军顿河集团军群自称为"同死神赛跑"的部队。他们于12月19日推进到了斯大林格勒的最后一条天然屏障——米什科瓦河，并且成功地在河北岸占领了一个桥头堡。

此时，德军顿河集团军群距离斯大林格勒只有40公里。曼施坦因命令被围德军向西南突围，德军顿河集团军群在此接应。但是被围的德军根本无力奔袭40公里了，他们不但缺少食物，更缺少弹药和燃料。他们的坦克根本没有足够的燃料来跑完这40公里的路程。

红军最高统帅部抓住这一有利时机，立即命令西南方面军和沃罗涅日方面军迂回到德军顿河集团军群的大后方，对其实施包围。至12月23日，这支新生力量以450辆坦克为前导，行程180公里，迂回到整个德军顿河集团军群的大后方。

曼施坦因有些招架不住了。他担心的不再是被困在包围圈里的30万德军，而是如何保证自身的安全。如果他再继续向前推进，整个德军顿河集团军群都有被红军一口吃掉的危险。为了自身的安全，曼施坦因不得不急令北上的德军南撤，同时命令被围德军停止突围。希特勒营救被围德军的计划破产了。

胜利的曙光初现，朱可夫考虑的是如何尽快结束这场大规模的战役，将两个方面军调到高加索方向，粉碎那里的德军，并拦截向南部退却的德军。朱可夫来到最高统帅部，跟总参谋长华西列夫斯基制定了新的计划。

在国防委员会会议上，斯大林建议："粉碎被围德军的工作应交给一个人领导。现在有两位方面军司令员在指挥，妨碍这一任务的完成。"

对斯大林的这一意见，大家纷纷表示支持。斯大林问大家："那么，最后肃清德军的任务交给哪位司令比较合适呢？"

有人提名顿河方面军司令罗科索夫斯基担任此职。朱可夫没有说话。斯大林突然问他："你怎么不吭声？"

朱可夫说："我认为两位司令员都很能干。如果把斯大林格勒方面军的部队拨归罗科索夫斯基指挥，那么叶廖缅科必然会感到委屈的。"

斯大林打断了朱可夫的话，不耐烦地说道："现在不是谈委屈不委屈的时候，给叶缅廖科打个电话，向他宣布国防委员会的决定。"

当晚，朱可夫便用高频电话向叶廖缅科宣布了国防委员会的决定。正如朱可夫所料，叶廖缅科对此十分不满，他嘟囔道："为什么要这样呢？"

朱可夫只好向他解释，说这是为了尽快取得胜利，为了大局。但是叶廖缅科依然十分难过。过了15分钟，他又给朱可夫打来电话，直截了当地说："大将同志，我还是想不通，为什么特别看重顿河方面军的领导人。我请你报告斯大林同志，我要求留在这里，直至肃清敌人为止。"

朱可夫无奈，只好说："我建议你亲自给最高统帅打个电话。"

叶廖缅科委屈地说："我刚才已经打过了，斯大林吩咐我，说这件事情只要和你谈就行了。"

朱可夫不得不给斯大林打电话，把谈话情况一五一十地汇报了一番。斯大林勃然大怒，在电话里把朱可夫臭骂了一通，并要求他立即下达命令，将斯大林格勒方面军的第五十七、六十二、六十四集团军拨归罗科索夫斯基指挥。

在战争年代，战场上的情况瞬息万变，作战命令或许根本就没有办法去考虑个人情感的因素。这就要求军人，尤其是将领要有高度的组织性和纪律性。不久之后，斯大林格勒方面军改称南方方面军，驻守在斯大林格勒以南的地区。

得到斯大林格勒方面军的调过来的3个集团军之后，顿河方面军实力大增，编成内共有21.2万人，约6500门火炮和迫击炮，250多辆坦克和近300架作战飞机。苏联最高统帅部的这一决策对加速斯大林格勒战役的结束起到了很大的作用。

1943年1月，战场的形势对红军越来越有利了。西南方面和斯大林格勒方面军已经向西推进了200～250公里。顿河方面军也在快速收拢包围圈，被围困的30万德军面临着被全歼的命运。为了尽量减少伤亡，红军最高统帅部命令顿河方面军领导人向德军第六集团军发出最后通牒，要他们根据国际惯例缴械投降。希特勒不顾不可避免的后果，拒绝了红军的最后通牒并命令其士兵打到最后一粒子弹。希特勒信誓旦旦地承诺，将派人来营救被围的德军，并让戈林派空军空投物资。实际上，这一点根本无法做到，每个德军士兵都明白这点。

1月10日，经过猛烈的炮火准备后，顿河方面军部队转入了旨在分割并各个消灭被围德军的进攻，但未能获得全胜。不过，包围圈已经越缩越小。12天后哦，经过进一步准备后，顿河方面军部队再次转入进攻，德军开始全面溃退。德军第六集团军的一名侦察军官在其回忆录中对德军在红军突击下的退却是这样描述的："我们被迫开始全线退却，但退却变成了逃跑，场面一片混乱。我们退却的路上布满了尸体。暴风雪好像出于怜悯似的，很快就用雪把尸体掩埋了。我们已经是无命令地退却了。我们在和死亡赛跑，但它十分轻易地就追上了我们。队伍里一批批人倒下了，集团军缩在越来越小的地狱里。"

30万德军官兵每天至少需要750吨物资。戈林答应每天空运500吨，但实际上每天只运到100吨。德军每人每天只分到一片面包，15个人分一公斤土豆，战马已经被宰食精光，士兵喝的只有雪水，伤病员因无人照顾而奄奄一息，人人都在忍受着饥饿和严寒的折磨。坦克因缺少燃料不能开动,火炮缺少炮弹,士兵每天只领到30发子弹。德军伤亡人数与日俱增,战斗力下降,实际上这30万人马中,有战斗力者已经不到25万。

德国陆军总参谋长蔡茨勒向希特勒请求批准突围,但是希特勒对此无动于衷,因为他的心中另有打算。他认为当前的主要任务已经不是解救这些濒于灭亡的部队,而是使他们尽可能拖延时间,牵制住苏军,以便有时间从高加索撤退部队和建立新的防线。也就是说,希特勒要让这30万德军死得有价值一些。

到1月25日,德军被击毙、击伤和被俘者已超过了10万人。苏军又把包围圈缩小到南北长20公里、东西宽3.5公里的地段上。1月30日是法西斯在德国执政10周年。希特勒在这一天下令授予保卢斯将军以元帅军衔,同时给予被围的170名德军军官各升一级,其用心是想提高他们的士气。但是第二天,这位刚当了一夜的德军元帅、第六集团军司令保卢斯及其司令部的全体官兵就在一家百货公司的地下室里被俘了。保卢斯的参谋长代表他在投降书上签了字。2月2日,被围德军全部投降或被歼灭。至此,经过200天的鏖战,这场第二次世界大战期间最大的一次战役宣告结束了。

希特勒对在斯大林格勒如此惨重的失败痛心疾首,更对保卢斯的投降恨之入骨。他在一次最高统帅部的会议上咒骂道:"他们已经在那儿投降了——正正式式、完完全全地投降了。他们本来应该团结一致、顽强抗击,然后用最后一粒子弹自尽……保卢斯应该举枪自杀,正像历来的司令官眼看大局已去便拔剑自刎一样。"

为了欺骗舆论,也是为了自欺欺人,希特勒在保卢斯投降后的第三天,发布了一份特别公报:"斯大林格勒战役已经结束。第六集团军在保卢斯陆军元帅的卓越领导下,忠实地履行了他们打到生命最后一息的誓言,没有被优势敌人和不利于我军的条件所压倒。"

在斯大林格勒战役中,德军总共损失了约150万人,3500辆坦克和强击火炮,12000门火炮和迫击炮,约3000架飞机及大量的其他技术兵器。这些兵力和兵器的损失对纳粹德国的整个战略地位产生了极大的影响并彻底动摇了其整个战争机器。斯大林格勒战役是第二次世界大战中苏德战场的一个转折点,从此红军便转入了全面反攻,掌握了战略主动权。

为了表彰朱可夫在这场战役中的卓越指挥,红军最高统帅部决定授予他第一号苏沃洛夫一级勋章。与此同时,他在 1 月 18 日被晋升为苏联元帅,成为第二次世界大战中荣膺这一荣誉的第一位野战指挥官。苏联的各大报刊纷纷赞誉朱可夫为实施了斯大林关于在莫斯科、斯大林格勒和列宁格勒打退德军的计划的"才能卓著的勇敢的首长"。

· 第九章 ·

指挥部队全面反攻

一

库尔斯克战役的前夕

斯大林格勒战役之后，苏德战场上的兵力对比发生了明显的变化。红军的作战部队已经发展到了 660 万人，火炮 10.5 万门，坦克 1 万多辆，作战飞机 1.03 万多架。随着军工生产的大发展，部队的技术装备仍在迅速加强。德军不管在兵力上，还是在技术装备上都已经明显落后于红军。此时，德军及其盟国在苏联的作战部队约有 550 万人，火炮 5.4 万门，坦克 5850 辆，作战飞机 3000 架。

红军最高统帅部抓住这一有利时机，立即命令红军从列宁格勒到高加索的广阔战线上发起了全线反攻。南方方面军一路南下，与北高加索方面军配合，歼灭了盘踞在北高加索地区的大部分德军。顿河方面军和西南方面军在德军第六集团军投降之后继续西进，收复了罗斯托夫、哈尔科夫、库尔斯克等许多具有战略意义的城市和地区。与此同时，列宁格勒方面军和沃尔霍夫方面军也在北线发动了进攻，终于在拉多加湖以南打开了一条宽 8~11 公里的陆地走廊，解除了德军对列宁格勒长达 900 天的封锁。

为了扭转局势，希特勒急忙补充兵力，从南部战线实施了猛烈的反突击，重新攻占了哈尔科夫、别尔哥罗德等地。红军顽强地抵抗着德军的进攻，致使希特勒快速进军的计划落了空。红军在库尔斯克地区的突出阵地更是给德军的防线造成了很大威胁。在这种情况下，攻占红军的这块突出阵地就成了德军的当务之急。3 月中旬，德军便在库尔斯克地区大量集结兵力，准备发起大规模的进攻战役。

鉴于这一形势，斯大林电话联系了朱可夫。当时，朱可夫在铁木辛哥指挥的西北方面军中担任最高统帅部的代表。斯大林在电话中透露，他打算任命索科洛夫斯基担任西方方面军司令。

朱可夫思考了一下，进一步建议斯大林委任西方方面军司令员科涅夫去担任西北方面军司令，将西北方面军司令员铁木辛哥派往南方担任最高统帅部代表，协助南方方面军和西南方面军防守库尔斯克。因为铁木辛哥曾长期在那一地区工作，对那里的情况非常熟悉。更何况，德军正在准备在库尔斯克地区发动大规模的战役。

斯大林略加思考，便回答说："好吧，我告诉波斯克列贝舍夫，要科涅夫给你打个电话，由你给他下达指示。"

说到这里，斯大林顿了顿，又接着说："你明天到最高统帅部来一趟，我们讨论一下西南方面军和沃罗涅日方面军的情况。我打算让你到哈尔科夫地区去一趟。"

斯大林的电话挂断后没多久，科涅夫的电话就打进来了。朱可夫在电话直截了当地说："最高统帅命令任命你接替铁木辛哥为西北方面军司令员。因为他要到南方战线去主持工作。"

科涅夫回答说："我十分感谢最高统帅部对我的信任。明天早晨，我就动身去新的岗位。"

第二天一早，朱可夫便坐上了吉普车，向莫斯科进发了。由于战争的破坏，莫斯科周围已经没有一条像样的道路了，所有的道路都是坑坑洼洼的。汽车颠簸摇晃了一天才赶到莫斯科。

朱可夫拖着疲惫的身体，来到了斯大林的办公室。斯大林连夜召开了一个紧急会议，讨论了战略物资的储备和生产等问题。直到凌晨3点多，会议才结束。斯大林走到朱可夫跟前，两只布满血丝的眼睛盯着他，关切地问："你吃晚饭了吗？"

朱可夫回答说："没有。"

斯大林也已经十分疲惫了，但他不能休息，他还要和朱可夫讨论哈尔科夫地区的战况。他对朱可夫说："那和我一起走，顺便谈谈哈尔科夫地区的情况。"

总参谋部在这时送来了前线的最新消息。哈尔科夫地区的形势十分严峻。德军出动强大的兵力，从几个方向同时转入了进攻。西南方面军司令员瓦杜丁不得不将库尔斯克地区向前突出部的坦克第六集团军和第六十九集团军向后撤退。戈利科夫上将指挥的沃罗涅日方面军暂时还没有后撤，正在与德军交战。

斯大林有些不快地质问道："总参谋部为什么不提醒他们？"

参谋回答说:"我们建议过。"

斯大林看了看参谋,又转向朱可夫,缓缓道:"总参谋部应干预方面军的指挥。天亮后,你要马上到前线去。"

说完,斯大林走到电话机旁,拨通了沃罗涅日方面军指挥部的电话,在电话里严厉批评了方面军军事委员赫鲁晓夫。朱可夫见状,知道前线的情况已经十分糟糕了,他这名战场救火员又要出发了。他起身要走,斯大林拦住他说:"总得把饭吃完呀!"

朱可夫笑了笑,继续在凌晨吃着昨天晚上就应该吃的晚饭。饭后,朱可夫便立即离开了克里姆林宫,着手准备到沃罗涅日方面军司令部的相关事宜。早晨7点,朱可夫趁着飞机飞行的时间,在机舱里睡了一小会儿。

库尔斯克方向的形势远比斯大林预料的还要糟糕。希特勒制订了"堡垒"计划,决定集中优势兵力,在库尔斯克地区歼灭红军主力,夺回在苏德战场上的战略主动权,并趁机夺取顿河、伏尔加河流域,向莫斯科挺进。为了实现这一目的,希特勒从4月份开始将总兵力达90万人的50个战斗力最强的师向库尔斯克地区的南、北两侧集结。与此同时,他还把在苏德战场上的主要技术装备都投入到这一地区,共2700辆坦克和强击火炮、2000多架作战飞机。德军还投入了最新式的"虎式"和"豹式"坦克。

在100多公里的狭窄地段上,德军90万大军渐渐集结。希特勒命令他们组成两个突击集团,分别从别尔哥罗德地区和奥廖尔以南地区实施坚决而迅速的集中突击,合围库尔斯克,将红军的主力消灭在那里。

朱可夫抵达沃罗涅日方面军之后,便立即在方面军司令瓦杜丁的协同下,走访部队,了解敌我双方的兵力对比。很快,朱可夫就明白了德军的战略企图,他们要上演一个德国版的"斯大林格勒战役"。

4月28日,朱可夫将一份拟定好的作战报告上交给了斯大林。在报告中,朱可夫准确地分析了德军的战略意图,并建议在防御中消耗疲惫德军并打掉其坦克之后,再投入精锐预备队,转入全面进攻,一举消灭德军的主力。

沃罗涅日方面军司令瓦杜丁将军和军事委员会委员赫鲁晓夫对这个看似消极的建议颇不以为然,他们建议斯大林先发制人,主动对德军实施突击。朱可夫、华西列夫斯基明确表示,这个计划将把红军的主力葬送在库尔斯克，他们极力反对。

斯大林左右权衡之后，决定以纵深梯次防御的各种火力、航空兵的猛烈突击和预备队的反突击对德军实施进攻，主动消耗和疲惫德军。然后在别尔哥德—哈尔科夫方向及奥廖尔方向上发动猛烈的反攻，以彻底粉碎德军的战略意图，随后便发动全线进攻。

斯大林决定了对策之后，朱可夫等红军高级指挥员便忙开了。红军在库尔斯克战线设置了巩固的纵深防御体系，各方面构筑的工程纵深均达250～300公里。兵力也远较德军强大，仅承担主要突击任务的中央方面军和沃罗涅日方面军的兵力就达到133.6万人，技术装备更是远胜德军，共有3444辆坦克和强击火炮、19100门火炮和2900架飞机。最高统帅部把最强大的战略预备队——草原方面军也调到了库尔斯克以东地区。

各种准备工作在有条不紊地进行着。到6月底，德军企图发动进攻的意图越来越明显。30日，斯大林命朱可夫留在最关键的奥廖尔方向上，负责协调中央、布良斯克和西方方面军的行动，华西列夫斯基则被派到沃罗涅日方面军去了。此时，红军进攻的准备工作也已经就绪了，一场大战即将开始。

二

大获全胜的库尔斯克战役

希特勒原本打算5月就开始实施"堡垒"计划的，但由于新式的"虎式"和"豹式"坦克装备到装甲师需要一段时间，结果时间一拖再拖，一直拖到了7月初。7月4日夜间，一名德军俘虏将"堡垒"计划的进攻时间透露了出来。德军将在7月5日凌晨3点发动全线进攻。中央方面军司令员罗科索夫斯基急忙请示朱可夫："我们怎么办？是先报告最高统帅部，还是立即下达实施进攻命令？"

朱可夫立即回答说："时间不能再耽误了，你立即按照最高统帅部和方面军的作战计划下达命令吧！我现在就给斯大林同志打电话，向他报告我们接到的情报及采取的决定。"

斯大林对朱可夫的决定表示满意，并令他随时向自己汇报战场的最新情报。进攻即将开始，朱可夫有一些紧张，而且难以抑制。他知道，这是红军与德军力量对比发生重大改变后的第一次大规模战役，不能有任何闪失。

深夜了，朱可夫站在形势图前，仔细地研究着各种可能发生的情况。司令部的工作人员全都守在自己的岗位上，静静地等候着朱可夫下达进攻的命令。终于，朱可夫下定了决心，转身对各方面军司令说道："好吧，现在开始进攻，一定要抢在德军前头！"

7月5日凌晨2点20分，中央方面军和沃罗涅日方面军向作战部队下达了进攻的命令。各种炮弹像暴雨一样倾泻在德军的阵地上。听着各种炮弹爆炸的声音，朱可夫的心情平静多了，他仿佛看到了德军士兵失魂落魄地寻找掩体躲避炮弹的场景。朱可夫的心突然像是被什么东西击了一下。

正在这时，电话响了。接线员报告说："最高统帅要和元帅同志直接通话。"

朱可夫接过电话，斯大林问："怎么样？开始了吗？"

朱可夫回答说："开始了。"

"敌人如何动作？"斯大林追问道。

朱可夫平静地说："敌人个别炮兵连企图回击，但很快就沉默了。"

斯大林非常满意，爽朗地说："好吧，我一会儿再打给你。"

红军的炮火虽然给德军造成了严重的损失，但并没有将其完全摧垮。早晨5点30分，德军仍然组织了一次进攻。不过，由于损失惨重，这次进攻并不理想。随后，德军又组织了5次猛烈的冲击，企图突入红军防御。由于红军的防御体系十分牢固，德军每次都是无功而返。直到傍晚，德军掷弹兵和步兵才在突击炮兵和工兵的支援下，向红军的防御前沿突破了3～6公里。

由于兵力和技术装备占据着极大的优势，又有朱可夫的指挥，红军士兵们的防御与进攻都十分顽强，没有给德军任何可乘之机。在随后的几天里，虽然德军不惜以重大伤亡为代价，连续不断地发起冲击，但始终没能向前推进一步。

7月9日拂晓，斯大林再次给朱可夫打来电话，询问前线的情况。朱可夫报告了之后，斯大林追问道："按照计划规定，现在是不是该布良斯克方面军和西方方面军左翼行动的时候了？"

朱可夫回答说："是的。在中央方面军的防御地段，德军已经没有突破我军防御的力量了。为了不让敌人有时间组织防御，应该让布良斯克方面军的全部兵力和西方方面军的左翼迅速转入进攻，以协助中央方面军的反攻行动。"

斯大林说："好的，我同意。现在，你就到布良斯克方面军去，让他们开始行动吧！对了，布良斯克方面军什么时候能发起进攻？"

朱可夫说："12日。"

斯大林又是两个字——同意。在整个战争期间，斯大林对朱可夫说的最多的两个字就是"同意"了。因为他知道，只要按照朱可夫的计划去实施，胜利就一定是属于红军的！

7月12日，布良斯克方面军和西方方面军的加强近卫第十一集团军转入进攻。德军的防御体系迅速崩溃，红军开始向奥廖尔总方向推进。驻守在奥廖尔地区的德军乱了阵脚，急急忙忙从红军中央方面军当面的德军集团中抽调部队来加强该地的防御力量。如此一来，正中朱可夫的下怀。他趁着中央方面军当面之敌力量薄弱之时，立即下令中央方面军从正面转入反攻。德军节节败退，很快就全线崩溃了。就这样，在奥廖尔地区，希特勒经过长期准备的总攻彻底垮台了。

就在红军在奥廖尔地区大获全胜之时，在库尔斯克南线的别尔哥罗德地区，两军也发生了激烈的战斗，双方均损失惨重。就在布良斯克方面军和西南方面军发动全线反击之时，鉴于别尔哥罗德地区的形势，斯大林命令朱可夫立即从布良斯克方面军指挥所飞往沃罗涅日方面军地段，协调沃罗涅日方面军和草原方面军的行动。

7月13日，朱可夫抵达沃罗涅日方面军指挥所。朱可夫同总参谋长华西列夫斯基、沃罗涅日方面军司令员瓦杜丁、草原方面军司令员科涅夫讨论决定，进行更加有力的反突击，继续追击德军，收复失地。

随后，沃罗涅日方面军和草原方面军发动了全线进攻，战场上的形势随之被扭转了。德军转入了防御。3天之后，德军完全停止了冲击并开始向别尔哥罗德撤退部队。8月5日，红军解放了别尔哥罗德，德军在别尔哥罗德地区的作战计划也宣告失败了。与此同时，在北线，红军解放了被德军占领两年之久的另一个重要城市——奥廖尔。

8月5日24点，莫斯科120门大炮齐鸣12响，祝贺这次重大胜利。这是苏联卫国战争以来第一次响起的祝捷礼炮。莫斯科沸腾了，前线沸腾了。苏联人民相信，胜利是属于他们的，德国人在不久之后就将被赶出苏联了。

库尔斯克战役就要结束了，红军在这次战役中取得了前所未有的胜利。德军一路后退，连他们占据的乌克兰第二大城市哈尔科夫也在8月23日被红军解放了。至此，苏联卫国战争中最大的一次会战以苏军的胜利而结束了。在这次战役中，德军总计损失50多万人、1500辆坦克、3000门火炮和3700多架飞机。德军的主力被消灭了。希特勒勃然大怒，把这次失败的全部责任推到了负责指挥战役的元帅和将军们头上，将其纷纷革职，换上了一大批新人。这批没有指挥经验的将领上台又进一步加速了德军的灭亡。

与希特勒的勃然大怒相比，斯大林则是心花怒放。苏联最高苏维埃主席团宣布，为红军"卓越而果敢地指挥作战和胜利抗击德国侵略者"的将领们授勋：授予朱可夫元帅苏沃洛夫一级勋章，授予科涅夫大将库图佐夫一级勋章，授予布尔加宁中将红旗勋章。

朱可夫并没有因为所获得荣誉和奖赏而洋洋自得，因为他知道，他的唯一使命和责任是尽早结束这场邪恶的战争。战役结束的第二天，朱可夫便奉命回到了最高统帅部，讨论红军在更广阔的战线上展开全面进攻的计划。

三

"不可原谅的错误"

在库尔斯克战役进行的同时，世界反法西斯的形势也越来越明朗。7月13日，盟军在意大利南部的西西里岛登陆，意大利输得一塌糊涂。希特勒已经意识到，形势对他们越来越不利了。当时，盟军在巴尔干各国和意大利登陆的意图十分明显。为了应对西欧急剧变化的形势，希特勒决定中止"堡垒"计划。但是，事态的发展已经完全超出了希特勒的控制范围。德军将领梅伦廷曾如是说："我们现在的处境，就像一个人揪住了一只狼的两只耳朵，怎么敢撒手放开它！"

红军总参谋部分析了世界反法西斯的形势，认为英国和美国暂时还不会在欧洲实施大规模的进攻战役，但他们在西西里登陆明显给希特勒造成了很大的顾虑。如此一来，从西欧调动兵力到苏联的可能性就很小了。就当前德军在苏德战场上的实力而言，他们已经很难发动任何大规模的进攻了，只能积极防御了。

有鉴于此，总参谋部决定在西方和西南方向上的所有方面军地带内展开进攻，以便推进到白俄罗斯东部地区和第聂伯河流域，夺取第聂伯河上的登陆场，保障解放右岸乌克兰战役的实施。斯大林也坚决要求毫不迟延地发动进攻，打破德军在通往第聂伯河的接近地带上组织防御的企图。

朱可夫对红军的战略意图表示赞同，但是对进攻战役所采取的形式存在不同看法。他认为红军当前还不能从北方的大卢基到南方的黑海各个方面军都展开正面突击。他极力劝说总参谋部，变更兵力部署，分割合围德军的大集团，尤其是顿巴斯的德军南方集团。总参谋部把朱可夫的建议上报斯大林之后，斯大林完全没有理会。他明确要求沃罗涅日方面军和草原方面军尽快前进到第聂伯河，并指示朱可夫给这两个方面军调拨物资、器材。

当晚，朱可夫便拟定了一份物资清单，上呈给斯大林。不知道斯大林出于什么考虑，将朱可夫所列的现有兵力兵器表上的数字全部削减了30%～40%。他边划边说："剩下的，等两个方面军接近第聂伯河时，最高统帅部就拨给他们。"

随后，朱可夫奉命飞赴方面军的行动区域，协调两个方面军的行动。9月6日，最高统帅部命令沃罗涅日方面军和草原方面军继续进攻，推进到第聂伯河中游地区，并在该处夺取登陆场。

在朱可夫负责下，两个方面军很快就从南北两个方向快速向第聂伯河中游地区推进。9月中旬，红军已经推进到了第聂伯河岸边，准备强渡。为了扭转局势，希特勒亲自来到德军南方集团军群司令部，命令部队要不惜一切代价守住第聂伯河，哪怕战斗到最后一个人。因为希特勒十分清楚，第聂伯河一旦失守，乌克兰就保不住了，德军在南方的战线就会崩溃。这样的话，德军面临的局面将是，红军快速向德军本土推进。那样，整个轴心国的阵营都会动摇。

当然，夺取第聂伯河对红军的意义也不言而喻。为了进一步提高部队的士气，红军最高统帅部于9月9日发布命令，规定各级首长，对于强渡第聂伯河左岸最大的支流杰斯纳河的，授予苏沃洛夫勋章；强渡第聂伯河的，授予苏联英雄称号。

红军士气高昂，表现出了大无畏的牺牲精神。不少部队甚至在行进间强行渡河。他们用简陋的木排、渔船、小艇等，千方百计横渡过岸。守在第聂伯河西安的德军已经失去了信心，士气非常低落。他们眼睁睁地看着红军蜂拥而至，除了拼死抵抗之外，根本就没有别的选择。德军的防线很快就被突破了。到9月底，红军已经在宽达700公里的地段上完成了强渡第聂伯河的任务。

10月20日，红军最高统帅部决定改编渡过第聂伯河的两个方面军，将沃罗涅日方面军、草原方面军分别改称乌克兰第一方面军和第二方面军。两个方面军势如破竹，德军毫无招架之力。乌克兰第一方面军于11月6日攻克了乌克兰首都基辅，而后乌克兰大小城市一个接一个被苏军收复。到了12月初，苏联中部和南部的德军已经被击退了300多公里。此时，寒冬的冬天已经到来了，战场上的枪炮声也暂时沉寂了下来。

12月中旬，朱可夫奉命回到最高统帅部，参与讨论年度总结和近期的战争前景。长期的失眠和奔波使朱可夫极度疲劳。朱可夫利用在最高统帅部这个难得机会好好放松了一下自己的神经，好歹恢复了些体力和精神。

在此期间，斯大林经常邀请朱可夫到他在克里姆林宫的住所吃饭。能被最高统帅邀请到住所吃饭既是一种荣誉，也是与其交换意见的大好机会。有一次，朱可夫又提出关于实施合围战役的问题。斯大林想了想，回答说："现在我们更强大了，我军更有经验了。我们能够而且应该实施合围战役。"

朱可夫非常高兴，斯大林终于同意他的计划了。在确定了作战计划之后，朱可夫和华西列夫斯基便分头出发到各自负责的方面军去了。朱可夫负责协调乌克兰第一和第二方面军的行动，华西列夫斯基负责协调乌克兰第三和第四方面军的行动。

乌克兰第一方面军司令部设在一座农舍里，屋里的壁炉烧得很旺，很暖和，方面军司令瓦杜丁披着一件大衣正在工作。朱可夫轻轻地走了进来。走近一看，瓦杜丁正在草拟进攻指令。朱可夫极简要地介绍了最高统帅部的进攻决定。瓦杜丁听了之后便就方面军作战计划的修改方案征求了朱可夫的意见。朱可夫感觉到瓦杜丁似乎生病了，他的声音都在打颤。朱可夫建议道："身体不舒服就吃点药，躺下休息会儿。战役马上就要开始了，需要消耗很大的体力和精力。"

瓦杜丁点点头，喝了一杯浓茶，服了 2 片阿斯匹林，就到自己卧室里去了。朱可夫同参谋长博戈柳博夫来到司令部作战处。还不到 10 分钟，电话铃响了。瓦杜丁要参谋长到他那里去。出于对这位出色指挥员的关心，朱可夫也跟着去了。一进门，他们看见瓦杜丁又在那里标示进攻图。

朱可夫有些暴躁地说："我们不是说好了你休息嘛！怎么又干起来了？"

瓦杜丁回答："我想给最高统帅部写个关于进攻准备情况的报告。"

朱可夫一边强迫他离开办公室，一边说："这些事都是参谋长的职责，让参谋长完成就行了。"

朱可夫知道，红军之所以能够扭转战局，取得战略控制权，虽然有无数无名勇士的大无畏牺牲精神，但也离不开高级指挥员的高度责任感。就像瓦杜丁一样，他对方面军的工作总是亲力亲为。

正是有了红军战士的大无畏牺牲精神和高级指挥员的负责态度，到

1944年1月初，乌克兰第一方面军和第二方面军在进攻战役中向前推进200多公里，解放了基辅州、日托米尔州、基洛夫格勒等很多地区。德军为了扭转战局，在乌克兰第一和第二方面军翼侧的科尔松—舍甫琴柯夫斯基地区布署了一个相当强大的集团。这个集团由威廉·施滕麦尔曼将军指挥，共有9个步兵师、一个坦克师和一个摩托化师。德军占据着一块约120公里宽的突出部，严重制约了红军两个方面军向西的发展。

朱可夫研究了战场的态势之后，决定先消灭这部分德军。1月11日，他向斯大林提出了采取分割、合围歼灭这一地区敌人的计划。斯大林批准了这一计划，同时又加强了两个方面军的力量。

朱可夫信心满满，但同时也小心翼翼地组织着这次战役。参战的乌克兰第一、第二方面军总共有27个步兵师、4个坦克军、一个机械化军和一个骑兵军，兵力超过德军70%。火炮、迫击炮、坦克和自行火炮也都超过德军数倍。1月24日，乌克兰第二方面军从基洛夫格勒以北首先发起了进攻。次日，乌克兰第一方面军也从白教堂发动攻势向东南推进。两个方面军的先头部队于1月28日胜利会师。德军渐渐陷入了红军的包围圈。到2月3日，科尔松—舍甫琴科夫斯基的德军全部被包围起来了。

为了挽救被围困的德军，希特勒统帅部急忙从西部地区抽调了8个坦克师和7个步兵师前来解围。德军坦克第一集团军司令官胡贝将军在无线电台向被围德军慷慨许诺说："我来救你们，你们可以像依靠石头墙一样依靠我。你们将从合围中被解救出来。目前你们应坚持住。"

但是胡贝将军显然没有料到当面的红军远比他想象的要强大。他的进攻根本就没有起到什么作用，一部分部队甚至还被击退到原出发地区。被围困在科尔松—舍普琴科夫斯基的德军岌岌可危，面临着被红军全歼的命运。

2月8日，朱可夫向被围德军司令官施滕麦尔曼将军发出最后通牒，要求他们在2月9日上午11点之前缴械投降。施滕麦尔曼将军决心孤注一掷，拒绝了红军的最后通牒。红军随即于2月11日向被围困的德军发起了猛烈的进攻。包围圈越缩越小，德军士兵已经精疲力尽，再也无力抵抗了。

就在这关键时刻，朱可夫却病倒了。他患了流感，发起高烧，昏昏沉沉躺在床上。不知睡了多久，忽然觉得有人使劲推他，朱可夫沉沉地问：

"出什么事了？"

参谋告诉他说："斯大林同志来电话了。"

朱可夫赶紧跳下床，拿起听筒。斯大林在电话里问："我得到报告，德军已经在夜间突入了希尔基和新布达。你知道吗？"

朱可夫大吃一惊，忙回答说："我不知道。"

斯大林说："请你核实一下，马上报告我。"

朱可夫立即给乌克兰第一方面军司令瓦杜丁打电话，询问真实情况。情况并没有斯大林说的那么糟糕，德军只不过借助夜里的暴风雪，向前推进了二三公里，占领了希尔基。朱可夫和瓦杜丁商定了补救措施，然后向斯大林报告了解到的实际情况。

斯大林说："科涅夫建议，担任消灭科尔松—舍甫琴柯夫斯基地区包围圈内敌集群任务的部队由他指挥，在对外正面上的部队则由瓦杜丁集中指挥。"

朱可夫不知道科涅夫为什么要这样建议，忙劝说斯大林："彻底歼灭被围敌军，只是三四天的事。变更对集团军的指挥，可能会延长战役进程。"

斯大林根本没有把朱可夫的话放在心上，他继续说："让瓦杜丁亲自负责第十三和六十集团军在罗夫诺、卢茨克、杜布诺地区的战役。你负责不让正面上的敌突击集群突破利扬卡地区。"

说完，斯大林就把电话挂了。朱可夫茫然了好一阵。两个小时之后，最高统帅部的命令就到了方面军。瓦杜丁是个情感十分丰富的人。一接到指令，他便给朱可夫打电话，委屈地说："元帅同志，别人不了解还没什么。而你应该是知道的，我接连有好几个昼夜没有合眼，竭尽全力来实施科尔松—舍甫琴柯夫斯基战役。为什么到这个时候要免我的职？为什么不让我把这个战役进行到底？我也是热爱自己方面军荣誉的，也希望在莫斯科能为乌克兰第一方面军的战士们鸣放礼炮。"

朱可夫冷静地回答说："瓦杜丁同志，这是最高统帅的命令，我和你都是战士，让我们无保留地执行命令吧。"

"是，我一定执行命令。"瓦杜丁委屈地说了这么一句，便放下了电话。

围剿被围德军的战役进行得很顺利。到2月17日，除少部分坦克和装甲车得以突围外，被包围的德军基本上被歼灭了。

　　2月18日，莫斯科为乌克兰第二方面军部队鸣放了礼炮。而对乌克兰第一方面军却只字未提。朱可夫对最高统帅部，尤其是斯大林的这种做法极为不满，瓦杜丁和乌克兰第一方面军在这次战役中都付出了极大的努力，并做出了很大的贡献，莫斯科也应该为他们鸣放礼炮。朱可夫愤愤不平地想："这是最高统帅不可原谅的错误！"

四

莫斯科最熟悉的礼炮

1944年2月28日，朱可夫同瓦杜丁讨论了当前的战役问题。讨论结束后，瓦杜丁说："我想到第六十和十三集团军去，去看一下他们与航空兵的协同问题如何解决，顺便再看看后勤保障的准备情况。"

朱可夫说："你不必亲自去，可以派副司令员去。"

瓦杜丁坚持说："我很久没去过第六十和十三集团军了。我还是亲自去看看吧！"

朱可夫无奈，只好让他去了。但他无论如何也没有想到，这次分别居然成了他们之间的永诀。

2月29日下午，瓦杜丁在离开第十三集团军司令部驱车前往第六十集团军的时候遇到了乌克兰民族主义分子的伏击。瓦杜丁的腿部负了伤，大量出血。由于情况危急，瓦杜丁并没有立即处理伤口，而是先指挥警卫人员击退了匪徒。战斗结束后，瓦杜丁被送到了野战医院，然后又转到基辅。

由于这一意外的发生，朱可夫立即给最高统帅部打电话，请示乌克兰第一方面军的指挥问题。在无奈之下，斯大林只好让朱可夫暂时担任乌克兰第一方面军的司令。至于乌克兰第一方面军和第二方面军的协同动作则由最高统帅部直接负责。

瓦杜丁大将经常带病工作，身体本来就十分虚弱，再加上大量失血，抵达基辅的时候已经昏迷不醒了。4月15日，瓦杜丁大将与世长辞了。两天之后，他被安葬在了基辅。为了哀悼这位伟大的将领，莫斯科鸣放了20响礼炮。

朱可夫于3月1日被最高统帅部正式任命为乌克兰第一方面军司令员。在这位威震全军的著名元帅鼓舞下，乌克兰第一方面军穿越几乎无法通行的田野，发起了切尔诺夫策攻势。他们在正面上突破了德军的坚固防线，在短短的两天内就将战线向前推进了 20～50 公里。斯大林于 3 月 5 日命令在莫斯科用 224 门礼炮齐射 20 响，向乌克兰第一方面军和朱可夫致敬。随后，向朱可夫和乌克兰第一方面军致敬的礼炮声成了莫斯科人最熟悉的"交响乐"。

在 3 月中下旬，朱可夫指挥乌克兰第一方面军解放了捷尔诺波尔、普罗斯库罗夫一线和切尔特科夫城，并包围了德军拥有 23 个师的集团。乌克兰第一方面军如此风卷残云般地神速挺进给苏联人带来了无限的欣喜。苏联新闻局刊登了大量关于朱可夫和乌克兰第一方面军的消息，但是由于他们向前推进的速度实在太快，新闻局根本无法准确报道他们到底解放了多少地方，只好笼统说他们"解放了 240 个地方"。他们每次攻占了较大的、比较重要的地方之后，莫斯科都会在傍晚时分为他们鸣放 12～20 响礼炮。

4 月 5 日，苏联《消息报》报道说："苏联元帅朱可夫同志所指挥的乌克兰第一方面军的辉煌战绩，已使红军进抵到喀尔巴阡山山麓，把德军的战线截成两段，并使敌人失去了主要交通线。""在发起攻势不到一个月的时间里，乌克兰第一方面军的部队就击溃了德军 28 个师和 5 个师级集群以及一个罗马尼亚师。"

为了表彰朱可夫的这一卓越战绩，苏联最高苏维埃主席团决定授予他"胜利"勋章一枚。"胜利"勋章是苏联的最高级军功勋章，根据苏联最高苏维埃主席团 1943 年 11 月 8 日命令而设立的。勋章只授予顺利完成一个或数个方面军参加的大型战役而使战略态势发生了有利于红军变化的苏联武装力量最高级指挥人员。朱可夫获得的"胜利"勋章是第一号，总参谋长华西列夫斯基获得了第二号"胜利"勋章。

4 月初，乌克兰第一方面军在朱可夫的指挥下已经推进到了捷克斯洛伐克和罗马尼亚边境。为了庆祝这一胜利，斯大林下令于 4 月 8 日再次鸣炮向朱可夫和乌克兰第一方面军致敬。4 月 15 日，朱可夫又指挥部队乘胜夺取了重要城镇塔尔诺波尔。当晚，莫斯科人又听到了他们已经习以为常的向乌克兰第一方面军和朱可夫致敬的礼炮声。

推进到捷克斯洛伐克和罗马尼亚边境之后，乌克兰第一方面军的进攻暂时停了下来。4 月 22 日，朱可夫奉命回最高统帅部，讨论 1944 年夏、秋季的作战计划。朱可夫先来到总参谋部，给斯大林打电话。接电话的是

胜利象征 shenglixiangzheng·朱可夫 zhukefu

斯大林的秘书波斯克列贝舍夫。他说:"斯大林同志暂时没有时间,你不妨先休息一下。只要斯大林同志有空,我就给你打电话。"

朱可夫闻言大喜,这个时候再也没有比睡一觉更能诱惑他的了。连续几个月的作战,已经让他筋疲力尽了。放下电话,朱可夫什么也不想,倒头便睡。

直到傍晚时分,波斯克列贝舍夫才把朱可夫叫到斯大林的办公室。红军的高级指挥员都已经在那里等候了。斯大林微笑问朱可夫:"去领勋章了吗?"

朱可夫知道斯大林所说的勋章是指"胜利"勋章,但领勋章什么时候都可以领,觉却不是什么时候都可以睡的。他笑了笑,尴尬地回答说:"还没有去。"

斯大林朝朱可夫点了点头说:"应该去领'胜利'勋章。"

朱可夫谦虚地向斯大林表示了谢意。斯大林点了点头,转向副总参谋长安东诺夫,问道:"我们从哪里开始呢?"

紧接着,大家就1944年夏秋季作战计划作了汇报。面对胜利在望的局面,斯大林显得十分轻松,他不慌不忙地掏出烟斗,点着烟,一边抽烟一边说:"好,现在我们听听朱可夫同志的汇报。"

朱可夫也不紧不慢地打开自己的地图。这时,斯大林已经走到朱可夫身旁,也在认真察看眼前这张小地图。朱可夫提出了一些自己的见解。他还没有说完,斯大林便打断了他的话,对大家说:"盟军打算在6月份以大批兵力在法国的诺曼底登陆。我们的盟军也着急了!"

众人闻听这个消息都感到十分高兴,这无疑会加速法西斯德国的灭亡。斯大林接着说:"他们生怕我们独自打败了法西斯德国,他们没份参加。当然我们所关心的是德寇最终将在两个战场上作战。这会使他们的处境更坏。德寇将无力挽回败局了。"

斯大林在朱可夫分析战局时特别注意德军的白俄罗斯集团。当时,白俄罗斯集团是德军整个苏联境内最强大的集团军了。只要粉碎了这个集团,德军在其整个西部战略方向上的防御就垮台了。

斯大林将这一想法说了出来,又问安东诺夫:"总参谋部是怎么想的?"

安东诺夫回答道:"我同意您的这个看法。"

斯大林想了想，又把秘书波斯克列贝舍夫叫进来，让他接通了总参谋长华西列夫斯基的电话。几分钟，电话接通了。斯大林拿起话筒说："朱可夫和安东诺夫都在这里。你能坐飞机来商谈夏季计划吗？"

不知道华西列夫斯基是如何回答斯大林的，斯大林有些不快地说："你在那里忙些什么？那好吧，你就留在那儿，把你的意见给我送来。"

放下话筒，斯大林对朱可夫说："你和安东诺夫拟个夏季行动计划的初步方案，然后我们再讨论一次。"

很快，夏季行动计划便拟定好了。斯大林也批准了。这个计划决定首次进攻战役于6月份在卡累利阿地区和彼得罗扎沃茨克方向上实施，然后在白俄罗斯战略方向上实施。

4月28日，朱可夫回到了乌克兰第一方面军。但斯大林很快就命令他把乌克兰第一方面军的指挥权交给科涅夫，把他召回了莫斯科。斯大林想让他着手准备解放白俄罗斯的战役。朱可夫建议，乌克兰第一方面军仍由他兼管，因为在白俄罗斯战役之后，接着就要在乌克兰第一方面军地段上实施一次大规模的进攻战役。斯大林同意了朱可夫的建议。随后，朱可夫便驱车抵达莫斯科。

五

第二个"苏联英雄"称号

由于盟军在诺曼底登陆，开辟了欧洲第二战场，德军陷入了两线作战的被动境地。德军的失败已经是可以预见的了。苏联红军抓住这一有利时机，决定在1944年将德军全部驱逐出苏联的领土，解放全国。为了完成这一任务，红军在1944年连续向德军及其仆从军发动了10次重大战役。

这10次连续大规模的战役给德军带来了致命的打击。1944年上半年，德军有30个师、6个旅被红军全歼，有142个师、一个旅损失过半，共损失100多万人。夏秋季节，德军有96个师、24个旅被歼，有219个师、22个旅损失过半，损失兵力160万人、坦克6700辆、火炮和迫击炮2.8万门、飞机1.2万架。

经过这10次战役，红军已经将战线推进到了东欧各国，在北部战线甚至已经逼近了德国本土。苏德战线从4450公里缩短到了2250公里。如此一来，红军就可以腾出更多的兵力集中到主要的作战方向，形成更强大的突击力量了。在这10次大的战役中，朱可夫指挥的解放白俄罗斯战役无疑是最精彩的一场战役。

当总参谋制定了代号为"巴格拉季昂"的白俄罗斯战役计划之后，朱可夫即陪同斯大林分别与总参谋部及各方面军司令员讨论了详细的作战计划。作战计划指出，波罗的海第一方面军和白俄罗斯第三方面军应协同对维尔纽斯总方向实施突击；白俄罗斯第一方面军则对巴拉诺维奇实施突击；白俄罗斯第二方面军则在白俄罗斯第三方面军的左翼集团和白俄罗斯第一方面军的右翼集团的协助下，对明斯克方向实施突击。

红军4个方面军的当面之敌是德军强大的中央集团军群。德军中央集团军群拥有 120 万人、9500 门火炮和迫击炮、900 辆坦克和强击炮、1350 架作战飞机。在兵力和装备上，红军虽然占有明显的优势，但在地形和防御上，德军的优势则十分明显。他们的防御纵深达 250~270 公里，还可以凭借有利的地理位置和坚固的防御条件与红军对抗。是故，作战计划一确定，朱可夫便和华西列夫斯基一起仔细地研究了双方的优劣势，预想了各种问题的处置方案。

令朱可夫欣喜若狂的是，正当红军最高统帅部加紧实施白俄罗斯战役的准备工作之时，德军统帅部错误地判断了红军的真实意图。他们认为红军首先攻击的地方应该是乌克兰，而不是白俄罗斯。因为白俄罗斯地区有大量的森林沼泽地形条件，不利于坦克集团的机动。因此，德军统帅部错误地认为，红军根本不可能把配置在乌克兰的 4 个坦克集团转调到白俄罗斯。

红军最高统帅部正是利用德军统帅部的这一错误判断，顺利地完成了战役准备工作。6 月初，斯大林派出了他手中的两名鼎鼎大名的人物——朱可夫和华西列夫斯基。朱可夫负责协调白俄罗斯第一和第二方面军的行动，华西列夫斯基则负责波罗的海第一方面军和白俄罗斯第三方面军的作战行动。

白俄罗斯第一方面军担任的突击任务最为繁重，因此最高统帅部将主要兵力和武器装备都调拨给了这个方面军。但是白俄罗斯第一方面军面临的情况仍然不容乐观。在方面军的正面是一望无际的森林和沼泽地带。朱可夫曾在白罗斯军区工作过好多年，他对这里的一切都十分熟悉。不过，正是由于这种特殊的地理环境，德军根本没有想到红军会选择在这里实施突击任务。因此，他们并没有在这里设置绵密的防线，仅仅部署了据点式的防御。

朱可夫了解了这些情况之后便亲自到前线观察所，去了解和研究德军防御前沿的情况。部队的高级指挥员熟悉掌握敌我双方的前线部署，对决定战役胜负具有很大的决定作用。朱可夫每到一地，每指挥一场战役都会在战前亲自到前线去了解情况。这也是他之所以能够接连不断地取得胜利的重要原因之一。

了解了情况之后，朱可夫立即向斯大林报告了情况，提出了自己的意见。他建议把远程航空兵全部用于白俄罗斯战场，而推迟轰炸德国本土目标的时间。斯大林当即便同意了朱可夫的这一建议，并派空军元帅诺维科夫和远程航空兵司令员、空军元帅戈洛瓦诺夫前去协助朱可夫工作。

　　有了远程航空兵的协助，通过森林和沼泽地带就不成问题了。6月23日，波罗的海第一方面军、白俄罗斯第三方面军和白俄罗斯第二方面军同时发起了总攻。次日，白俄罗斯第一方面军也转入了进攻。红军出其不意的进攻把德军完全打懵了。一个多星期之后，红军便解放了白俄罗斯首都明斯克，并把从东南方向溃退下来的10万德军包围在了明斯克以东地区。

　　7月11日，被围的10万德军全部被击溃或被俘。在被俘的35000名德军中，有12名将军，其中有3名军长和9名师长。在被押送去苏联东部的战俘营途中，红军于7月17日将他们押到了莫斯科示众。战俘们无精打采地耷拉着脑袋。莫斯科市民目睹着这一历史性的场面，无不为红军在前线取得的胜利而欢欣鼓舞。看着眼前那些无精打采的俘虏，想到德军曾经要攻入莫斯科的誓言，人们纷纷嘲笑他们是"进入莫斯科的第一批德国军人"。

　　当被围在明斯克附近的德军主力被肃清之时，红军已从明斯克一线向西推进了很远。胜利已经牢牢地握在了苏联红军的手中，德军只有仓皇逃命的份了。7月7日，斯大林紧急召回了朱可夫。朱可夫于次日一早就飞回了莫斯科。

　　朱可夫先到了总参谋部，向副总参谋长安东诺夫了解了整个战局的情况，便同他一起去了斯大林的别墅。由于前线喜讯连连，斯大林高兴得合不拢嘴。他饶有兴致地给他们说了一段笑话。正在谈话间，华西列夫斯基又从前线传来了胜利的消息，斯大林更加高兴了。他对朱可夫和安东诺夫说："我还没吃饭呢！走，咱们到餐厅去，到那里再谈。"

　　朱可夫和安东诺夫随着斯大林到了餐厅。在餐桌旁，他们先聊了聊苏德战场的形势，斯大林随即就把话题转向了这场战争将以何种局面结束，国际格局将会如何发展等方面。朱可夫明显可以看出，斯大林已经对这些进行了深思熟虑，并且形成了系统的看法。

朱可夫

第九章 指挥部队全面反攻

谈了一阵之后，斯大林突然问朱可夫："我军是否能够开始解放波兰的作战，并且不停顿地一直攻到维斯瓦河？波兰第一集团军已具备一切必要的战斗力，把它放在哪个地段上比较合适？"

朱可夫坚定地回答说："我军能够攻到维斯瓦河，而且还应在维斯瓦河上夺取良好的登陆场，保障今后在柏林战略方向上实施战役进攻。至于波兰第一集团军，应当用它进攻华沙。"

对于朱可夫的这一回答，斯大林表示十分满意。安东诺夫补充说："德军统帅部抽调了大批部队来堵塞我西部各方面军打开的缺口。这样在我乌克兰第一方面军地段上的德军兵力就大为减弱了。"

如此一来，乌克兰第一方面军和白俄罗斯第一方面军左翼转入进攻的时机就到了。斯大林微笑着对朱可夫说："现在乌克兰第一方面军的行动也要由你来负责协调。你要把主要精力放在白俄罗斯第一方面军左翼和乌克兰第一方面军。作战计划你是知道的，细节你可向总参谋部了解。"

朱可夫坚定地点了点头，接受了任务。7月11日，他便抵达乌克兰第一方面军的指挥部。乌克兰第一方面军拥有80个师、10个坦克和机械化军、4个坦克和自行火炮独立旅的兵力，约111万人。技术装备也十分强大，约有6100门火炮和迫击炮、2050辆坦克和自行火炮、3250架飞机。根据最高统帅部的作战计划，乌克兰第一方面军根本不需要这么多兵力。朱可夫曾建议斯大林从中抽调一部分去加强华西列夫斯基协调的波罗的海第一方面军和白俄罗斯第三方面军的力量，攻占东普鲁士。但斯大林并没有接受朱可夫的意见。

7月13日和14日，乌克兰第一方面军发动了两次进攻，顺利地粉碎了德军的防线。到7月18日，乌克兰第一方面军已经向前推进了50~80公里，并且在布罗德地域包围了德军8个师的部队。与此同时，白俄罗斯第一、第二和第三方面军也都展开了对德中央集团军群的强大突击。德军的战略防线被撕开了一个正面宽达400公里、纵深达500公里的缺口。但是德军再也没有力量来迅速填平这个缺口了。

7月底，红军已经将德军全部驱逐出了乌克兰和白俄罗斯。战线已经被推进到了波兰的维斯瓦河流域。乌克兰第一方面军在朱可夫的指挥下强渡了维斯瓦河，并且在桑多梅日登陆场上牢牢地站住了脚。这就意味着，红军已经为向德国本土，乃至柏林推进奠定了基础。

为了表彰朱可夫在解放乌克兰和白俄罗斯过程中的卓越贡献，苏联最高苏维埃主席团第二次给他颁发了金星奖章，即"苏联英雄"称号。7月29日，斯大林、加里宁等人纷纷打来电话，向他表示祝贺。

· 第十章 ·

毁灭法西斯的心脏

一

没有任何伤亡的战争

经过两个月的较量，红军粉碎了德军中央集团军群和北乌克兰集团军群，在维斯瓦河上夺得了 3 个巨大登陆场，部队已经前出到华沙附近。德军损失惨重，约 40 个师被全歼，170 多个师被击溃。与此同时，在西北方向上，波罗的海各方面军、列宁格勒方面军和波罗的海舰队一起，准备对德军北方集群实施突击。距离希特勒全面溃败的日子已经不远了。

8 月 22 日，斯大林给朱可夫打来电话，要他立即返回最高统帅部，去执行国防委员会的一项特殊任务。次日，朱可夫乘飞机飞回了莫斯科。原来，国防委员会想让朱可夫飞往乌克兰第三方面军司令部，指挥该方面军作好对保加利亚作战的准备。

当时，保加利亚仍然由亲法西斯的巴格梁诺夫的君主专制政府统治。他们不顾苏联政府的多次警告，依然我行我素，积极帮助法西斯德国作战。在胜利的曙光初现之时，斯大林终于腾出手来对付这个小国家了。

朱可夫接受了国防委员会委派的任务，直接飞赴乌克兰第三方面军司令部。在出发前，朱可夫按照斯大林的建议，去见了保加利亚工人党领导人格奥尔基·季米特洛夫。季米特洛夫逃离保加利亚之后，一直居住在莫斯科。他是一个极为谦逊、热忱的人，对问题的分析和见解，显示出他具有卓越的才智和政治远见。

他对朱可夫说："虽然你前往乌克兰第三方面军的任务，是使部队作好对保加利亚作战的准备，但是可以肯定的是，你们不会遇到任何战事！保加利亚人民正迫不及待地盼望着红军的到来，好帮助他们推翻巴格梁诺夫的君主专制政府和建立人民解放阵线的政权。"

朱可夫对季米特洛夫的这些断言半信半疑。季米特洛夫见状，又微笑着说："迎接你们的，将不会是枪炮的射击，而是面包和盐，这是我们斯拉夫民族的古老风俗。至于政府的军队，它未必敢冒险与红军作战。况且，在政府军的一切部队里都有我们的人在广泛地进行工作。在山区和森林地带有大批游击队，他们不会袖手等待，而是准备下山来支援人民的起义。"

沉默了一会儿，季米特洛夫又说："红军的胜利对保加利亚人民解放运动的壮大有很大影响，我们党领导着这个运动，并确定了为配合红军的到达举行武装起义的坚定方针。"

季米特洛夫的话让朱可夫感到十分舒心，他毫不迟疑地坐上飞机，飞往乌克兰第三方面军司令部。乌克兰第三方面军的司令是托尔布欣元帅。该方面军已占领了从鲁塞起，沿多瑙河至黑海一线。在方面军编制内有诸兵种合成第三十七、第四十六、第五十七集团军和空军第十七集团军。黑海舰队和多瑙河区舰队也归托尔布欣指挥。铁木辛哥则负责协调乌克兰第二和第三方面军的行动。朱可夫刚抵达司令部，便去见了铁木辛哥，同他商讨两个方面军的行动问题。

9月5日，苏联对保加利亚宣战。次日，红军最高统帅部给乌克兰第三方面军下达了开始军事行动的命令。9月8日晨，方面军已作好了开火的一切准备。令所有红军指战员们感到诧异的是，他们居然找不到任何可以射击的目标。因为呈现在他们面前的景象与往日没有任何不同，居民点里的烟囱冒着烟，人们从事着日常的劳动。哪有里半点战争的影子呢？

托尔布欣元帅命令部队的先遣队向前推进。还不到半个小时，第五十七集团军司令员就报告说，有一个保加利亚军队的步兵师打着红旗，奏着庄严的乐曲，在路旁列队欢迎红军。不多一会儿，其他方向上也发生了同样的情况。指挥员们报告说，苏联军人正自发地与保加利亚人民进行联欢。

季米特洛夫的预见是完全正确的，保加利亚人民对苏联红军是十分欢迎的。朱可夫立即打电话给最高统帅部，报告了这一情况。斯大林说："保加利亚军队的全部武器仍留给他们，让他们保持平静，以等待他们政府的命令。"

根据斯大林的这一指示，朱可夫没有命令保加利亚军队缴械。红军在向保加利亚内地推进的过程中，到处都受到最亲情的接待。不久，红军就与保加利亚游击队会师了。红军迅速向前推进，一路兵不血刃地进入了瓦尔纳、布尔加斯等地区。当苏联的黑海舰队抵近保加利亚各港口时，守在那里的德军竟然炸沉了自己的舰艇，全部缴械投降了。

9月9日，保加利亚工人党领导的起义推翻了亲法西斯政府，建立了祖国阵线的民主政府。保加利亚新政府随即向苏联政府发出停战的建议。

朱可夫还从来没有遇到过这样的怪事，在战争中居然没有开过一枪，没有任何伤亡。当然，这是一件令人开心的事情。9月9日晚上9点，红军停止向前推进，驻守在指定地域内。第二次世界大战结束之后，朱可夫曾来保加利亚休养。每想到这场没有任何伤亡的战争，他都会感到无比的欣慰。

二

为攻占柏林准备条件

1944年9月底，朱可夫奉命回到了莫斯科。随后，他又被斯大林派往华沙，协调白俄罗斯第一和第二方面军的作战行动。华沙人民举行了反对法西斯德国的起义。不过，由于起义者与苏联红军之间没有协同动作，导致了起义的失败。白俄罗斯第一方面军在进攻中受挫，损失惨重，尤其是在莫德林和华沙之间实施突击任务的第四十七集团军。朱可夫打电话给斯大林，请求停止白俄罗斯第一方面军的进攻战斗，让部队转入防御，使他们得到休息和补充。

斯大林不置可否地说："你明天同罗科索夫斯基一道到最高统帅部来当面商谈。"

第二天，朱可夫同白俄罗斯第一方面军司令员罗科索夫斯基赶到最高统帅部。寒暄过后，朱可夫摊开地图，开始报告前线的情况，并建议停止白俄罗斯第一方面军的进攻行动。还没有等他说完，斯大林就已经焦躁不安了。他在地图前来回地走动，忽而凝视朱可夫，忽而瞧着地图，忽而又看看罗科索夫斯基。忽然，斯大林把手中的烟斗也丢在了一旁。朱可夫担心极了，他知道这是斯大林开始失去冷静或者对某一件事情不满意的征兆。

坐在斯大林旁边的莫洛托夫忽然开口道："朱可夫同志，当精疲力竭的敌人已无法阻挡我军攻击的时候，你却建议停止进攻，你的建议合理吗？"

朱可夫据理力争道："德军已经建立起防御并调来了必要的预备队。如果我们现在执意进攻的话，只会遭受毫无意义的伤亡。"

斯大林看了一眼朱可夫，又转向罗科索夫斯基，不耐烦地问："你支持朱可夫的意见吗？"

罗科索夫斯基回答说:"是的,我支持朱可夫元帅的意见。在长期紧张战斗之后,应该给部队以休整的时间。"

斯大林显然对这个建议十分不满,他说:"我认为,敌人对休整时间将会比你们利用得更好!如果我们用航空兵支援,用坦克和炮兵加强的话,第四十七集团军能不能在莫德林和华沙之间前进到维斯瓦河呢?"

罗科索夫斯基说:"很难说,斯大林同志。敌人同样可以加强这个方向。"

斯大林突然转向朱可夫,问道:"你是怎样想的呢?"

朱可夫重复了自己的观点,坚持认为应该让白俄罗斯第一方面军停止进攻,做必要的休整。他还进一步解释说,当前还不具备攻占华沙的力量,必须要等集中必要的兵力之后,才能再发动进攻。

没等朱可夫说完,斯大林便说:"你们出去再思考一下你们的建议。"

朱可夫和罗科索夫斯基只好退了出去,在隔壁的书房讨论新的建议。他们都知道,斯大林不喜欢别人否定他的意见,更不喜欢有人挑战他的权威。没等他们坐稳,斯大林又把他俩叫回办公室,对他们说:"我们商议了一下,决定同意我军转入防御。至于今后的计划,我们晚些时候再讨论。你们可以走了。"

朱可夫和罗科索夫斯基默默无言地退出了斯大林的办公室。第二天,斯大林又给朱可夫打电话,问他:"如果今后所有各方面军都由最高统帅部直接领导,你认为怎样?"

朱可夫马上领会了斯大林的意思,他是要取消负责协调各方面军行动的最高统帅部的代表,其中也包括朱可夫。朱可夫平静地说:"是的,方面军的数目减少了,整个战线的宽度也缩小了,领导各个方面军已经比较容易。我想,现在是时候由最高统帅部直接指挥各个方面军了。"

斯大林半开玩笑半认真地说:"你不会是因为赌气才这样说的吧?"

朱可夫也半开玩笑地回答说:"有什么可赌气的呢?我想,我和华西列夫斯基是不会失业的。"

当天傍晚,斯大林又对朱可夫说:"白俄罗斯第一方面军位于柏林方向,我想派你去这个方向工作。你今后仍旧是我的副手。"

朱可夫知道,他多次向斯大林提出了不同意见,已经触怒了最高统帅,唯一的办法只有离他远一点。但是让他去指挥白俄罗斯第一方面军,攻占柏林也是对他的极大赞誉。法西斯德国已经到了山穷水尽的境地。让朱可夫去攻打柏林就意味着斯大林把夺取最后胜利的机会交给了他。朱可夫坚决地回答道："我准备指挥任何一个方面军。"

1944年11月15日，朱可夫前往卢布林。第二天，他被任命为白俄罗斯第一方面军司令。罗科索夫斯基则被调任白俄罗斯第二方面军司令。11月底，最高统帅部拟定了战役计划，让白俄罗斯第一方面军和乌克兰第一方面军负责向华沙—柏林一线进军。

接到任务之后，朱可夫采取了许多反侦察措施，有意识地给德军造成集中兵力突击华沙的假象。德军果然集中大量兵力，防守华沙。为了使炮火准备准确有效，给德军造成更大的损失，朱可夫决定在总攻之前实施强有力的战斗侦察，同时伴随30分钟猛烈的炮火支援和航空兵突击。让朱可夫没有想到的是，德军兵败如山倒，此时他们已经人心惶惶。他们竟然经受不住红军的侦察冲击，没等炮火准备结束，就纷纷逃离前沿阵地向纵深撤退。

朱可夫抓住这一有利时机，命令所有火炮和飞机向德军猛烈射击、轰炸。紧接着，第一梯队向德军发起了猛烈的冲击。如此一来，白俄罗斯第一方面军不仅迅速占据了华沙，还节约了几十万发炮弹。这些炮弹在日后的战斗中发挥了更大的作用。

1945年1月17日，白俄罗斯第一方面军与乌克兰第一方面军前出到同一线上。也就是这一天，朱可夫命令部队开进华沙城。在安排进城顺序的时候，朱可夫颇费了些心思。他让波兰第一集团军首先进城，自己的部队跟随其后。这个安排无疑让红军能在波兰站稳脚跟起到了重要作用。

华沙失守，希特勒又故伎重演，将责任推到了指挥作战的将领身上，再次撤换了一批高级将领。但是德军已经失去了抵抗意志，根本不是撤换几个高级将领就能解决的。朱可夫指挥白俄罗斯第一方面军，接连攻占了

被授予元帅军衔的朱可夫

罗兹、比得哥什等重要战略要地，推进到了波兹南附近。

朱可夫本来打算继续向前推进，斯大林却极力反对。经过朱可夫的极力争取，斯大林最终勉强同意了他的计划，但不再给白俄罗斯第一方面军补充兵力了。实际上，朱可夫的判断是正确的。德军兵败如山倒，军心涣散，根本无法组织像样的抵抗了。

朱可夫指挥部队迅速向前推进，击溃了驻守在波兰和德军边境一带的德军，抢占了奥德河的登陆场，神奇般地出现在距柏林仅70公里处的基尼茨。在先遣队突入基尼茨时，德军毫无准备，士兵们仍然在马路上安闲地散步，军官们则坐在饭店里大吃大喝。从基尼茨到柏林一线的火车仍按步就班地运行着，通讯也在正常地运转，好像什么事情都没有发生一样。

当时，德军在柏林接近地带上的兵力十分薄弱。朱可夫命令部队在6天内巩固既得胜利，待主力部队抵达后，在2月15日至16日两天内迅速攻占柏林。但意外偏偏在这个时候出现了。东波美拉尼亚的德军对红军右翼实施反攻的威胁也一天比一天紧迫了。东波美拉尼亚集结了40个师的德军。希特勒本打算将这些部队隐蔽起来，等白俄罗斯第一方面军向柏林发动进攻之时，他们就以迅雷不及掩耳之势，从红军的后方实施突击。

朱可夫犹豫了。由于白俄罗斯第一方面军在20多天的时间里连续向前推进了500多公里，部队伤亡颇大，后勤补给也发生了困难。更要命的是，右翼的白俄罗斯第二方面军却停滞不前，造成了白俄罗斯第一方面军右翼虚空的局面。考虑到这些因素，朱可夫决定不能冒险去攻打柏林，他于1月31日向斯大林做了汇报，决定暂缓攻击柏林，并请求他立即命令白俄罗斯第二方面军组织部队向西进攻，以尽可能地靠近白俄罗斯第一方面军的右翼。同时责成科涅夫元帅指挥乌克兰第一方面军迅速前出到奥得河。

斯大林对朱可夫的这一建议迟迟没有给出明确的答复。直到2月10日，他才命令白俄罗斯第二方面军向东波美拉尼亚的德军发起进攻，向朱可夫的右翼靠拢。朱可夫命令第一方面军右翼也转入进攻，配合白俄罗斯第二方面军的行动。到3月底，白俄罗斯第二和第一方面军结束了东波美拉尼亚战役，将整个东波美拉尼亚都牢牢掌控在手中。白俄罗斯第一方面军的右翼安全了。与此同时，乌克兰第一方面军也在3月底前出到了尼斯河，与早先到达奥得河的白俄罗斯第一方面军并列成了一线。红军进攻柏林的条件已经具备了。

三

争相向德军大本营进军

1945年3月的一天,朱可夫被斯大林召回了莫斯科。斯大林的身体似乎不太舒服,他向朱可夫询问了前线的一些情况后,便说:"我们出去走一走,我感觉有些不太舒服。"

斯大林确实是累了,在4年的战争期间,他几乎没有好好休息过。散步时,斯大林一反往日的惯例,并没有同朱可夫谈战役计划,也没有谈国际关系,而是谈起了他自己的童年生活。两人边走边谈,时间不知不觉地过去了。一个多小时之后,斯大林突然停了下来,对朱可夫说:"我们喝茶去吧,还有些事需要同你谈一谈。"

在往回走的路上,朱可夫问道:"斯大林同志,我早就想知道有关你的儿子雅科夫的情况。有没有关于他的消息呢?"

斯大林的长子雅科夫在1941年的斯摩棱斯克战役中被德军俘虏了。德国方面曾通过国际红十字会与苏联交涉,想用雅科夫交换德军元帅保卢斯。斯大林毅然回答说:"我不会用一个敌元帅去交换一个士兵。"

3年多的时间过去了,斯大林虽然多方打听雅科夫的消息,但一无所获。雅科夫被德军关押在战俘营里,生死不明。朱可夫看得出,斯大林之所以闷闷不乐,很大一部分原因就是出于对儿子的思念。

听了朱可夫的问话,斯大林默默不语,仍然慢慢地向前走着。过了好一会儿,他才以低沉的语调说:"雅科夫无法从战俘营逃出来。法西斯强盗会把他枪毙掉的。据说他们把他同其他战俘隔开,诱劝他背叛祖国。"

朱可夫不知道该说些什么,更不知道该如何安慰眼前的这位父亲。两人沉默着往前走,斯大林突然说:"不会的,雅科夫宁死也不会背叛祖国的。"

他的这句话似乎是对朱可夫说的,但更像是对自己的说的。实际上,雅科夫早在1943年4月15日就被德军杀害了。只是由于德军封锁了消息，苏联方面一直不知道罢了。

回到房间里，斯大林一点东西也没吃。他们俩坐在桌子旁，仍然是长久地沉默。后来，斯大林自言自语地说："多么艰苦的战争，它夺去了我们多少人的生命。看来，我们很少有谁的家庭没有牺牲亲人。这种考验只有在斗争中受到锻炼的、意志坚定的、受过共产党教育的苏联人才能承受住。"

说完这些，斯大林的情绪似乎好了一些。他慢慢将话题转向了国际关系上，同朱可夫就雅尔塔会议取得的成果交换了意见。朱可夫离开斯大林的别墅之后，心情久久不能平静。但他不得不打起精神来，因为他要准备参加明天国防委员会召开的关于实施对柏林总攻的战役讨论会。

法西斯德国已经奄奄一息了。在朱可夫指挥白俄罗斯第一方面军抵达奥德河东岸之时，英、美等国的部队从西线推进到了柏林附近。为了争功，也为了控制法西斯德国掌握的大量新技术，英美同苏联展开了竞争。英国首相丘吉尔在给美国总统罗斯福的信中便明确指出："我认为从政治观点来看，我们应尽可能向德国东部推进，如果柏林是在我们能达到的范围之内，我们毫无疑问应当将它占领。"

随后，美英军队便在这种思想的指导下，加足马力向德国的中心地带和柏林推进，努力在苏联红军到达之前将其占领。而且，随着胜利曙光的显现，美英之间也为了一些利益问题而时常发生摩擦。苏、美、英三国的首脑们最关注的是如何处置战败的德国，如何瓜分利益。

在1945年2月举行的雅尔塔会议上，三国首脑达成了协议。他们决定，解除德国的武装力量，拆毁德国的军事设备和军事工业，惩办战犯，彻底取缔纳粹党、纳粹的法律、组织和制度。战后，德国由苏、美、英三国共同管理。苏联武装部队应占领德国东部，英军占领德国西北部，美国占领德国西南部。"大柏林"区应由苏、美、英三国军队共同占领。"大柏林"的东北部由苏军占领，西南部由美英军队占领。战后成立德国中央管制委员会，委员会由三国驻军的最高司令官组成，总部设在柏林。

就在进攻柏林和处理战后问题的各项准备工作有条不紊地进行之时，美国总统罗斯福却于1945年4月猝然去世了。罗斯福的死，让处在绝望边缘的希特勒又燃起了卷土重来的希望。被病痛和战败折磨着的希特勒闻听这一消息，顿时喜不自胜。他认为这是上帝对敌人的惩罚，对法西斯的眷顾。希特勒千方百计地图谋与英美两国政府单独媾和。他宁愿停止在西线的抵抗，把"屁股让给英国人踢"，也要集中全力守住东线，对抗红军。英美两国并没有在胜利在望之时同希特勒媾和，他们依然想抢在苏联红军的前头，攻占柏林。

3月29日，斯大林再次把朱可夫召回莫斯科，单独同他商量了攻占柏林的有关事宜。斯大林默默地握着朱可夫的手，开门见山地说："德国的西方战线已经彻底崩溃了，看来希特勒并不想阻止美英盟军的推进。然而在同我们作战的各个重要方向上，他们却加紧部署兵力。依我看，将会有一场恶战。"

朱可夫对斯大林的判断表示赞同。面对这种棘手的情况，斯大林有些焦躁不安。他问朱可夫："我军什么时候开始进攻呢？"

朱可夫如实回答说，白俄罗斯第一方面军在两周后就可开始进攻。乌克兰第一方面军到那时也可以做好准备。至于白俄罗斯第二方面军，可能要拖到4月中旬以后才能参加战斗了。为了抢在英美两军之前攻占柏林，斯大林无奈地说："有什么办法呢？只好不等罗科索夫斯基就开始了。即使他迟几天也碍不了大事。"

柏林是希特勒的大本营，希特勒在这里部署了重兵，严阵以待。不管是从兵力和技术装备来看，还是从防御工事来看，德军的力量在这块狭小的空间里都十分强大。尽管红军在总兵力和技术装备上都占据着一定的优

1945年5月朱可夫（左二）在柏林

势，但由于白俄罗斯第二方面军根本无法在发起攻击的时候准备就绪，朱可夫和科涅夫又为了抢夺主攻任务而发生了分歧，就使得红军在这次战役中并没有多少实际优势。

在进攻柏林的前夕，斯大林把朱可夫和乌克兰第一方面军司令科涅夫同时召到克里姆林宫。两人在发言中都极力证明自己的部队有攻占柏林的能力，并提出了作战计划。经过两天的讨论，斯大林最后于4月3日决定，两个方面军齐头并进，谁先到达柏林东南约60公里的吕本，谁就承担攻占柏林的任务。斯大林要让红军中这两支最强大的方面军开展一场进攻竞赛。

斯大林下达了命令之后，朱可夫和科涅夫便匆匆奔赴各自的部队去了。虽然抢着攻打柏林，但朱可夫明白，攻占城防如此坚固的柏林并不是一件容易的事情。且不说德军做了三层严严实实的防御，柏林的地下铁道和众多的地下建筑物，地面上的街道、广场、胡同、房屋、沟渠和桥梁都是德军机动和防御的有利条件。德军必将依赖这些有利条件，做困兽之斗。所以，这场战斗的残酷性和激烈程度是可想而知的。

如此一来，进军柏林就成了一个竞争大舞台。英美军队与苏联红军之间竞争着，红军的乌克兰第一方面军与白俄罗斯第一方面军竞争着，朱可夫与科涅夫也在竞争着……

四

两名元帅之间的竞争

柏林战役将是对德国法西斯的最后一战,只要取得此战的胜利,希特勒将永无翻身之日。指挥作战的红军指挥员必将青史留名。有鉴于此,朱可夫格外重视这次战役。奥得河是柏林的最后一道天然屏障,只要突破了这条河,红军就能对柏林发起直接突击了。红军总参谋部也提出:"柏林会战将决定于奥得河的战斗。"

德军当然也知道奥得河对他们防守柏林的重要性。德军统帅部把齐装满员的第九集团军的主要兵力都部署在了奥得河一线。除此之外,他们还在柏林的东北地域组建了曼施坦因集团军群和精锐的海军陆战部队。只要白俄罗斯第一方面军强渡奥得河,这两支强大的部队便可以从其侧翼实施突击。

朱可夫面对的情况不容乐观。但他并没有丝毫的胆怯,他指挥部队在宽达380米的河面上建成了25座桥梁和40个门桥渡口。在咆哮的河流之上建造桥梁和门桥渡口本来就是一件十分困难的事情,再加上德军的炮弹不停在河面上爆炸,更增加了工兵施工的难度。但红军战士顶住了巨大的压力,还是完成了施工工作,为部队和物资渡过奥得河奠定了基础。

一切准备就绪之后,朱可夫决定在4月16日发起总攻。朱可夫的老对手海因里希在分析了战场上的各种报告之后,猜准了朱可夫发起总攻的时间。为了保存自身的实力和最大程度地消耗对方的弹药,海因里希在4月15日晚上给德军第九集团军司令官布塞将军发去了只有一行字的命令:"后撤,占据第二道防线的阵地!"

德军第九集团军在夜幕的掩护下立即开始后撤,这一行动整整持续了大半个晚上。海因里希虽然猜准了朱可夫发起总攻的日期,但是具体的时间却弄错了。一般情况下,红军总是从清晨开始实施炮火准备,在天亮之时实施突击。海因里希认为朱可夫此次仍然会这样做。但是他错了，朱可夫一反常态，准备出其不意地实施夜间突击。

夜晚的奥德河看上去格外安静，但双方的战壕里并不安静。士兵们早已蠢蠢欲动，准备冲出去给敌人致命一击。朱可夫和军事委员捷列金走出了自己的指挥部，来到了最关键的近卫第八集团军的司令崔可夫的观察所。

朱可夫看了看表，下令道："5点钟进行炮火准备。"

众人看了看表，指针正指着4点30分的位置。时间似乎突然变慢了，大家都在静静地等待这漫长的30分钟快点过去。为了打发时间，有人提议去喝一杯浓浓的热茶。大家喝茶时依然都默不作声，都在思考着什么。

4点57分，朱可夫起身走出了地窖，众人也跟在他后面走了出来。朱可夫抬头看了看被黎明前大雾所笼罩的德军阵地，又看了看手表，刚好5点整。朱可夫一脸的严峻，冷静地说："开始，同志们，现在开始！"

顷刻间，数千门火炮、迫击炮和"喀秋莎"火箭炮咆哮了起来，轰炸机也在起飞了。炮弹爆炸的火光映红了天空，黑夜霎时变成了白昼。在火光之中，朱可夫看到对面的村庄在一瞬间就被夷为平地，森林里更是火光冲天，整个世界在这一刻似乎发了疯一样。

奇怪的是，德军几乎没有进行任何还击。只有几挺机枪"哒哒"地响了一阵便停息了。朱可夫感觉有些异样，决定缩短炮火准备时间，立即发起总攻。天空中升起了五彩缤纷的信号弹。间距为200米的140部探照灯一下子全都打开了。原本隐藏在黑夜之中的德军阵地一下子都暴露出来。炮兵抓住良机，进行了精确打击。

把人工照明运用于战场这一特殊手段的成功使得朱可夫心里充满了快感。海因里希则恨得咬牙切齿，他无论如何也没有想到朱可夫会在战场上使用探照灯，而且布置得如此密集。德军士兵完全被探照灯强烈的光线晃晕了。随后，"乌拉"之声四起。红军战士们端着枪，跟在坦克后面冲了上去。黎明时，德军的第一线阵地便被红军占领了。

在交战的第一昼夜，红军就出动轰炸机6550架次以上，发射炮弹123.6万发。这些炮弹至少需要2450节车皮来运输，总重达98000吨。在如此强大的火力轰炸之下，德军纵深8公里范围内的防御基本被摧毁了。德军受不了这种打法，被迫退到了泽劳弗以东的高地。泽劳弗高地处在红军向柏林进攻的途中,面向红军一面的坡面十分陡峭。高地的后面是一片高原,是展开柏林接近地带交战的理想地段。

德军撤到高地之后,巧妙地利用反斜坡隐蔽了起来。红军的炮火对德军隐藏在此的兵力和武器已经构不成威胁了。法西斯把泽劳弗高地看成了最后的救命稻草,把它称为"柏林之锁"和"无法攻克的堡垒"。

战前,朱可夫对泽劳弗高地没有给予足够的重视,没想到就在这里吃了亏。德军居高临下,用大口径火炮摧毁了红军大量的坦克和装甲车。仰攻的步兵更是纷纷倒在了血泊之中。进攻受阻了,朱可夫有些意外。他以怀疑的目光紧紧地盯着第八集团军司令崔可夫,吼道:"你说的究竟是什么意思?你的部队被挡住了吗?"

崔可夫对朱可夫的大发雷霆一点也不意外,他回答说:"眼下敌人的抵抗很顽强,把我们挡住了。但是元帅同志,即使我们暂时被敌人牵制住了,进攻最终肯定会成功的。"

朱可夫铁青着脸,苦苦思考着对策。他不能让眼前这块区区高地拖延他的进攻时间,更不能眼睁睁看着科涅夫抢先攻占柏林。他决心改变作战计划。朱可夫从掩体中走出来,命令原本打算在下一阶段使用的两个坦克集团军投入了战斗,让轰炸机不间断轰炸德军的炮兵阵地,并让炮兵集中火力彻底摧毁泽劳弗。实际上,德军也在不断地向泽劳弗高地增派援兵。这一地区的战斗打到了白热化的程度。

斯大林对朱可夫的这一失策有些不满,当他了解情况之后,便在电话里对朱可夫说:"科涅夫并没有遇到什么麻烦,他顺利地渡过了尼斯河,正迅速向前推进。你要用航空兵来支援各坦克集团军的突击,尽快拿下这块高地。"

战斗打到晚上仍然没有任何进展,前线的伤亡反倒增加了不少。斯大林发火了,他训斥了朱可夫一顿,并用命令的口吻询问道:"你有办法在明天攻克泽劳弗防线吗?"

朱可夫回答道:"明天,4月17日结束前,一定能突破泽劳弗高地的防御。我认为敌人为抵抗我军在这里投入的部队越多,我们攻克柏林就会更快,因为在开阔地比在城市里更容易消灭敌军。"

朱可夫的分析不无道理,但斯大林对此并不感兴趣。他冷冷地说了声"再见",便挂断了电话。

科涅夫对朱可夫在泽劳弗高地遇到的麻烦有些幸灾乐祸。他有些高兴，因为这就意味着他很有可能抢在朱可夫的前头攻克柏林，赢得对法西斯德国的最后一战。就在科涅夫统帅方面军一路前进，柏林城志在必得的时候，斯大林给他打来了电话。在电话中，斯大林直截了当地说，想让朱可夫的部队从科涅夫撕开的裂口通过，进军柏林。

科涅夫对此十分不满，他不能接受斯大林对朱可夫的偏爱。不过，他也知道，不能得罪这位最高统帅，便尽量婉转地说："斯大林同志，那要花好多时间，而且会造成很大混乱。没有必要从白俄罗斯第一方面军调来坦克部队通过我们打开的突破口。在我们的地段上，形势的发展很顺利，我们的兵力足够了，我们能够把我们的两个坦克集团军都转到柏林方向上。"

斯大林当然不能强迫科涅夫接受自己对朱可夫的偏爱。接着科涅夫提出可以把措森作为他的坦克集团军调转方向的地点。措森，是位于柏林以南约25公里的一个小城镇，是德军总参谋部所在地。

斯大林在地图上找到了措森这个不出名的小地方后，用赞成的语气说："很好。你知道德军总参谋部就在措森吗？"

科涅夫很有把握地回答说："是的，我知道。"

斯大林微笑道："很好，我同意。你尽快把你的两个坦克集团军转向柏林吧！"

科涅夫欢欣鼓舞，斯大林的这句话等于承认了让他去抢占攻克柏林的头功。挂上电话之后，科涅夫立刻命令两个坦克集团军司令员火速向措森进发。

朱可夫很快就知道了斯大林的这一决定。他是一个争强好胜，不喜欢与人分享荣誉的人，更何况对方跟他一样，也是苏联的一名元帅呢！于是，情绪异常激动的朱可夫马上拿起电话，命令各坦克集团军、各诸兵种合成集团军在一系列地段上全力突击。

五

希特勒和第三帝国的覆灭

红军士兵好像发了疯一样，纷纷涌向泽劳弗高地。前面的士兵倒下了，后面的士兵就踩着他们的尸体往上攀登；前面的坦克中弹着火了，后面的坦克连停都不会停一下，依然向前挺进……德军被红军士兵这种不要命的打法震慑住了，渐渐经受不住朱可夫部队狂潮般的冲击，开始从泽劳弗高地向柏林退却。4月18日清晨，"柏林之锁"终于被打开了。朱可夫命令部队马上向柏林城突击。

4月20日下午，白俄罗斯第一方面军编成内的第三突击集团军抵达柏林城下。下午3点，朱可夫命令第三突击集团军司令库兹涅佐夫上将炮击柏林。朱可夫终于抢在科涅夫之前向柏林开始了进攻。这一具有历史意义的攻击在日后给朱可夫带来了极大的荣誉。科涅夫指挥的乌克兰第一方面军在次日晚上也接近了柏林市区防御圈。

到4月22日，朱可夫和科涅夫两人指挥的两支庞大的方面军已经开始封闭对法兰克福和吕本附近德军集团的合围圈。乌克兰第一方面军从南面向柏林推进，白俄罗斯第一方面军则向柏林东南郊推进。很快，朱可夫便指挥部队包围了柏林东面和东南的德军第九集团军，科涅夫指挥的乌克兰第一方面军也在柏林以西包围了防守柏林市区的德军部队。

4月24日，乌克兰第一方面军和白俄罗斯第一方面军在德军第九集团军背后胜利会师了。斯大林给朱可夫和科涅夫发来了第一一〇七四号命令，就这两个方面军划分柏林市区进攻的分界线作了指示。

科涅夫看到了这份命令之后，心中十分不快，因为斯大林把乌克兰第一方面军限制在了国会大厦以西140米左右的地方。国会大厦在苏联人眼中就是柏林市的象征，是法西斯的心脏。斯大林激励红军部队时，也曾说"看谁能在国会大厦上升起一面'胜利的旗帜'"这样的话。所以，参加攻占柏林的每一支红军部队都想赢得这一历史性的荣誉。让科涅夫无法忍受的是，这一最光荣的任务到最后仍被斯大林指派给了他最信任的朱可夫。

4月25日，朱可夫指挥白俄罗斯第一方面军转入了市内战斗。德军利用城内密集的建筑、纵横交错的防空通道等一切有利条件，组成了严密的防御体系。在巷战中，红军付出了惨重的代价。为了尽量减少伤亡，朱可夫命令，在步兵和坦克发起冲击之前，都必须先用炮兵和航空兵对德军据点进行轰炸。从4月21日到5月2日，白俄罗斯第一方面军11000门火炮向柏林发射了180万发炮弹，相当于36000吨钢铁重量。整个柏林几乎被夷为平地。在红军的猛烈攻击下，柏林的防御终于土崩瓦解了。

在生死存亡的最后一刻，希特勒命令党卫军向柏林南郊的苏联人发动全面反攻。他要求柏林的所有德军必须全部投入战斗。在命令中，他发狠道："所有按兵不动的司令，都要在5小时内被处决，保证只剩最后一个人也要投入战斗！"

但是德军大多数官兵在最危险的时刻没有选择同希特勒一起走向灭亡，他们选择了逃生。大量的德军官兵纷纷乔装出逃，甚至连他身边的指挥官也跑得无影无踪了。希特勒在这一刻绝望了，他尖叫道："这就是末日了！每个人都背叛了我。除了背叛、撒谎、腐化和怯懦之外，没有别的。一切都完啦！"

希特勒决心留在柏林，同他的第三帝国一起走向灭亡。尽管有人劝他离开柏林到南方去，因为那里还有大量完整的集团军，还可以组织抵抗。但希特勒已经没有这个勇气了，他叫来秘书，当场面授指示：元首将要留在柏林，保卫到底。他命令把这一指示立即向德国和全世界广播出去。

消息广播出去以后，德国著名女试飞驾驶员汉娜·莱契居然驾驶飞机来到了希特勒身边，志愿与她心目中的偶像共存亡。汉娜问希特勒："我的元首，为什么你要留在这儿？为什么要使德国失掉你？元首必须活下去，德国才能活下去。人民要求你活下去。"

希特勒回答道："不，汉娜。如果我死去，这是为了我们国家的荣誉，这是因为我作为一个军人，必须服从自己的命令，保卫柏林到底。"

接下来，希特勒喋喋不休地向汉娜述说了他的理想和最后的希望。他希望温克将军的部队能够拯救柏林，拯救他。但这一切都已经落空了。因为温克的军队早已经被朱可夫指挥的白俄罗斯第一方面军击溃，其残部正仓皇向西撤退。

让希特勒没有想到的是，在危难时刻，第三帝国的第二号人物戈林和最忠诚的党卫队全国总队长希姆莱都背叛了他。4月23日，戈林从上萨尔斯堡给希特勒拍了一封电报，探问他现在能不能替代希特勒，接管德国的全部领导权。希特勒看到这封电报，气得浑身发抖，戈林分明是在逼他下台。疯狂的希特勒立即下令解除了戈林的职务，并命令党卫军就地逮捕他。希姆莱也在背地里悄悄跟美国方面联系，表示德国愿意投降。

希特勒真的疯了，他冲着人群不断喊叫："把他们统统枪毙！把他们统统枪毙！"

整个地下室除了希特勒的尖叫声之外，剩下的便是几个女人低低的啜泣声。在生命的最后几天里，希特勒完全是在焦躁不安中度过的。志愿与他共存亡的军官和女人们也都是在焦躁不安中度过的。

4月28日晚，希特勒在地下室里收到消息：朱可夫的部队已经离总理府只有一条街了，可能在30小时以后，即4月30日早晨发起突击。希特勒意识到他和第三帝国的末日来临了。希特勒作出了他一生中最后的决定——在黎明时与他的情妇爱娃·布劳恩结婚。

结婚仪式非常简单，气氛也非常凄凉。希特勒回顾了传奇性的一生，大大斥责了一番那些背叛他的朋友和支持者，最后又凄惨地说："我一直认为婚姻会阻碍我把全部的精力献身于我们的党，影响我领导我们的国家称霸世界。现在这一切都不存在了，我的生命也要结束了，我决定与我有过多年真诚友谊，自愿在柏林已遭围困之时来到这里与我同生共死的女人结婚。她自愿作为我的妻子同我一道死去。这就弥补了由于我服务于人民，投身于工作而给我们两人所带来的损失。"

4月30日早晨，希特勒指定海军元帅邓尼茨作为他的继承人，组建新政府。此时，他已经做好了自杀的准备。希特勒像往常一样，细嚼慢咽地吃了早餐。但与往日不同的是，他吃完早餐后把新婚妻子叫到了身边，与她一道同周围的人道别。凄凄惨惨的告别结束之后，希特勒带着爱娃·布劳恩回到了自己的卧室。

戈培尔、鲍曼等希特勒的死党守在元首的卧室外。下午3点30份，卧室里传来一声枪响。他们等待着第二声枪响，但是久久没有动静。过了一会儿，他们轻轻地走进元首的房间，看到希特勒的尸体趴在沙发上，还在流血。他是对着自己的嘴开了一枪。他的新婚妻子躺在他的身旁，手中还有残留的毒药。

众人把希特勒和爱娃的尸体搬到花园里的一个弹坑中，然后浇上汽油点燃。当火焰升起时，在场的纳粹党徒们纷纷举起左手向他们的元首行告别礼。但仪式还没结束，红军的炮弹又落在了花园里。纳粹党徒们纷纷四散逃命。对此，英国首相丘吉尔曾这样说："希特勒的火葬柴堆，和越来越响的苏联红军炮火的轰鸣，构成了第三帝国的悲惨结局。"

就在希特勒自杀的这个早晨，朱可夫指挥部队向国会大厦发起了突击。库兹涅佐夫上将指挥的第三突击集团军攻占了大厦的主要部分，但装备精锐的德国党卫军部队却异常顽固，拼死抵抗。即使在红军占领了大厦下面各层楼以后，在上面楼层守备的德军仍不肯投降。红军只好逐层与其搏斗，直到夜间，红军才在大厦的主楼圆顶上升起了苏联的旗帜。

亲自指挥这一历史性战斗的库兹涅佐夫将军再也抑制不住自己激动的心情，他拿起电话机，兴高采烈地向朱可夫报告："国会大厦上升起了红旗！元帅同志，乌拉！"

朱可夫的心情也十分激动，他一直盼望着的这个历史性时刻终于到来了。沉默了一会儿，朱可夫尽量平静地说："亲爱的库兹涅佐夫，衷心祝贺你和你的士兵们所取得的光辉胜利。苏联人民将永远不会忘记这一具有

1945年5月，朱可夫元帅率领苏联红军攻克柏林，在国会大厦举起胜利旗帜。

历史意义的功勋。"

5月1日，邓尼茨组织的新政府派代表跟红军谈判，要求红军停战。红军代表根据斯大林的指令，拒绝了德国的要求，同时声明：德国政府只能无条件投降。山穷水尽的邓尼茨政府无可奈何，终于在次日下午3点停止了一切抵抗。德军柏林城防司令魏德林将军也在此时率残部投降。至此柏林战役结束。

在第二次世界大战欧洲战场最后一场大战役中，红军消灭了德军100多万人，俘虏80多万人，缴获和摧毁6000架飞机、1.2万辆坦克和自行火炮、2.3万门野战炮以及不可计数的枪支弹药。但在这场战役中，红军也付出了惨重的代价。苏联自己公布的数字是伤亡30多万人。

盟军统帅艾森豪威尔在关键时刻没有跟苏联争夺攻占柏林，他命令英国元帅蒙哥马利，盟军的主要进攻方向不是柏林，而是与柏林相距甚远的莱比锡和德累斯顿。丘吉尔和蒙哥马利元帅为此大为气愤。

艾森豪威尔之所以决定放弃攻打柏林，是有原因的。首先，在蒙哥马利的部队赶到莱茵河，距离柏林还有480公里之时，朱可夫的部队早已到了奥德河畔，距柏林仅有60公里。从时间上来说，盟军不具备同苏联红军争夺攻打柏林的优势。

其次，希特勒在柏林部署了重兵，强攻柏林必然要付出惨重的代价。艾森豪威尔估计，要攻下柏林，盟军至少会有10万人的伤亡。作为盟军的最高统帅，艾森豪威尔不得不对士兵的生命负责。

最后，苏、美、英三国早在雅尔塔会议上就已经划定了各自在德国的占领区。即使他们攻占了柏林，也要按照协议退出来，何必去为苏联拼命呢！因此，艾森豪威尔才没有跟苏联红军去争夺攻打柏林。

· 第十一章 ·

人生最辉煌的时刻

一

两次无条件投降仪式

希特勒的自杀让朱可夫十分扫兴,因为他没能亲手抓住这个法西斯元凶。一向喜欢争强好胜,而又铁骨铮铮的朱可夫曾在赫鲁晓夫的面前夸口道:"不久我就要把希特勒这只可憎的野兽关在一只笼子里。我要把他送回莫斯科,让你们亲眼看看。"

但是希特勒已经死了,甚至连骨灰都找不到了。因为红军猛烈的炮火把一切痕迹都扫清了。想到这些,朱可夫的情绪有些低落,他长长地叹了口气,无限感伤地说:"我的诺言不能兑现了。"

不过,无论如何,红军胜利了,德国法西斯彻底垮台了。莫斯科举行了盛大的阅兵仪式,庆祝胜利的"五一节"。斯大林从莫斯科给白俄罗斯

1945年5月,朱可夫元帅在德国国会大厦。

第一方面军发来了贺电。他在贺电中说:"白俄罗斯第一方面军部队,在乌克兰第一方面军部队协同下,经过顽强的巷战,彻底粉碎了柏林德军集群,并于今日(5月1日)全部攻占了柏林这一德国帝国主义的中心和德国侵略的发源地。"

占领柏林之后,第五突击集团军司令员别尔扎林上将被任命为苏联驻柏林第一任城防司令员和柏林卫戍司令员。5月3日一早,朱可夫和军事委员捷列金便在别尔扎林等人的陪同下来到了国会大厦。朱可夫想亲眼看看邪恶的第三帝国的心脏。国会大厦是一幢庞大无比的建筑,气势恢弘,而且异常坚固。只有大口径火炮才能打透它那厚厚的墙壁。建筑里还建了许多火力据点和坚固的掩体。看到这些,朱可夫不禁为希特勒的老谋深算而暗暗心惊。不过,这座邪恶的大厦并没有让希特勒的野心得逞。英勇的苏联红军到底还是占领了它。

在大厦的入口处,柱子上涂满了苏联军人的留言,既有士兵对胜利的欢呼,也有将军们对战争的感慨。朱可夫一时兴起,也在上面签上了自己的名字。周围的士兵很快就认出了朱可夫和各位将军。他们把朱可夫团团

朱可夫元帅以胜利者的姿态宣布对德国的受降仪式开始

第十一章 人生最辉煌的时刻

围住，不断向他提着各种问题。朱可夫对待手下的将领往往十分严肃，但对待士兵总是一副笑容可掬的样子。因为他知道，正是这些不惧牺牲，跟随他在异国出生入死的战士成就了将军们的美名。

柏林失守以后，驻守在各地的德军见大势已去，纷纷缴械投降了。由于意识形态和地缘的因素，德军宁愿向盟军投降，也不向苏联红军缴械。5月7日凌晨，在德国海军元帅邓尼茨的授意下，弗雷德堡和约德尔在兰斯签署了无条件投降协议。协议是在艾森豪威尔设在兰斯的盟军总部里签署的。代表盟军在文件上签字的是瓦尔特·比德尔·史密斯将军，以见证人身份代表苏联签字的是伊万·苏斯洛巴罗夫将军，以见证人身份代表法国签字的是弗朗索瓦·赛维兹将军。

德军在投降地点的选定和签字的方式让斯大林十分气恼。苏联在对抗法西斯德国的过程中付出了惨重的代价，歼敌人数、解放土地也是各战胜国中最多的。德国的这一举动无异于在贬低苏联红军的威望。苏斯洛巴罗夫少将未经授权就擅自代表苏联在投降文件上签字更让斯大林接受不了。当他得知这一消息之后便立即打电话问炮兵参谋长沃罗诺夫："这位'著名的'炮兵将军伊万·苏斯洛巴罗夫究竟是谁？你为什么没有好好教育你的炮兵军官？"

发了一通牢骚之后，斯大林命令苏斯洛巴罗夫立即返回莫斯科，并要对他进行严厉的处分。

挂了电话，斯大林又给朱可夫打来了电话。他在电话中说："今天德国人在兰斯签署了无条件投降书。是苏联人民而不是同盟国肩负了战争的主要重担。因此，投降书应在反希特勒联盟所有各国的最高统帅部签署，而不能只在同盟军最高统帅部中签署。"

朱可夫对德国在兰斯签署无条件投降书这一做法也十分不满。因为他是击败法西斯德国的大功臣，又占领了法西斯德国的心脏，理应由他来主持德国的投降仪式。斯大林了解了朱可夫的意见之后，忽然提高了嗓门说："不在柏林，不在法西斯侵略的中心签署投降书的这种作法，我是不同意的。我们已与各同盟国商定，把在兰斯签署投降书一事只当作投降仪式的预演。明天德国最高统帅部的代表和盟军最高统帅部的代表要来柏林。苏军最高统帅部的代表由你担任。"

红军总参谋长安东诺夫将军给盟军总司令艾森豪威尔发了一封电报。

在电报中,安东诺夫阐述了苏联对在兰斯举行德国投降仪式的看法,并要求德国在柏林签署一项更正式的投降书。艾森豪威尔表示,他乐意去柏林参加签字仪式。但实际上,他马上便改变了主意。次日一早,他便派他的副手英国空军上将泰德代表他去柏林参加仪式。美国的巴兹将军和法军总司令塔西厄将军也一起前往柏林参加仪式。

5月8日清晨,斯大林派给朱可夫的政治助理维辛斯基乘飞机从莫斯科飞到柏林。他带来了处理德国投降所必需的全部文件。朱可夫一面同维辛斯基商讨德国投降仪式的有关事宜,一面派副手索科洛夫斯基大将等人前去机场迎接艾森豪威尔。但是当客人从机舱走出来以后,索科洛夫斯基才知道艾森豪威尔根本没有来。他心中有些不快,但还是非常客气地接待了各位来宾。欢迎仪式结束之后,德国代表凯特尔元帅、弗里德堡海军上将和施通普夫空军上将才被准许走下飞机。

1945年5月9日零点整,德国无条件投降的仪式在一所工程学院的会议厅里正式举行。会议室里的陈设非常简单,一张长条桌子靠墙放着,墙上挂着苏、美、英、法四国的国旗。盟国的主要代表都坐在桌子旁边,朱可夫作为苏联红军最高统帅部的代表,严肃地坐在中间。他站起来,朗声宣布道:"我们,苏联红军最高统帅部和盟军最高统帅部的代表,

1945年5月苏军最高副统帅朱可夫元帅在柏林于德军无条件投降书上签字

受反希特勒同盟各国政府的委托,来接受德军统帅部代表德国作无条件投降。"

宣布完毕,朱可夫吩咐站在门口的军官说:"让德国代表团进来。"

凯特尔、弗里德堡和施通普夫等人耷拉着脑袋,依序进入了会议室。凯特尔走到座位前,举起手中的元帅杖向盟国代表们致敬,然后拉出中间的椅子坐下了。施通普夫和弗里德堡两位上将也紧挨着他们的元帅,一左一右地坐了下来。

朱可夫问他们:"你们手里有没有无条件投降书?你们是否已研究过并有全权签署?"

凯特尔把面前的文件拿起来,稍稍晃了一下,用低沉的声音回答说:"是的,我们已研究过并准备签署。"

说完,凯特尔示意随从将邓尼茨签署的一份文件递给了朱可夫。这份文件证明凯特尔、弗里德堡和施通普夫有权签署无条件投降书。朱可夫提笔在投降书上受降代表一方签上了自己的名字,又让盟国代表也都签了字。

轮到德国代表签署文件了。凯特尔的脸阴沉得可怕,他坐在位子上一动不动,表情严峻而沮丧。可以看出,这个纳粹对自己的失败仍有些不甘心。朱可夫瞅了瞅他,用不容商量的口吻说:"建议德国代表团到桌子这儿来签署无条件投降书。"

翻译把朱可夫的话翻译给德国代表们听。但凯特尔仍然坐在那里,用一只手在桌子上比划了几下,意思是要求把投降书送到他的面前。朱可夫也一动没有动,不客气地打着手势,并命令道:"让他们到这儿来签!"

凯特尔反感地看了看朱可夫,但当他看到朱可夫坚毅的眼神之时,便知道这件事情不容商量。他站了起来,垂下眼睛,慢慢从桌子上拿起他的元帅杖,迈着迟缓的步子走上前来。他的单眼镜掉了下来,挂在前胸的镜绳上,脸上布满红斑。

他走到桌子跟前,慢慢地戴上单眼镜,坐到椅子边上,用颤抖的手签署了5份投降书。施通普夫和弗里德堡也依次签上了自己的名字。零点43分,签字仪式宣告结束了。

朱可夫宣布道:"德国代表团可以离开会议厅了。"

凯特尔已经领教了朱可夫的厉害，他立即站起来做了一个十分标准的立正动作，紧接着用他的权杖向盟国代表们再次致敬，然后转过身，大步走出了会议厅。施通普夫等人也跟随在他的身后，悄无声息地退了出去。这份协议的签订代表着德国法西斯彻底覆灭了，战犯们也将得到应有的处罚。

　　斯大林和朱可夫在举办德国投降仪式这件事情上终于扳回了面子。斯大林在德国签署无条件投降书的当天发表了《告人民书》。在这份文件中，他说："战胜德国这一伟大的日子来到了。法西斯德国被迫向红军和我们盟国的军队屈膝，承认自己战败并宣布无条件投降了……从此，各国人民的自由和各国人民之间和平的伟大旗帜，将飘扬在欧洲上空。"

二

担任胜利阅兵式的首长

战争给苏德两国的人民都带来了极其深重的灾难。两国军民不但付出了极其惨重的伤亡，生活水平也急剧下降。战后的柏林更是一片瓦砾，居民食不果腹，衣不蔽体。朱可夫知道，要想维持和平，单靠坦克和大炮是不行的，还必须有足够的诚意和食物。

战后，红军战士对杀害了他们兄弟姐妹的法西斯极其仇恨，并将这种仇恨迁怒到了普通德国人身上；德国人在纳粹长期的宣传鼓动下，对苏联也存在很大的戒心。如何消除这种敌对的态势是朱可夫面临的主要难题。他对士兵们说："我们要从国际主义义务和人道主义信念出发，采取一切措施，帮助德国人认清自己的错误，迅速根除法西斯主义的残余，加入到以和平和民主作为最高目标的爱好自由的各国人民的大家庭中来。"

柏林市红军卫戍部队司令别尔扎林发布了命令，宣布解散德国法西斯党及其一切组织，并禁止他们活动。他要苏联驻军在继续扑灭大火、组织搬运和掩埋尸体以及扫除地雷和炸弹的同时，必须组织粮食供应，首先把居民从饥饿中拯救出来。

柏林的食物实在太匮乏了，如何解决市民的温饱问题成了军事当局最重要的任务。别尔扎林首先在柏林实行了粮食供应的配给制。但这一招仍然不管用。苏联政府出于人道主义的考虑，给柏林运来了9.6万吨谷物、6万吨土豆、5万头供屠宰的牲畜，以及糖、油和其他大量食物。这是苏联在战后给德国的第一项援助。这项援助使大量德国人免受了饥饿的威胁。

在红军全体官兵的努力之下，柏林居民与红军战士之间的隔阂逐渐消失了。有一天，朱可夫乘车路过柏林市郊。他看到路边一群人正聚在一起谈论着什么。人群中既有德国妇女和孩子，也有苏联士兵。

出于好奇，朱可夫停下了车，悄悄走过去看个究竟。一个苏联士兵怀里抱着一个4岁左右、长着淡黄头发的德国小男孩，十分亲昵地亲了亲他。士兵说："我在这场可恶的战争中失去了妻子、年幼的女儿和儿子。他们是在火车里被德国飞机炸死的。现在仗打完了，可我一个人孤单单地怎么生活呢？"

边上的妇女们听到这里，都在偷偷地抹眼泪。她们中有谁没有在这场邪恶的战争中失去亲人呢？士兵抚摸了一下孩子的小脸，对周围的人说："既然这小家伙的父母都被党卫队枪毙了，就把他给我吧！我一定会好好抚养他的。"

另外一个士兵开玩笑地说："这小家伙倒是挺像你呢！"

旁边的一个德国妇女似乎明白了士兵的请求，她用德语说："不行，不能给。这是我的侄儿，我要亲自把他抚养大。"

有人作了翻译。士兵深感失望。这时，站在一旁的朱可夫憋不住了，在一旁说道："听我说，朋友，你回到祖国，找个带娘的孩子，那不更好。"

朱可夫的一席话把周围的士兵都逗得哈哈大笑起来。那个小男孩也被红军士兵们真诚的笑声感染了，咧开嘴笑了起来。士兵们纷纷解开自己的背包，把面包、罐头和糖分给在场的孩子和妇女们。抱孩子的士兵在男孩的脸上亲吻了一阵，很不情愿地把孩子递给了那个德国妇女。

朱可夫看到曾经是敌对国家的两个普通家庭的不幸遭遇，百感交集，但也为两国人民能消除戒心而感到高兴。

5月9日，苏联人民委员会副主席兼国防委员会委员米高扬来到柏林，去查看德国居民生活恢复的情况。朱可夫陪他一起在逐步恢复正常生活的柏林城转了转。他们在一家粮店门前停了下来。粮店正在给德国居民分发粮食。米高扬靠近一个德国妇女，微笑着问："红军占领柏林后，你们感觉怎么样？"

那名德国妇女对面前的这个苏联人还存有一定的戒心，她站在那里不知所措。因长期营养不良而瘦弱不堪的身体显得更加单薄了。米高扬见状，指着朱可夫，更加真诚地说："你们大胆地讲吧，这是朱可夫元帅，他会考虑你们的要求，并尽力帮助你们的。"

朱可夫看了看大家，向她们介绍了米高扬的职务和来柏林的目的。排队领取粮食的德国妇女们闻听，都高兴得笑了起来。她们顾不得领粮食，便一拥而上，将米高扬和朱可夫团团围了起来。

一个年近半百的妇女激动地对米高扬说："从来没想到，这么大的俄国首长会到我们这里来走访和关心我们这些普通德国人的生活。过去他们老是拿俄国人来吓唬我们。我们德国妇女十分感谢，感谢你们使我们免于饥饿。"

在联共（布）的扶持之下，德国共产党的领导人威廉·皮克、瓦尔特·乌布利希等人来到了柏林，他们联合德国的左派社会民主党，建立了德国统一社会党。从此，在苏联占领区内，德国人民有了自己的领导核心。

就在柏林的秩序逐渐恢复正常之时，苏联人民仍然沉浸在胜利带来的巨大喜悦之中。5月中旬，朱可夫被召回了莫斯科。讨论完了对日作战的问题之后，斯大林突然问："为了庆祝战胜法西斯德国，我们是否应该在莫斯科举行一次胜利阅兵式，并邀请立功最多的英雄——包括士兵、军士、准尉、军官和将军们前来参加呢？"

大家对斯大林的这一建议纷纷表示赞同。阅兵式的一切准备工作就绪之后，斯大林把朱可夫叫到他的别墅里，没头没脑地问："你骑马的技术有没有生疏？"

朱可夫信心十足地回答说："没有，当然没有！"

斯大林满意地点了点头，接着说："是这样，我想让你担任胜利阅兵式的阅兵首长，罗科索夫斯基担任阅兵总指挥。你看如何？"

朱可夫当然高兴了，能当上阅兵式的阅兵首长是何等的荣耀啊！但是斯大林为什么不自己担任这一职务呢？想到这里，朱可夫说："谢谢给我这样的荣誉。但由您来阅兵不是更好吗？您是最高统帅，就权利和义务来说，都应由您来担任阅兵首长。"

斯大林摇摇头说："我当阅兵首长已经太老了。还是你来吧，你年轻一些。"

不久，苏联各报刊载了苏军最高统帅的命令："为了庆祝在伟大的卫国战争中所取得的对德作战胜利，定于1945年6月24日在莫斯科红场举行作战部队和莫斯科卫戍部队的阅兵式，即胜利阅兵式。阅兵首长由最高副统帅、苏联元帅朱可夫担任，阅兵总指挥是苏联元帅罗科索夫斯基。"

很快，举行阅兵式的日子就到了。朱可夫显得有些兴奋，他起得早一些。但那天的天气不是很好，窗外下起了毛毛细雨。朱可夫皱了皱眉头，喃喃自语道："看来，阅兵式将不会像大家希望的那么隆重了。"

实际情况并不像朱可夫想象的那样。那天的天气虽然不好，但成千上万的莫斯科人依然兴致勃勃地涌向红场。在蒙蒙细雨中，他们举着标语，唱着歌曲，一副兴高采烈的样子。朱可夫知道，他们没有一个不是在为期盼已久的胜利而高兴。

上午9点57分，朱可夫骑上了一匹强壮的战马，缓缓走向红场。他的心情既激动又紧张。在庄严的军乐声中，传来了总指挥罗科索夫斯基

1948年5月苏联国防部长朱可夫元帅在红场上检阅苏联红军

胜利象征 朱可夫

向部队发出的口令声："受阅部队，立正！"

朱可夫骑在马上，向受阅部队行了注目礼。罗科索夫斯基也十分激动，他向朱可夫汇报了受阅部队的情况。红场上空飘扬着各部队的军旗，英勇的红军战士正是在这些军旗的鼓舞之下同法西斯德国作战的。经过了战争的洗礼，士兵们的脸上流露出无比的坚毅之情。他们穿着崭新的军装，胸前别着闪闪发光的战斗勋章和奖章，行着漂亮的军礼。雨水落在军人们的头上，又从帽檐上淌下来。但是谁也没有注意到这些，大家的情绪都十分高昂。所有这一切构成了一幅动人心弦的、令人永远难忘的景象。

当英雄的团队从列宁陵墓前通过时，大家更是兴奋。走在各团队前头的，是在同德军作战中闻名的将军、兵种元帅和苏联元帅们。两百名老战士在鼓声的敲击下，把在战场上缴获的德军军旗投到了列宁陵墓的台阶下。阅兵式在此时达到了高潮，人群中的"乌拉"之声久久不曾平息。战后的这段时间，朱可夫作为胜利象征被苏联人民和世界各国戴上了各种荣誉的光环，异常风光。这是他人生中最辉煌的时刻。

朱可夫回到柏林后也向盟军建议，让驻守在柏林的苏联红军和盟军搞一次联合阅兵式。艾森豪威尔对此也十分感兴趣，他很快就同意了朱可夫的建议。他们准备于9月份在国会大厦和勃兰登堡大门附近举行联合阅兵式。因为红军攻克柏林的最后战斗就是在这里进行的。

经过讨论，阅兵首长由苏军、美军、英军和法军的总司令共同担任。但是在阅兵的前一天，盟军各国的总司令突然给朱可夫发电报，告知由于一系列的原因，他们不能来柏林阅兵，而已委托他们的将领出席。

朱可夫把这件事情打电话报告了斯大林。斯大林说："他们想贬低反希特勒同盟各国军队的阅兵的政治意义。你等着瞧吧，他们还会耍新花招的。各盟国军队总司令拒绝出席，也没有关系，你就担任阅兵首长好了，何况我们在这方面比他们有更多的权力。"

柏林的阅兵式虽然也有声有色，但由于艾森豪威尔等人的缺席，还是让朱可夫感到些许不快。实际上，苏联是社会主义国家，而英、美、法则是资本主义国家。两个阵营之间的意识形态和文化完全不同，一直在互相提防着。

三

国家利益与私人友谊

第二次世界大战欧洲战场平息之后,美、英、法三国集团与苏联之间的裂隙越来越大。为了对抗苏联,美、英、法等国有意保留德国的军队,盟国的部分军队还驻扎在本应属于苏联的占领区内,如美军驻守的图林根和英军驻守的维滕贝格本来都应该是苏联的占领区。在斯大林的提议下,苏、美、英、法成立了一个有4国代表参加的对德管制委员会。朱可夫担任了管制委员会中苏联的最高长官。其他3个国家的代表分别是美国的艾森豪威尔五星上将、英国的蒙哥马利元帅、法国的塔西厄将军。

在返回柏林之前,斯大林指示朱可夫说:"法西斯匪徒把我国破坏并抢劫一空。因此,你和你的助手们应努力争取,尽快实现与盟国达成的

蒙哥马利元帅(左一)、艾森豪威尔(左二)、朱可夫元帅(左三)、塔西厄将军在柏林

拆除一部分德国军事工业企业作为赔偿的条约。"

艾森豪威尔和他的助手们在朱可夫回到柏林之前就已经抵达了。朱可夫刚到柏林，艾森豪威尔便主动去拜访了他。在朱可夫的总部，苏、美两国的两位传奇式的军事首长首次见面了。两人以军人的方式行了见面礼之后，艾森豪威尔拉着朱可夫的手，久久地注视着这位久闻大名的苏联元帅，赞叹道："啊，您原来是这样的！"

朱可夫也像遇到久别重逢的老朋友那样紧紧地握着艾森豪威尔的手，与他攀谈起往日的事情。不过，两人一旦转入到工作的话题上来，就开始针锋相对，各自为自己的国家争取利益了。如果抛开国家利益来说，两人对对方的个人魅力都十分赞赏。朱可夫说："艾森豪威尔将军给了我良好的印象。"

艾森豪威尔也对别人说："我认为朱可夫元帅是一位和蔼可亲的、有着军人风度的人。"

正是因为这样，尽管两个国家在利益上有一些分歧，但他们之间仍然在日后的接触中建立了长久的私人友谊。

6月5日，艾森豪威尔、蒙哥马利和塔西厄来到柏林签署接管德国最高权力的宣言。会前，艾森豪威尔来到朱可夫的司令部，把美国的最高军事勋章——总司令级的荣誉勋章授给了朱可夫。接受勋章后，朱可夫立即向斯大林报告。

斯大林对他说："我们也应该授予艾森豪威尔和蒙哥马利'胜利'勋章，授予塔西厄一级苏沃洛夫勋章。"

朱可夫问："我可以向他们宣布吗？"

斯大林愉快地说："当然可以！"

签字仪式在当天的下午举行。朱可夫第一次看到了英国陆军元帅蒙哥马利。由于朱可夫争强好胜的性格，他与蒙哥马利的首次见面便闹了一点不愉快。他高谈阔论，大谈斯大林格勒战役的情况，并说这次战役要比蒙哥马利指挥的阿拉曼战役重要得多！实际上，这仅仅是一场长久而又复杂的斗争的小小序幕。

由于事前做了大量的准备工作，签字仪式很快就结束了。仪式结束后，蒙哥马利提到了盟军进驻柏林的事情。他对朱可夫说："元帅先生，我们决定在近日内进驻自己在柏林的区域，大概我们的美国朋友和法国朋友也希望同时进驻他们的区域。因此，我现在想和你商议确定我方人员进入柏林的通道。"

艾森豪威尔也随声附和地表示，他想让墨菲和克莱将军现在就留在柏林参加管制委员会的工作。

朱可夫同斯大林派给他的政治顾问维辛斯基商量了一下，马上便拒绝了他们的要求。朱可夫说："在解决英、美军队进入柏林的通道问题之前，同盟国的一切部队必须首先遵照雅尔塔会议的决定，配置在规定的德国的一定区域内。只要美军不撤出图林根，英军不撤出维滕贝格，我就不能同意同盟国的占领军进入柏林，也不同意在柏林驻扎管制委员会的行政机构人员。"

朱可夫的强硬态度使得同样争强好胜的蒙哥马利无法接受，他从桌子的一头站了起来，准备向朱可夫发起反击。不过，稳重的艾森豪威尔在一旁制止了他。艾森豪威尔知道，朱可夫同他们一样，为了自己国家的利益，都不会向对方做出让步的。

当天，他们请了摄影师，将他们会晤的历史性场景全部拍摄了下来。当摄影师把全部胶片都拍光后，朱可夫为他的客人们安排了豪华的宴会。但是艾森豪威尔一点也高兴不起来，他和蒙哥马利一样，对当天会议的结果一点也不满意，他只是比蒙哥马利更懂得克制。想到朱可夫的强硬态度，艾森豪威尔决定不参加宴会，直接回法兰克福。

艾森豪威尔的决定使朱可夫大感意外。于公于私，朱可夫都必须把这位头面人物留住。他用一种老朋友的口吻对艾森豪威尔说："我要把你扣起来，让你留在这儿！"

朱可夫的这句话恰到好处地表达了自己的强烈愿望。艾森豪威尔无奈，只好勉为其难地入席了。宴会结束后，送走了客人，朱可夫立即给斯大林通了电话，谈了蒙哥马利的要求和艾森豪威尔的态度。

斯大林对朱可夫的表现十分满意，他笑着说："应当设法邀请艾森豪威尔到莫斯科来，我想同他认识。"

6月10日，朱可夫带着几名随从飞到了法兰克福，在盟军的司令部拜访了艾森豪威尔和蒙哥马利。朱可夫在这里代表苏联政府，为艾森豪威尔和蒙哥马利颁发了"胜利"勋章。这是苏联政府第一次把制作精美、意义非凡的"胜利"勋章授予外国人。

授勋仪式结束后，艾森豪威尔为朱可夫举行了欢迎午宴。午宴的气氛比上次改善了许多。各国代表频频举杯祝酒。艾森豪威尔再次高度赞扬朱可夫说："今天，朱可夫元帅作为我们的贵宾光临，并且热情友好地向我们盟军成员颁发了苏联勋章。可是，朱可夫元帅大概低估了他在我们心目中所占的地位。有一天，当所有在座的人都去见上帝的时候，苏联肯定将设置另一种勋章，那将是朱可夫勋章。而这种勋章将为所有钦佩军人的勇敢、远见、坚韧和决心的人们所珍视。先生们，我非常荣幸地请你们为朱可夫元帅干杯。"

随着接触的深入，艾森豪威尔对朱可夫越来越敬佩了。他非常希望能同苏联人建立起密切的关系，但十分可惜的是，美国政府却不这样认为。正如他在《远征欧陆》一书中表述的那样："令人遗憾的是，它并不代表总统的态度。"

苏美两国互授勋章的举动，显然也影响了英国政府。6月下旬，英

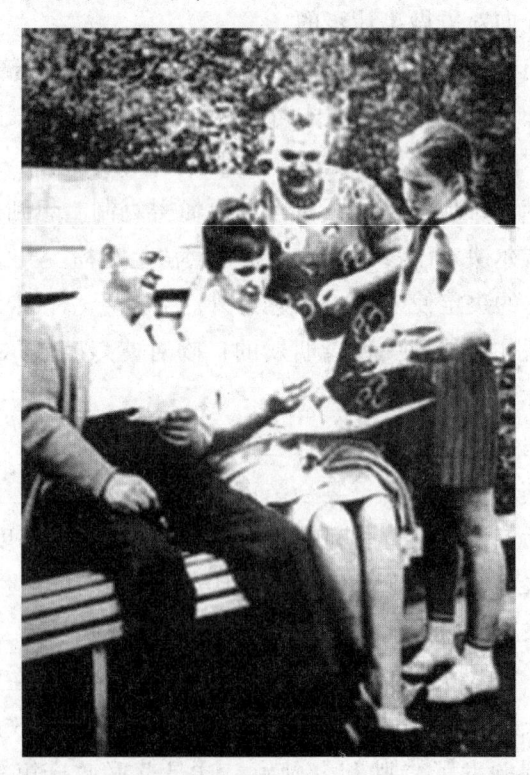

朱可夫及其家人在别墅中阅读远方的来信，欣赏照片

国政府授予了朱可夫元帅一级"巴尼"勋章，授予罗科索夫斯基元帅二级"巴尼"勋章。这些勋章是对朱可夫在第二次世界大战中出色指挥的充分肯定。

1945年7月，为了解决战后欧洲的有关问题和早日促使日本投降，同盟国在柏林附近的波茨坦召开了一次政府首脑会议。在这次会议上，同盟国发表了历史上著名的《波茨坦宣言》。会议的主要工作都是由朱可夫安排的。由于战争的破坏，波茨坦的大街小巷一片瓦砾。为了给会议创造更好的条件，朱可夫派出了大批的工程兵部队，昼夜不停地施工建设，修整房屋和道路。他还根据各国首脑的习惯爱好，给各国领导人布置了房间。美国人给杜鲁门总统选择了蓝色的房间，英国人给丘吉尔选择了粉红色的房间，而苏联人则给斯大林选择了白色的房间。

在会议上，苏、美、英等国的领导人虽然表面上客客气气，暗地里却在为了各自国家的利益而较上了劲。苏联和美国的军备竞赛，尤其是核竞赛在这次会议之后表现得尤为明显。在这场竞赛中，美国人取得了胜利，并于1945年8月6日和9日分别在日本的广岛和长崎投下了一颗原子弹。这两颗原子弹的爆炸对促使日本投降起到了很大的作用。

斯大林返回莫斯科之后，向美国发出了正式邀请。邀请艾森豪威尔以朱可夫客人的身份访问苏联。两个国家虽然在军备上展开了竞赛，但并没有影响朱可夫和艾森豪威尔两人之间的私人友谊。艾森豪威尔访问苏联期间，朱可夫一直陪伴左右。朱可夫向艾森豪威尔讲述了许多他在战争时期的事情。

艾林豪威尔对这位传奇人物赞赏有加，他后来写道："由于朱可夫元帅若干年来在红军中所处的特殊地位，他作为一位指挥若干重大战役的负责首长的经历，比我们时代无论哪一个人的都长。无论哪个在当时看来是具有决定意义的俄国战区，都要派他去指挥，这似乎已是一种习以为常的做法。"

在苏联体育节检阅那天，艾森豪威尔还被邀请登上列宁墓的检阅台，跟苏联大元帅斯大林一起检阅了苏联红军。这是一种极高的荣誉，连时任美国驻苏大使哈里曼也不得不承认："这可是一次破例的盛情邀请，我从未听说有哪一位外国人被邀请登上列宁墓。"

· 第十二章 ·

政治斗争的牺牲者

一

风波诡谲的政治舞台

朱可夫作为同盟国对德管制委员会苏联的最高代表在柏林一直工作到 1946 年 3 月底。有一天，斯大林突然打来电话，对他说："美国政府从德国召回了艾森豪威尔，留下克莱将军接替他的职务。英国政府召回了蒙哥马利。"

朱可夫已经知道这些事情了，他知道自己的历史使命也已经完成，是时候回苏联去了。就在朱可夫思考这些事情的时候，斯大林轻声问道："你是否也应该回莫斯科？"

朱可夫轻松地回答说："我同意回去。我建议由索科洛夫斯基大将接替我，他最了解管制委员会的工作，并且也熟悉部队情况。"

斯大林说："好吧，我们考虑考虑，你等待指示吧。"

几天之后的一个深夜，斯大林再次打来电话说，政治局已经同意了朱可夫的建议。接着斯大林又说："还有一个问题，我们决定撤销第一国防人民委员这一职务，而设常务副国防人民委员。这个职务由布尔加宁担任。华西列夫斯基担任总参谋长，库兹涅佐夫担任海军总司令。你想担任什么职务呢？"

朱可夫明白，战争结束了，他这个最高副统帅也已经失去了意义。朱可夫不假思索地回答说："我可以在党中央委员会认为我最适宜的任何岗位上工作。"

斯大林笑着说："按照我的意见，你应当负责陆军的工作。我们认为，陆军应有一个总司令。你不反对吧？"

朱可夫满意地回答说："完全同意。"

进行了简单的工作交接之后，朱可夫便于 4 月初满载着各种荣誉回到了莫斯科。作为苏联卫国战争中最杰出的统帅之一，朱可夫已经成为斯大林身边最耀眼的一颗星。他的名字和照片频繁地出现在《红星报》上。在朱可夫被推举为最高苏维埃联盟院的候选人之时，《红星报》还刊登了朱可夫的长篇传略，称颂他是哈勒哈河、叶利尼亚、列宁格勒、莫斯科、华沙和柏林各战役的英雄。无论走到哪里，苏联人民都会向这位地位仅次于斯大林的元帅高呼"乌拉"。

但是朱可夫倔强、豁达而又喜欢自夸的性格，大胆果断的处事作风，再加上独特和创造性的工作方式，使得斯大林逐渐对他产生了反感。1946年7月，《真理报》不动声色地刊登了一则消息：就任陆军总司令仅仅3个月的朱可夫被调到了敖德萨军区，担任一个不重要的职位。

消息公布之后，人们纷纷在私下议论。有的说，朱可夫失去了斯大林的宠信；有的说他在与国防部长布尔加宁的冲突中失败了等。朱可夫之所以会突然退出公众的视野，与斯大林对他的厌恶有直接的关系。

斯大林素来喜欢独断专行，更加不能容忍红军元帅们的声望超过他。朱可夫在战后的声望明显有超过斯大林的迹象。这对一向把胜利的功劳揣在自己怀里的斯大林来说无疑是一种挑战。朱可夫作为喜欢自夸的人，无疑对斯大林推行个人崇拜的做法感到不满。倔强的朱可夫甚至在一些公开场合表达了他的不满情绪。四处活动的秘密警察把这些言论报告给了斯大林。斯大林由此对朱可夫更加忌恨，由于朱可夫的名望太高，不能像20世纪30年代搞肃反工作那样把朱可夫"清洗"掉。因此，斯大林便把他贬到了一个无关轻重的地方担任了一个无关轻重的职务。

斯大林这一招果然起到了"杀鸡儆猴"的效果。那些大权在握的军队将领们再也没有人敢像朱可夫一样，公开表达对斯大林的不满了。他们在斯大林去世之前，始终与他保持绝对一致。

朱可夫在敖德萨军区住了两三年后，又被调到乌拉尔军区，担任更低的职位。朱可夫的再次落难，是由于时任苏联武装部队监察部长的戈沃洛夫元帅的报复。在列宁格勒被德军围困之时，朱可夫曾与时任列宁格勒方面军司令的戈沃洛夫在作战计划上存在一些分歧，脾气火爆的朱可夫让戈沃洛夫感到有些不快。没想到，戈沃洛夫元帅竟然长期怀恨在心，借朱可夫落难之际，公报私仇。

心情极为低落的朱可夫请求离开军队，去过最平凡的生活。但是斯大林是不会让一个曾经声名显赫的元帅到民间去自由生活的。一时间，朱可夫从人们的视野中消失了，新闻界没有他的消息，军队里也不再悬挂他的照片了。

1950年6月，朝鲜战争爆发了。美国出兵朝鲜半岛，让斯大林惴惴不安。他似乎看到，苏联似乎马上就要卷入另外一场战争。为了提高苏联的军事力量，斯大林也不得不采取一些取悦军方的具体措施，其中包括让那些身经百战的元帅和将军们重返政治舞台。在这种背景下，朱可夫又开始逐渐露面了。但这种变化仍然是缓慢和微不足道的，因为一切都在斯大林的掌控之中。

1953年3月5日，斯大林因脑溢血去世了。

斯大林逝世后，赫鲁晓夫为了稳固自己的地位，开始极力拉拢军方的将帅。斯大林逝世的第二天，朱可夫便被任命为国防部副部长，并掌控了苏联的陆军部队。朱可夫重返莫斯科，使得因斯大林去世而陷入混乱的军队获得了精神支柱，也使得苏联政府高层的权位之争迅速结束了。

朱可夫重掌大权后做的第一件事情就是协助赫鲁晓夫逮捕贝利亚，捣毁秘密警察。贝利亚在斯大林掌权期间，长期担任内务部长的要职，并充任秘密警察的总头目。他就像斯大林的第三只眼睛一样，暗中窥伺着党、政、军要员的一举一动。一旦他们有对斯大林不利的举动，贝利亚就会派出秘密警察，痛下杀手。

朱可夫对贝利亚十分敌视。他始终认为，他之所以在1946年突然被贬职，祸根就是贝利亚派秘密警察诬告了他。斯大林去世后，贝利亚蠢蠢欲动，大有利用手中的秘密警察夺取大权的迹象。赫鲁晓夫当然不容许他这样做了，赫鲁晓夫决定铲除贝利亚。

朱可夫觉得这是他复仇的大好机会。他立即与布尔加宁、华西列夫斯基和部长会议主席马林科夫一起讨论对策，决定采取特殊手段逮捕贝利亚及其同伙。这项工作风险极大，一旦失败，他们和他们的家人可能都会被贝利亚处死。为了安全考虑，他们秘密地从朱可夫待过的乌拉尔军区中调来两个近卫师。这两个师的士兵全部是绝对忠于朱可夫的。

在6月26日的一次中央委员会全体会议上，马林科夫便突然宣布："我们现在讨论贝利亚的问题。"

当时贝利亚紧挨在赫鲁晓夫的右边坐着，他吃惊地张大嘴巴，紧接着抓住赫鲁晓夫的手，疑惑地问道："是怎么回事呀？你们在嘀咕些什么呀？"

赫鲁晓夫厉声道："注意听吧，你很快就会知道的！"

接着，赫鲁晓夫历数贝利亚的罪恶活动和阴谋企图，在场的中央委员也纷纷发言谴责他。为了防止贝利亚安排在周围的秘密警察突然冲出来搅了局，赫鲁晓夫建议中央委员会主席团立即解除贝利亚的部长会议副主席、内务部长以及他担任的一切其他政府职务。

马林科夫有些紧张，他没等中央委员们表决，就稀里糊涂地按了一下秘密电钮，向隔壁房间发出了信号。朱可夫和莫斯卡连科等红军高级将领佩戴着配枪走进了会场。军队将领原本是不允许带配枪进入克里姆林宫的，但布尔加宁做了手脚，破例让朱可夫等带配枪进入，以防发生意外。

马林科夫低声对朱可夫说："我以苏联部长会议主席的身份请求你们把贝利亚先关进监牢，以待调查对他进行的控诉。"

朱可夫等的就是这句话。他怒视着贝利亚，大声喝道："举起手来！"

在场的将帅们纷纷打开了手枪皮袋，握枪在手，以防贝利亚的反抗。贝利亚被捕了。12月24日，贝利亚和一批臭名昭著的秘密警察头子被执行了死刑。

秘密警察的力量被严重削弱了，军队的柱石作用重新得到了体现。朱可夫被提升为党中央委员会的正式委员。随着朱可夫在军队地位的恢复，军队中政治主官的影响也越来越小，职业的军事主官获得了全部权力。朱可夫一生轻视政治，而重视军事，因而一直奉"单一首长制"为金科玉律。因而，他一旦重掌大权，便开始大力削弱政治委员在军队中的作用，还于1955年取消了连一级的政委职务。

朱可夫削弱联共（布）对军队的控制力这一做法引起了赫鲁晓夫的警觉和不满。因为他的权威正是建立在党的各级权力基础之上的。不过，由于当时高层的权位之争尚未结束，赫鲁晓夫还不能与朱可夫摊牌。相反，他给予了朱可夫更多的殊荣，并将其选进了最高苏维埃主席团。1955年2月，朱可夫还接替布尔加宁，担任了国防部长。

在朱可夫主政国防部期间，他的军事思想在军队中得到了贯彻。他否定了那种被认为是完美无缺、不承认缺点和失误的斯大林主义军事学，鼓励军事历史学家们客观地写作。在他任职期间，苏联的军事著作呈现出一片繁荣景象，许多军事理论家也逐渐进入了国防部的重要岗位。

朱可夫越来越多地以政治人物的形象出现在政治舞台上。他不仅经常发表文章和讲话，还积极参与到苏联的重要会议上和事件中去。他似乎已经成为苏联的政治领袖之一。但是作为一名职业军人，他并没有他的好朋友艾森豪威尔的政治手腕，他爬得越高，就会摔得越惨。朱可夫不适合在风波诡谲的政治舞台上活动。

二

遭到赫鲁晓夫的猜忌

第二次世界大战结束之后不久，以苏联为首的社会主义国家阵营与以美国为首的资本主义国家阵营陷入了冷战。苏、美两国之间的关系尤其紧张，一场第三次世界大战大有一触即发之势。为了缓和东西方之间的紧张局势，苏、美两国于1955年7月在瑞士日内瓦召开了最高级会议，讨论裁军计划。当时，美国总统是朱可夫的老朋友艾森豪威尔。苏联统治集团将朱可夫当成了与西方实现和解的一把钥匙。

在会议召开之前，苏联政府就宣布，国防部长朱可夫将作为苏联代表团的成员参加此次会议。消息传去，舆论一片哗然。人们认为，朱可夫作为一名军人，参加这次裁军会议是不妥当的。因为他很可能对裁军毫无兴趣，军备竞赛对他或许有更大的诱惑。对此，布尔加宁进行了驳斥，他说："我认为不是这样，因为作为一个军人，他比任何人都更明白战争的恐怖性。要使裁军会议获得结果，朱可夫的参加是必要的。在没有他参加的情况下，我们作出的决定他可能不同意，如果有他在场，我们可以一起协议。"

赫鲁晓夫在事后的解释则更加耐人寻味。他说："朱可夫是艾森豪威尔的朋友，我们认为他们的友谊可以成为我们两国之间商谈的基础。我们希望艾森豪威尔和朱可夫能有机会在一起单独会谈。"

在苏联政府公布代表团成员名单之前，艾森豪威尔也曾试探道："如果朱可夫参加会议，我将有机会与这位老朋友重叙旧谊。"

朱可夫经过在政治舞台上的浮浮沉沉之后，已经谨慎多了，完全失去了当年那倔强与豁达的作风。他谨慎地说："我的确希望在工作会议之外与艾森豪威尔总统会晤。这么多年没有见到我的老朋友了，这次希望与他会见也是人之常情。"

7月18日，艾森豪威尔和朱可夫终于重逢了。两人既谈到了缓和东西方之间紧张局势的前景，也谈到了各自的家庭和子女。在当晚艾森豪威尔为苏联代表团举行的小型宴会上，苏联代表团的成员有意识地给朱可夫创造机会，让他跟艾森豪威尔单独交谈。艾森豪威尔和朱可夫也都盼望着这样的机会，但他们跟代表团其他成员的目的显然不一样。他们希望能单独交谈完全是出于私人友谊，而代表团其他成员无不怀着政治目的。

艾森豪威尔与朱可夫像所有多年不见的的老朋友一样，坐在一起畅叙着友情。他们回顾了在德国的日子，回顾了艾森豪威尔在莫斯科的访问。突然，朱可夫意味深长地说："在苏联，有些事情并不像他们所表现的那样。"

朱可夫没有继续说下去，也没有解释这句话的含意。但艾森豪威尔明显可以感到朱可夫的身不由己，也明显可以感到他对政治浮沉的感慨！

两人没有就这件事情继续交谈下去，而是把话题转到了个人的私事上。朱可夫告诉艾森豪威尔，他的女儿昨天结婚，但他这个父亲因要出席这次重要的会议而不能参加她的婚礼。

艾森豪威尔听到这些，也不胜感伤。朱可夫笑着说："不过，我倒宁愿和老朋友在一起。"

艾森豪威尔也笑了，他让人送来一对钢笔和一架手提式收音机，让朱可夫转交给他的女儿，作为新婚贺礼。朱可夫对艾森豪威尔这种朋友式的关心十分感动。在日内瓦会议期间，只要有机会，他们便要争取时间，单独相处一会儿。

遗憾的是，两人因为各自国家利益，一旦谈到工作的时候，便会陷入僵局。每当这个时候，朱可夫都十分谨慎，像小学生背诵课文一样，小心翼翼地重复着一些观点。很明显，这些观点不是他自己的，而是上级交代的命令。

日内瓦会议之后，东西方关系有所改善，欧洲两大阵营之间的军事对峙也缓和了一些。但是这种缓和关系仅仅持续了不到一年，联共（布）召开了第二十次全国代表大会。联共（布）第二十次代表大会是苏联历史乃至国际共产主义历史的一个重要转折点。大权在握的赫鲁晓夫在会上严厉地批判了对斯大林的个人迷信，全盘否定了斯大林的历史功绩。在大会的总结报告上，赫鲁晓夫针对当时的国际形势，提出了"三和"理论，即"和平共处"、"和平竞赛"、"和平过渡"。

受这场思想风暴的影响，波兰、匈牙利接连发生动乱。这就是历史上著名的波兹南事件和匈牙利事件。波兰和匈牙利政府纷纷出动军警进行镇压。苏联也派出了军队，进行干预。

赫鲁晓夫因这两场事件的平息对朱可夫增添了一份感激之情。1956年12月2日，朱可夫迎来了他的60岁生日。这一天，苏联的所有报纸都在头版上刊登了朱可夫元帅的巨幅照片，并发表了党中央委员会的赞词："共产党和苏联人民高度评价您在建设武装部队方面，在保卫社会主义祖国方面所作出的成绩。在伟大的卫国战争的严酷年代里，您巧妙地、勇敢地引导苏联军队为祖国的自由和独立进行了决战。在和平工作的年代里，您不停息地贡献出您的全部精力和知识，进一步建设苏联政府和加强国家的防御能力。"

也是在这一天，苏联最高苏维埃主席团宣布：授予朱可夫列宁勋章和金星勋章。至此，朱可夫成为苏联历史上获得勋章最多的英雄，也是唯一个拥有4枚金星勋章的人。当时，苏联规定最多只能授予一个人3枚金星勋章。但出于对朱可夫历史功绩的肯定，他们破例授予了朱可夫第4枚金星勋章。后来，苏联领导人勃列日涅夫也给自己授予了4枚金星勋章，使自己看上去可以与朱可夫元帅相媲美。但在他下台之后，第四枚金星勋章便被收回了。他的4枚金星勋章成了笑话，而朱可夫的4枚则是货真价实的4枚。

在随后的政治生涯中，朱可夫紧紧追随在赫鲁晓夫的左右，耍了一些一个职业军人不该耍的政治手腕。但他也做了一些对军人荣誉负责的事情。1957年7月5日，朱可夫在列宁格勒的群众大会上，公开主张把整个斯大林问题和被斯大林清洗的军事将领们的内幕公诸于众。他的发言，触及了苏联政治的神经，《真理报》在发表这篇演说时作了加工，删去了一些十分敏感的话语。

朱可夫这样做的目的或许是为了把在20世纪30年代和第二次世界大战时斯大林对一些军事将领的错误处置纠正过来。不过，他却犯了一个大忌，触犯了赫鲁晓夫敏感的神经。

朱可夫的这些要求得到了满足。联共（布）开始在红军中有步骤地对在大清洗期间被处死的高级将领平反,其中包括图哈切夫斯基元帅和布留赫尔元帅。由朱可夫控制的《红星报》刊载了元帅们的传记。同时,该报还批评了党的宣传机关,号召要让更多的接近生活实际,有丰富的事实材料的文章和书籍问世。

朱可夫为一些职业军事将领鸣冤昭雪,得到了军人的支持,因为这样不仅抹去了沾在军人脸上的污点,而且还可以预防今后类似情况的发生。通过这一事件,朱可夫让人们相信,军人对共产主义是忠诚的,他们中不存在反党集团。因而这又为他提出的减少对军队的政治控制的意见提供了依据。

朱可夫在这条路上走得太远了。他的这些做法让赫鲁晓夫感到十分不安。因为赫鲁晓夫似乎看到朱可夫要把从斯大林头上摘下来的光圈套在自己的头上。他在各大报刊上描绘当年自己在各次战役胜利中的重要作用。在公开场合也不忘记讲述自己的历史功绩。所有这一切都让赫鲁晓夫有理由相信,朱可夫企图建立新的个人迷信,否定苏联共产党的作用,从而将赫鲁晓夫拉下马。

三

再次从政治舞台上跌落

正当朱可夫在军政界风光无限之时,一场悄无声息的政治灾难降临到了他的头上。1957年10月初,朱可夫对南斯拉夫进行访问。但是来到了南斯拉夫的首都贝尔格莱德之后,朱可夫意外地发现,欢迎仪式并不像他想象中那样盛大。铁托总统甚至没有中断他在斯洛文尼亚的休假前来迎接他。直到访问后期,铁托才在他的家中接见了朱可夫。铁托在家中为客人举行了宴会,两人兴高采烈地来到斯洛文尼亚的野外打猎。苏联的新闻界对朱可夫的这次出国访问的报道也不像以前那样隆重了。报道的规格明显低了许多,往往是在一些不起眼的地方登载一篇小幅文章。

铁托对"拿破仑式"的朱可夫一点好感也没有。他担心,一旦朱可夫掌权,类似匈牙利事件的骚乱很有可能再次出现。但朱可夫并没有猜准铁托的心思,或者他根本就没有去猜。这位粗心的元帅在和铁托谈话时,面带怨气,毫不掩饰地批评了赫鲁晓夫对军队的干预。他斩钉截铁地表示:"我决不容许共产党恢复对秘密警察的控制,即使赫鲁晓夫要控制也不行!"

两人分手之后,铁托便给赫鲁晓夫打去了电话,在背后告了朱可夫一状。赫鲁晓夫自然不会开心。两天之后,赫鲁晓夫又打电话给铁托,请他做朱可夫的工作,劝他不要直接回莫斯科,而是继续到阿尔巴尼亚去访问,理由是弥合一下南斯拉夫和阿尔巴尼亚的紧张关系。

粗心的朱可夫一点也没有感觉到事态发展对他越来越不利,反而喜滋滋地离开了贝尔格莱德,前去阿尔巴尼亚访问去了。苏联国内的报纸在报道朱可夫访问阿尔巴尼亚的消息之时更加简略,仅有《真理报》和《消息报》刊登了几条摘要。

胜利象征·朱可夫·

结束对阿尔巴尼亚的访问之后，朱可夫打算返回莫斯科，他甚至想在途中顺便检阅一下驻守在克里木的苏联军队。但是赫鲁晓夫的秘书突然给他打来电话，告诉他："赫鲁晓夫同志要元帅直接飞返莫斯科。因为定于11月7日革命节40周年时举行盛大的军事检阅，现在有许多事情等着您回来处理。"

朱可夫依然没有感到情况不对，反而美滋滋地同意了。实际上，赫鲁晓夫早已经在莫斯科为他设好了陷阱。赫鲁晓夫和莫斯科军区的高级司令们举行了一次不寻常的会议。在会议上，赫鲁晓夫明显地表现出了对这位国防部长的力量和声望的惧怕。但他又没有足够的依据和勇气把他拉下马。于是，赫鲁晓夫便打算用明升暗降的策略将其提升到部长会议副主席的岗位，从而剥夺他对军队的控制权。

朱可夫刚下飞机，便被直接接到了主席团的会议室。当得知赫鲁晓夫的新任命后，朱可夫气得满脸通红。他猛然间有种上当受骗的感觉，他无论如何也不敢相信，自己一直支持和保护的赫鲁晓夫竟然翻脸不认人，狠狠捅了他一刀。气愤是毫无作用的，所有的一切都无法改变了。

朱可夫返回莫斯科6小时以后，塔斯社发表了一项会议公报，公报说：苏联最高苏维埃主席团任命苏联元帅罗季翁·雅科夫列维奇·马林诺夫斯基为苏联国防部长。苏联最高苏维埃主席团免去苏联元帅格奥尔基·康斯坦丁诺维奇·朱可夫的苏联国防部长的职务。一个小时后，莫斯科电台在晚间新闻节目中广播了这一消息。第二天早上，《真理报》也在一个不显眼的角落里刊登了这则消息。

赫鲁晓夫的阴谋得逞了，朱可夫又突然从社会和政治生活中消失了。外界对朱可夫从社会和政治生活中的突然消失感到十分诧异。人们纷纷猜测："朱可夫元帅怎么了？"

一周后，赫鲁晓夫在一次外交场合向记者透露说："朱可夫还活着，并且身体很好，我们将给他安排别的工作。"

有外国记者追问道："苏联政府将会给朱可夫元帅安排一个怎样的工作呢？"

赫鲁晓夫狡黠地回答说："我们对他的新工作还没有最后确定，但他将得到一个合乎他的经验和资历的工作。"

为了消除人们的各种猜测，赫鲁晓夫甚至撒谎道："我今天还看见了朱可夫元帅，我同他谈了话，他的身体很健康。"

新闻记者们从赫鲁晓夫的这番话中已经感觉到，他与朱可夫之间发生了矛盾，并且将其排斥出了军政界。在记者的一再追问之下，赫鲁晓夫极为隐晦地打了个比方。他说："就一个生命来说，一个细胞死亡，另一个细胞代替它，生命才能继续下去。"

记者们明白，赫鲁晓夫的这番话旨在告诉大家：朱可夫已经被他清算了，从此再也不会登上社会和政治生活的舞台了。

实际上，朱可夫在这段时间里同赫鲁晓夫在中央委员会内展开了一场激烈的权力之争。遗憾的是，他再一次在政治舞台上惨遭失败。在新任国防部长马林诺夫斯基的控制下，《红星报》不指名道姓地说："一个高级军人"被他自己成功的军事经历迷住了心窍，他为此犯了严重的错误，受到了党的严厉制裁。

海军杂志《苏维埃舰队》也旁敲侧击地批判朱可夫说："那些大模大样的军事领袖们贬低政治机关在军队生活中作用的企图，必须加以坚决谴责。"

赫鲁晓夫还成功地利用了军队高级将领的野心和内部不团结的情绪，有组织、有预谋地对朱可夫进行集体攻击。那些原来和朱可夫相处在一起的同事们，有些甚至是他亲自提携起来的亲密战友和部下，如罗科索夫斯基、索科洛夫斯基、扎哈罗夫等人也都异口同声地声讨他。唯有华西列夫斯基和巴格拉米杨等老友依然一如既往地同他来往，默默支持他。

在军队的高级将领中，对朱可夫攻击最为歹毒的莫过于他的老对手科涅夫元帅了。他几乎把从卫国战争以来对朱可夫的积怨一股脑地都发泄到这位落难者的身上。为了彻底扳倒朱可夫，他甚至不惜翻起陈年旧账。他指责朱可夫在担任苏军总参谋长之时没有准备好应对德国人发动突袭的措施；攻击朱可夫建立了大量机械化部队，却没有为这些部队提供装备和训练干部；贬低朱可夫在斯大林格勒保卫战等几次重大战役中的特殊作用。他将朱可夫的种种"错误"都揪了出来，驳斥了所谓"朱可夫在战争期间是唯一没有打过败仗的人"的神话。

科涅夫特别提到了柏林战役。他说，过去对朱可夫指挥白俄罗斯第一方面军在攻克柏林功劳方面的过高评价是不公平的。因为朱可夫的部队之所以能够攻占德国国会大厦，取得最后的胜利，完全是他的乌克兰第一方面军让给朱可夫的。为了搞臭朱可夫，科涅夫甚至不惜捏造一些所谓的"事实"，从细节上攻击他。

经过这次风波之后，朱可夫变得心灰意冷。在中央委员会全体会议上，他竟自己投票赞成把他从主席团清除出去。除了党员资格之外，朱可夫什么职务也没有保留。他公开宣布，自己要退休了。这个结局是赫鲁晓夫最希望看到的。从此，朱可夫便深居简出，在家里写写回忆录，陪家人看看电影，靠养老金生活。朱可夫完全成了政治斗争中的牺牲者！

四

凄凉而又安宁的晚年

朱可夫被迫退休之后，红军中展开了清除朱可夫影响的运动。红军总政治部进行了大改组，并加强了党对军队的领导。虽然部队中仍然实行单一首长制，但一项新的政策规定军事干部和政工干部可以互相交流担任军事指挥和政治工作。这实际上便加强了政治干部在军队中的领导地位。除此之外，政治干部还获得了一些特权。由于部队里的政治空气越来越浓厚，军人中党员的数量增多了。基层党支部由原来只设在团一级很快发展到了营一级，半数以上的连队建立了党小组。

朱可夫作风在部队中的影响逐渐被消除了。但人们并没有忘记这位战功赫赫的元帅。1959年，赫鲁晓夫对美国进行了访问。美国总统艾森豪威尔和他在戴维营举行了会谈。艾森豪威尔向赫鲁晓夫问起了他的老朋友朱可夫的近况。赫鲁晓夫轻描淡写地说："你的老朋友朱可夫很正常，不要挂念他。他在乌克兰钓鱼，像其他将军们一样，或许他正在写他的回忆录。"

艾森豪威尔笑了笑，他知道赫鲁晓夫在撒谎。因为他早已得知，朱可夫被迫退休之后，深居简出，每天都在莫斯科附近帕布列夫斯科耶公路边上的别墅里活动。

退休后的朱可夫或许是看透了政治浮沉和政客们的嘴脸，对政治已经失去了兴趣。他更加追求一种安静祥和的生活。因此，当赫鲁晓夫时常把他当作一副靶子拿出来责骂一通之时，朱可夫总是一笑了之。

在20世纪60年代，赫鲁晓夫在遇到麻烦的时候多次想请朱可夫出山相助，并允诺以恢复他的名誉作为交换条件。但朱可夫对赫鲁晓夫的政治交易感到恶心，他毫不客气地拒绝了这些"邀请"，安心地在家休息。

退休后的朱可夫，多数时间住在莫斯科郊外的别墅里。这幢别墅是他任国防部长时由政府分配给他的，后来允许他保留下来。他以打猎、钓鱼和写回忆录打发余生。偶尔他也到莫斯科街头转转，与一些熟人打打招呼。1965年1月，朱可夫与第一个妻子阿·基叶夫娜离了婚，并正式与女军医加丽娜·亚历山大罗夫娜登记结婚了。

朱可夫与前妻阿·基叶夫娜育有两个女儿。由于两人分多聚少，感情基础十分薄弱。1946年，朱可夫被贬职下放后，基叶夫娜留在了莫斯科，两人的婚姻事实上已名存实亡。后来，朱可夫被调任乌拉尔军区司令员之时，健康状况一度不佳，军医加丽娜·亚历山大罗夫娜被派来照顾他。加丽娜为人正直，善良热情，又年轻漂亮，朱可夫很喜欢她，常常与加丽娜谈话，了解她的家庭和经历。日久天长，爱情在元帅和女军医心中萌生了。

1950年，加丽娜将自己的一生托付给朱可夫。两人一起度过了24年的美好婚姻生活。无论朱可夫荣辱浮沉，她都对朱可夫忠贞不渝，甘苦与共，使长期处于逆境中的朱可夫甚感欣慰。1957年，他们有了女儿玛莎。但直到1965年，他们才正式登记，成为合法夫妻。

朱可夫的判断十分准确，赫鲁晓夫很快也成为政治斗争的失败者。

1964年10月14日，勃列日涅夫等人要正在黑海度假的赫鲁晓夫赶快回莫斯科参加紧急主席团会议。赫鲁晓夫不知道，勃列日涅夫早已经为他编织好了天罗地网。勃列日涅夫首先向赫鲁晓夫发难，像审问罪犯一样审问他。赫鲁晓夫着了慌，就像一个濒临死亡的溺水者，多么希望有人能拉他一把。多年前，当他面对这种情况的时候，是朱可夫拉了他一把。但是朱可夫已经不可能再帮助他了，军队对勃列日涅夫的行动也保持中立的态度。

赫鲁晓夫被免除了一切职务，被迫退休，成为"特殊养老金领取者"，自此从公众视野中消失了。10月18日，苏联报纸宣布：联共（布）中央委员会全体会议已"同意赫鲁晓夫的要求，由于年龄和健康等原因，解除他苏共中央第一书记、联共中央主席团成员和苏联部长会议主席等职务"。

勃列日涅夫成为苏联新的领导人。赫鲁晓夫的下台为朱可夫恢复名誉扫清了障碍。在卫国战争胜利20周年纪念日即将来临之际，人们纷纷传言，朱可夫元帅将参加庆祝典礼。戏剧性的一幕发生了。当年攻击朱可夫的科涅夫于1965年4月28日在塔斯社广播了一篇评论。他在评论中说："大家知道，朱可夫在战时曾担任重要职务。苏联政府高度评价他的贡献。朱可夫是一个伟大的军事领袖，尽管他有某些缺点，这些缺点在我们的报纸上提到过。朱可夫元帅现在已经退休，他住在莫斯科。显然和所有的苏联人民一样，他将参加战胜法西斯德国20周年庆祝活动。"

科涅夫的这篇评论向人们放出了一个明显的信号，那就是苏联政府很快就会为朱可夫平反昭雪了。此后，朱可夫的名字在报刊和一些元帅的回忆录中再次被提及，而且他在卫国战争中的伟大作用也得到了客观的评价。庆祝活动的前几天，苏联新闻社刊发了朱可夫元帅的一张戎装照。照片上，朱可夫元帅精神抖擞，宽阔的胸膛前挂满了金光闪闪的勋章。

勃列日涅夫在克里姆林宫发表了演说，在说到红军著名的军事指挥员时，他首先提到了朱可夫。在次日的军事检阅中，多年不曾露面的朱可夫、布琼尼、伏罗希洛夫、铁木辛哥等几位元帅站在了列宁墓顶上，检阅他们曾经指挥过的英雄部队。朱可夫终于又回到了公众的视野之中。当他穿着元帅制服走在街上时，许多行人感动得流下了热泪。在晚间召开的招待会上，年轻的军官们更是争先恐后地向这位老英雄致敬！

当时，已经从总统位子上退下来的艾森豪威尔闻知朱可夫终于出现在了公众的视野之中，他喜不自禁地说："我认为现在是给他恢复名誉的时候了。他是一个很好的军人，他曾尽了最大的努力来使柏林的一些事情顺利

晚年的朱可夫

进行。"

苏联政府恢复了朱可夫的名誉，但是朱可夫已经对政治失去了兴趣。他开始专心写他的回忆录了。朱可夫作为"战场上胜利的永恒象征"又得到了公众的承认。1966年12月，为了表彰朱可夫的伟大功绩，并庆祝他的70岁生日，最高苏维埃主席团授予他国家的最高勋章——列宁勋章。

十分不幸的是，晚年的朱可夫由于遭受了太多的打击而中风了。当艾森豪威尔去世之时，朱可夫本来想去参加这位老友的葬礼，但遗憾的是，此时的朱可夫已经躺在床上动弹不了了。1973年年底，朱可夫深爱的妻子加林娜因乳腺癌病逝，这给晚年的朱可夫带来了更大的打击。曾经与他朝夕相处的妻子永远地离开了，而他已老得连去墓地看望妻子一眼的力气都没有了。加林娜去世后不到8个月，朱可夫的病情便恶化了。他先是心肌梗塞复发，随后是心脏停跳。被注入特殊药剂后，他的心脏恢复跳动，但脑供血没有恢复。就这样，戴着人工呼吸器，朱可夫毫无知觉地走完了生命的最后5天。1974年6月18日，伟大的苏联元帅、"苏德战场上的救火员"、"胜利象征"朱可夫永远离开了人世。